성공회,
열린 교회로의
초대

2011

성공회,
열린 교회로의
초대

2011년 3월 30일 초판 인쇄
2011년 4월 7일 초판 발행

저자 / 주인돈
발행자 / 박흥주
발행처 / 도서출판 푸른솔
영업부 / 장상진
관리부 / 이수경
표지디자인 / 김의창, 유은주
편집부 / 715-2493
영업부 / 704-257~2
팩스 / 3273-4649
주소 / 서울시 마포구 도화동 251-1 근신빌딩 별관 302
등록번호 / 제 1-825

값 15,000원
SBN 978-89-93596-22-9 (93510)

※ permission sought: Photography of Nave Clerestory window,
    The Washington National Cathedral, by Robert Lautman

성공회,
열린 교회로의
초대

성공회의 역사, 신앙 그리고 선교

주인돈 지음

푸른솔

이 책을 김성수(시몬) 주교님께 헌정합니다.

김성수(시몬) 주교님께서는
저에게 부제, 사제서품을 베풀어 주셨고
서울교구에 있을 때 가까이에서 사랑으로 지도하여 주셨고
인생의 지혜와 신앙의 경륜을 몸소 체현해 주셨습니다.
대한성공회 사제로서
성 베드로학교 교장으로서
대한성공회 서울교구장 주교로서
대한성공회 관구장 주교로서
성공회대학교 총장으로서
성공회를 사랑하시고
온몸으로 헌신해 오신,
그리고 성공회를 넘어 한국교계와 사회에
귀한 사랑의 본을 보이신
김성수(시몬) 주교님께
감사와 존경의 마음을 담아 이 책을 헌정합니다.

- 주인돈 신부

멋진 성공회의 유산을 오늘에 살리기 위하여

양권석 신부(성공회대학교 총장)

성공회는 멋진 교회입니다.

왜냐하면 깊은 역사 속에서 내려오는

아름다운 신앙의 전통이 살아있기 때문입니다.

왜냐하면 오늘의 삶 속에서 하느님의 나라를 이루기 위하여

신앙으로 애를 쓰는 사람들의 아름다운 모습이 있는 교회이기 때문입니다.

왜냐하면 자기 것만 주장하지 아니하고

함께 더불어 살아가기 위하여 널리 포용하며

함께 더불어 사는 세계를 추구하기 때문입니다.

왜냐하면 전 세계적인 교회로서 하느님이 창조한 인간들의 삶의 역사와

문화 속에서 하느님을 예배하도록 인도하기 때문입니다.

왜냐하면 하느님이 창조한 멋진 세계 속에서, 인간이 드릴 수 있는

최상의 멋을 통하여 하느님께 멋진 예배를 드리는 교회이기 때문입니다.

그리고 무엇보다도 개인적으로는 성공회를 통하여, 성공회 안에서

멋있는 삶을 살아가는 사람들을 만나는 축복을 누리기 때문입니다.

내가 경험한 성공회는 참으로 멋진 교회입니다.

이런 멋진 성공회를 우리말로 멋지게 소개하는 책자가 나오기를

저는 소망하였습니다. 그런데 이번에 전 세계 성공회를 보편적으로

소개하는 성공회의 역사와 신앙 그리고 선교를 담은 멋진 책을

주인돈 신부님의 저작으로 출판하게 되어 기쁘게 추천합니다.
주인돈 신부님은 대한성공회 서울교구 선교교육원에서
저와 함께 교회 교육교재를 만들고 출판한 경험을 나누었고
대한성공회 100주년 행사를 함께 경험한 동역자입니다.
주신부님은 그 후 대한성공회 서울교구 서울대성당에서
사목을 하였고 캐나다성공회 토론토교구에서 한인교회를 사목하면서
캐나다성공회를 경험하셨습니다.
지난 13년 동안 미국성공회 시카고교구에서 한인과 미국인 회중을
사목하는 신부로서 폭넓게 성공회를 경험하였습니다.
그리고 사목활동 가운데서도 학구적인 열정을 통하여
본서를 저술하였습니다.
이 책을 통하여 성공회의 아름다운 역사와 전통 그리고 오늘의
삶 속에서 하느님 나라를 이루어가는 성공회의 멋진 신앙을
더 깊고 넓게 이해할 수 있기를 바랍니다.

독자들은 이 책을 통해 오늘날 분열되고 나누어진 그리스도교의
현실에서 기독교 신앙의 포용성을 추구하는 성공회의 신앙을 통하여
보편적 기독교 신앙을 이해할 수 있을 것입니다.
천주교인에게는 천주교회의 신앙에 대한 이해를,
개신교인들에게는 개신교의 신앙에 대한 이해를
비교하면서 이해할 수 있는 좋은 책입니다.
바라기는 이 책을 통하여 여러분들의 신앙의 멋이 더 드러나고
하느님 나라의 아름다움을 일구어 나가는
멋진 신앙생활을 하기를 바랍니다.

2011년 사순절에

| 감사의 글 |

"하느님께서는 질그릇 같은 우리 속에 이 보화를 담아 주셨습니다. 이것은 그 엄청난 능력이 우리에게 나오는 것이 아니라 하느님께로부터 나온다는 것을 보여주시려고 하는 것입니다." (2고린 4:7)

이 책을 집필할 마음을 허락하여 주시고 완성하도록 이끌어 주신 하느님의 은혜에 먼저 감사드립니다. 하느님께서는 질그릇 같이 부족한 저를 성공회 사제로 불러주셨고, 지난 20년 동안 놀라운 은총의 신비로 함께 하셨습니다. 성공회 신앙에 관심을 갖고 이 책을 읽는 여러분들께 감사드리며 하느님의 축복과 넘치는 은총이 함께 하시기를 빕니다.

먼저 저에게 최초로 성공회 신앙 안에서 자라도록 이끌어 주신 나의 부모님인 아버지 주경훈(에녹)님과 어머니 김애인님께 감사드립니다. 오랜 세월 동안 사랑으로 함께 해준 나의 누이, 주명선 전도사님께도 감사드립니다.

사제가 되고 사목을 실천하는 길에 격려하여 주시고 이끌어 주신 많은 선후배 성직자 여러분들께 감사드립니다. 성소를 일깨워 주신 전삼광 신부님, 성직의 길을 가도록 부제, 사제서품을 베풀어 주시고 신학교 이후 서울교구 교무국에서, 서울대성당에서 교구장 주교로서 사목의 길을 인도해

주신 김성수 주교님, 서울교구 교무국과 서울대성당에서 사랑으로 감싸고 인도해주신 김재열 신부님, 김근상 주교님, 안봉식 신부님, 꿈 많던 학생시절과 신학생 시절에 신앙을 이끌어 주신 차인환 신부님, 조금환 신부님, 정연우 신부님, 박종기 신부님, 안귀섭 신부님, 이재정 신부님, 이정구 신부님, 교구장 주교로서 격려와 인도를 해주신 서울교구의 정철범 주교님, 캐나다성공회 토론토교구의 테렌스 핀레이 주교님(The Rt. Rev. Terrence Finlay), 미국성공회 시카고교구의 윌리엄 퍼셀 주교님(The Rt. Rev. William D. Persell)과 제프리 리 주교님(The Rt. Rev. Jeffery D. Lee)께 감사드립니다. 이민사목의 현장에서 늘 함께 하여 주신 한성규(발렌틴) 신부님께 감사드립니다.

교육관련자료의 출판을 지원 격려하여 준 미국성공회 아시아 선교국장이었던 윈스턴 칭 신부님(The Rev. Dr. Winston Ching)과 현직 아시아 선교국장 윈프레드 베가라 신부님(The Rev. Dr. Winfred Vegara), 그리고 원성호(요나단) 신부님, 고영덕(애단) 신부님께 감사드립니다. 시카고교구의 동역자로서 함께 해준 마해진 신부님(The Rev. Dr. Meredith Potter)과 프리모 라시모 신부님(The Rev. Primivito Racimo) 그리고 그래함 스미스 신부님(The Rev. Dr. Graham M. Smith)께 감사드립니다.

저의 사목의 여정에 함께한 많은 분들께 감사드립니다. 강화도 장화리 동네의 교우들, 인천내동교회에서 함께 했던 분들, 서울교구 선교교육원과 교구 교무국, 서울대성당, 캐나다 토론토의 성 디모테오교회, 미국 시카고의 한마음교회 교우 여러분들께 감사드립니다. 특별히 20년 넘는 성직생활 중 14년을 함께 해준 한마음교회 교우 여러분들께 감사드립니다. 하느님께서는 그동안 저에게 천사와 성인들을 보내주셔서 사제의 길과 사목의 길을 도우셨습니다.

선교교육원에서 교육교재 출판을 함께 하였고 추천사를 써주신 성공회대학교 양권석 총장 신부님께 감사드립니다. 책의 출판을 위하여 애쓰고 수고한 분들, 특별히 출판을 위해 격려해주고 직접 출판을 담당해준 나의 친구 박홍주 푸른솔 대표께 감사드립니다. 원고교정을 몇 차례 해준 한마음교회의 송(이)혜린 자매, 그리고 박사과정 공부하는 중에도 원고를 검토해준 주낙현 신부님께 감사드립니다. 표지디자인을 해주고 사진촬영을 해준 김의창 집사님, 사진을 제공해준 시카고교구의 데이빗 스킷모어(David Skidmore) 언론부장님, 사진촬영을 담당한 이성훈 한마음교회 회장님께 감사드립니다.

마지막으로 지난 22년 동안이 넘도록 함께 성공회 신앙의 길을 걷고 성직의 길을 걷는 동안 곁에서 함께 해준 사랑하는 아내인 이영숙(드보라), 그리고 오늘도 성공회 신앙으로 나를 초대하는 하느님의 선물이며 기쁨인 아들 홍종(이사야)과 딸 환희(메리)에게도 감사합니다.

2011년 사순절에 **주인돈** 신부

| 차 례 |

이 책에서 사용되는 용어들이 대부분 번역어이기 때문에 몇 가지 용어표현을 일러둡니다. 구체적인 용어들은 색인을 참고하기 바랍니다. 동시에 교파마다 사용하는 용어들이 다르기 때문에 이를 먼저 일러두고자 합니다. 여기서 성서는 주로 〈공동번역〉을 인용하였고, 성서 약어 표기는 1997년도 공동번역성서 약어표기를 따랐습니다.

가톨릭(Catholic)

'가톨릭'은 '보편적'이라는 뜻이며, 교회에서는 교회분열 이전의 보편적인 초대교회의 전통과 가치를 말합니다. 따라서 여기서 쓰는 '가톨릭'은 천주교회를 말하는 것이 아니라 초대교회의 전통을 지키는 모든 교회를 가리킵니다. 성공회는 가톨릭(보편적) 교회의 일원입니다. 천주교는 "로마가톨릭교회" (Roman Catholic Church)라 하며, 우리말 공식 표기는 '천주교'입니다.

개신교(protestant)

개신교는 중세 천주교로부터 종교개혁 시기에 독립한 교파들을 의미합니다. 합니다. 그 삼대 교파는 루터교, 개혁교회(장로교회), 성공회였습니다. 성공회는 개신교의 원칙을 가지고 있는 개신교입니다. 그러나 여기서는 성공회 이외의 일반 개신교회들을 일컬어 사용합니다.

기도서/공도문/공동기도서(The Book of Common Prayer)

성공회에서 공식적으로 사용하도록 한 예배서를 〈공동기도서〉라고 합니다.

우리말로 〈공도문〉(公禱文)이라 번역하여 쓰다가, 2004년도에 한국 성공회의 기도서를 개정 출판하면서 〈성공회기도서〉라 표기하였습니다.

성사/성례전(Sacrament)

성공회, 천주교, 정교회에서는 '성사'로 표기하고 이 책에서도 이 용례를 따랐습니다. 개신교 일각에서는 '성례전'으로 표기합니다.

성서/성경(The Bible)

그리스도교의 경전을 말하며, 경전성을 강조하는 곳에서는 성경으로, 성서에 대한 비판적 접근을 강조하는 곳에서는 성서라는 말을 쓰는 경향이 있지만 여기서는 성경과 성서를 혼용하여 사용하지만 대체로 성경이라 씁니다.

성찬/성만찬/감사성찬례(The Holy Communion)

개신교에서는 성만찬으로, 정교회에서는 '성찬예배'로, 2004년 성공회 기도서에는 '감사성찬례'로 표기하였습니다. 이 책에서는 '성찬예배'라고 표기합니다.

전례/예전(Liturgy)

일정한 형식에 따른 공적인 예배를 일컫는 말로서 한국 성공회에서는 주로 예전이라는 말을 사용하여 왔으나 여기서는 최근에 사용되고 있는 전례로 표기하고자 합니다.

하느님/하나님(God)

1977년 공동번역성서에는 하느님으로 표기하며, 성공회, 천주교, 정교회에서 이를 사용합니다. 초기 개신교에서는 상제, 천주, 하느님, 하나님 등 다양한 용어를 사용했으나 개역성서를 펴내는 과정에서 하나님이란 호칭을 쓰기 시작했습니다. 여기서는 하느님으로 표기합니다.

"인간은 집을 짓는다.
집은 인간 삶의 모습을 만들어 나간다." (윈스턴 처칠)

"성공회는 어떤 교회에요?"
저는 성공회 교인으로 태어나서 지금까지 성공회를 통해 신앙생활을 하고 있습니다. 그뿐만 아니라 성공회 신부가 되어 성공회에서 사목을 담당하고 있습니다. 그런데 성장하면서 친구들에게, 함께 더불어 사는 주위 사람들에게 듣게 되는 질문 그리고 성공회 신부가 되어서 어느 곳에서든지, 누구를 만나든지 듣게 되는 질문, 그것은 '성공회'에 관한 것입니다. 이 질문은 성공회에 대한 외부의 질문이기도 하지만 성공회 신자들에게는 내가 신앙생활하는 교회공동체의 정체성에 관한 질문입니다. 그래서 이 책은 바로 성공회를 통해 신앙생활을 하고 있는 모든 신자들이 직면하고 있는 문제, 즉 '성공회는 어떤 교회인가?'에 대하여 응답하기 위해 준비됐습니다.

성공회가 한국에 전래된 이래 성공회는 한국 사회에 뿌리를 내리고 있습니다. 뿐만 아니라 해외에 한인동포들이 이주하면서 역시 해외에도 한인성공회가 생겨나게 되었습니다. 하지만 한글로 된 성공회를 소개하는 책자나 자료가 부족하다는 사실을 우리는 절감하고 있습니다. 그 동안 여러 가지 모양으로 성공회를 소개하는 책자들이 있어 그 역할을 감당해 왔지만 세계 성공회의 역사적 전통과 신앙에 비춰 볼 때 많은 한계를 가지고 있었습니다. 그래서 이 책은 성공회의 역사와 신앙 그리고 선교를 종합적이고 체계적으로 소개하기 위해 준비됐습니다. 성공회를 깊이 이해하기 원하는 사람들, 평신도 지도자들, 더 나아가 신학생과 성직자를 위해 준비했습니다.

저는 성공회 신부가 되어 지금까지 약 20년간 사목을 하면서 3개 국가의 성공회를 경험하고 있습니다. 하느님께서는 저로 하여금 대한성공회의 서울교구에서, 캐나다성공회 토론토교구에서 그리고 미국성공회 시카고교구에서 사목하도록 하셨습니다. 그것은 하느님께서 저에게 주신 십자가이며 동시에 축복이었습니다. 특별히 미국성공회 시카고교구의 한마음교회에서 한인과 미국인을 동시에 사목하면서 그리고 시카고교구와 전국교회 활동에 참여하면서 성공회의 전통적인 믿음을 유지하는 가운데 개혁에 열린 모습, 다양성 가운데 일치하는 모습, 서로 다른 신앙의 모습들이 함께하는 포용성과 개방성 등을 체득하게 되었습니다. 그러면서 제가 경험하고 알게 된 세계성공회가 보편적으로 소개하는 성공회 역사, 신앙 그리고 선교를 한인들에게 소개하고자 하는 열망을 하느님께서 허락해 주셨습니다. 그래서 이 책은 태어나게 되었습니다.

이 책은 성공회 신부인 제가 성공회의 역사와 신앙적인 고백을 찾아가는 여정 가운데 부르는 노래입니다. 그 노래는 저 개인의 노래가 아닙니다. 세계성공회공동체가 부르는 노래를 배우고 익히는 과정에 부르는 공동체의 노래입니다. 그러므로 이 책은 성공회에 대한 저의 사랑의 연가이며 성공회에 대한 감사의 찬가입니다. 그리고 세상에 성공회를 알리기 위한 저의 외침입니다. 이 책을 통해 저와 함께 성공회의 역사와 신앙 그리고 선교를 이해하고 함께 노래 부를 수 있기를 바랍니다.

이 책은 먼저 제1부에서 성공회의 역사를 소개하고 있습니다. 특히 성공회 신앙의 특징이 형성되는 역사적 과정에 맞춰 정리했습니다. 성공회 신앙의 모태인 영국성공회의 역사를 먼저 살펴본 후 미국성공회의 역사를 통해 성공회의 계속되는 전통과 역사적 상황 속에서 열리고 개혁하는 성공회의 면모를 따라가 봅니다. 미국성공회의 역사는 미국에서 신앙생활하는 한인들을 위한 것이기도 합니다. 마지막으로 대한성공회의 역사가 담겨져 있습니다.

제2부에서는 성공회의 신앙을 정리했습니다. 성공회의 신앙을 통해 독자들은 보편적 교회의 신앙을 이해하게 될 것입니다. 왜냐하면 성공회는 천주교(Roman Catholic Church))와 개신교 사이에서 양자를 포용하며 신앙적 전통을 형성했기 때문입니다. 또한 초대교회로부터 내려오는 신앙의 전통을 계속 유지하면서도 종교개혁의 정신을 바탕으로 늘 새롭게 개혁하는 교회의 신앙이기 때문입니다. 성공회 신앙의 가장 큰 특징적인 면모인 성공회의 예배를 먼저 살펴봅니다. '어떻게 하느님의 뜻을 알 수 있는가?' 하는 문제를 다루는 신앙의 권위에 대한 이해, 성경과 성공회, 교회의 믿음인 신경과 성공회의 교리, 성사(성례전)와 성공회, 교회의 사목자, 그리고 교회의 조직 등을 다룹니다.

제3부에서는 세계성공회공동체의 역사, 현황, 선교와 일치의 모습을 살펴봅니다.

이 책의 내용은 세계성공회 안에서 새로운 것이 아닙니다. 이 책은 성공회를 소개하는 다양한 입문서적, 성공회의 신앙과 신학을 소개하는 서적들을 참고해 제 나름대로 이해하고 정리해 한글로 된 종합적이고 체계적인 성공회 입문서적이 되도록 한 것입니다. 바라기는 이 책을 통해 성공회의 역사와 신앙 그리고 선교를 이해할 수 있기 바랍니다. 성공회 신자들은 여러분들이 속한 교회를 더욱 사랑하고 또 그 교회가 성숙한 신앙, 하느님 나라를 향한 열려있는 신앙의 공동체가 되기를 간절히 소망합니다.

주후 2011년, 사제서품 20주년을 앞두고 시카고 한마음교회에서

주인돈(바우로) 신부

제1부 성공회의 역사

제1장 _ 영국성공회 역사

전능하신 하느님,
당신의 성자 예수 그리스도를 보내셔서
이 세상을 당신 자신과 화해케 하셨나이다.
성령의 권능 가운데 모든 민족에게
복음을 전파하는 종들을 보내 주셨으니
당신께 찬양과 찬미를 드리나이다.
그들의 기도와 수고로 지상의 모든 곳에
사랑의 공동체가 형성되었고
어느 곳에서나 당신의 이름을 높이게 되었으니
감사드리나이다.
나라와 권세와 영광이 영원토록 당신 것이옵니다. 아멘.

(교회의 선교에 대한 감사의 기도, 미국성공회 공도문, 1979)

강화도에서 아이오나 그리고 시카고로

　강화도 마니산, 단군 할아버지께서 하늘에 제사를 드렸다는 전설이 서려 있는 산입니다. 마니산은 북쪽으로는 백두산, 남쪽으로는 한라산의 중간에 위치한 영산(靈山)으로 알려져 있습니다. 이 마니산 기슭이 남쪽으로 내려와 바닷가에 맞닿은 강화도 남단에 작은 마을 장화리가 있습니다. '긴(長) 곶(花)' 이라는 우리말을 한자로 표현하여 장화리가 되었습니다. 장화리는 긴 갯벌과 석양의 낙조로 아름다운 동네이고 해양박물관도 자리잡고 있습니다. 횟감으로 유명한 벤뎅이를 비롯 각양각색의 바다고기가 잡혀 올라오는 명소이기도 합니다. 나는 그곳에서 태어났습니다. 어린 시절에 뒷산에 올라 소를 먹이고 여름이면 앞바다에 나가 수영하고 고기를 잡으며 보냈습니다. 그런데 나에게는 이 장화리를 얘기할 때 성공회가 가장 먼저 떠오릅니다. 장화리 마을 한가운데 성공회 장화리교회가 있습니다. 이 교회는 내게 신앙의 요람입니다. 나의 부모님들이 이곳에서 혼배성사(결혼예식)를 올렸고 나는 그곳에서 유아세례를 받았습니다. 나는 그곳에서 주일학교를 다녔고, 성탄절에는 성극을 하였습니다. 또 그곳에서 새벽송, 호소식(好消息)을 위해 눈 덮인 시골길을 걸어서 돌아다녔습니다. 장화리교회는 내가 하느님을 알게 된 장소이며 성공회 전례의 아름다움을 체득해 나간 현장입니다. 지금도 장화리교회는 사람들에게 하느님을 예배하는 장소요, 다른 동네 사람들이 와서 피정(避靜) 또는 수양회를 하면서 하느님을 더욱 깊이 알고 떠나는 장소입니다.

　그런데 강화에는 장화리교회 뿐만 아니라 12개의 성공회 교회가 있습니다. 강화도라는 작은 섬에 12개의 성공회가 있다는 것은 놀라운 사실입니다. 왜 작은 섬, 강화도 안에 이렇게 성공회 교회가 다른 곳보다 많을까요? 그것은 한국에 선교 온 최초의 선교사, 고요한(John Corf) 주교의 꿈이었습니다. 대한성공회 초대 주교인 고요한 주교는 1893년 7월 강화 갑곶리에 도착했습니다. 그는 강화 지역을 선교활동의 최적지로 판단하고 한국의 아이오나(Iona) 섬이 되기를 희망했습니다. 아이오나 섬은 영국 스코틀랜드 서안(西岸)에 있는 섬으로서 6세기경 성 콜롬바(Colomba)가 들어가 교회를 개척하고 수도원을 세워 후일 켈틱교회(Celtic Church)의 중심지가 된 곳입니다. 바로 고요한 주교는 영국성공회 초기 켈틱교회 선교역사의 중심이며 수도원 공동체였던 아이오나 섬의 재현을 꿈꾸며 강화에서 성공회의 선교를 시작했습니다. 따라서 강화 성공회 교회의 출발은 1893년으로 기록돼 있지만 선교를 시작한 당시에 고요한 주교의 꿈과 희망은 영국성공회 초기 선교의 역사적 뿌리가 된 아이오나 섬까지 거슬러 올라갑니다. 멀리 지구 동쪽 편의 작은 섬인 강화에서부터 스코틀랜드의 서안의 작은 섬, 아이오나까지의 연결은 하나의 신비입니다.

1-1. 켈틱 십자가. 영국 북부지역, 아일랜드 지역에서 발견되는 십자가.
이미 영국에는 1세 중엽부터 그리스도교가 전파되었습니다.
"로마인이 끝내 정복하지 못한 영국의 각 지방도…그리스도께서는 정복하셨다."(터툴리안, 208년경)

　강화에서 태어나고 자란 저는 성공회 신부가 되어 덕수궁 옆 정동 3번지인 서울교구 선교교육원과 대성당에서 일했습니다. 그 후 캐나다성공회 토론토교구로 파송되어 한인교회에서 사목했습니다. 이어서 지난 14년 동안은 미국땅, 시카고에서 한인과 미국인 회중 사목을 했습니다. 그 당시 한마음교회의 교우들은 대부분 한인 회중이었지만 웨일즈인 후예, 독일인 후예, 이탈리아인 후예, 필리핀인 후예, 인도인 후예 그리고 가끔 다른 민족의 후예들이 함께 모여 예배드리고 찬양하는 신비와 기적을 경험했습니다. 이것이 어떻게 가능했겠습니까? 대답은 간단합니다. 공통된 믿음에 의해 세워진 교회이기 때문입니다. 교회는 역사적 전통 속에서 발전돼 오고 있으며 동시에 역사의 상속자로서 공통된 유산을 함께 나누도록 만들어졌습니다. 우리는 신앙적 뿌리를 함께 나눈 형제자매들이며 공통되고 보편적인 신앙을 함께 고백합니다. 우리는 이를 '사도로부터 이어오는 교회를 믿는다'고 고백합니다. 조금 더 자세하게 고백하면 '하나이요 거룩하고 공번되며 사도로부터 이어오는 교회를 믿으며'라고 신경을 고백하는 것입니다. 이 고백 속에 초대교회로부터 아이오나 섬으로, 강화도로 그리고 저는 삶의 역사 속에서 토론토와 시카고로 이어지는 교회의 신비체를 만나게 됩니다. 이 신비체를 이해하기 위하여 우리는 교회의 역사를 살펴봐야 합니다. 세계 모든 성공회는 영국성공회로부터 유래된 공통의 역사를 갖고 있습니다. 따라서 성공회를 제대로 알기 위해서는 영국성공회의 역사를 꼼꼼히 되짚어보는 것이 선결과제입니다. 특히 15세기부터 16세기에 걸쳐 전개된 성공회 종교개혁의 역사는 중요합니다.

역사를 통해 계속되는 교회의 신비, 강화에서 아이오나, 예루살렘까지 그리고 토론토에서 시카고까지 어제도 오늘도 내일도 계속되는 교회공동체의 신비를 이해하고 그 신비가 계속되기를 함께 희망합니다.

1.초기 영국교회의 역사

영국교회의 기원

그리스도교가 영국에 언제 전달됐는지는 정확히 말할 수 없습니다.[1] 전설에 의하면 예수의 최후를 지켜본 아리마대 요셉(요한 19:38)이 최후의 만찬에 사용한 성작(聖爵 포도주잔)을 가지고 영국으로 건너와 글래스톤베리에 정착했고 그때 이미 그리스도 교인들을 발견했다고 합니다. 7세기부터 8세기까지 저작활동을 했던 성 베다(St. Bede)는 『영국 그리스도인사(A History of the English Christian People)』를 썼는데 그 안에 기원 후 156년경 영국왕 루시우스가 로마의 주교인 엘레우테리오(Eleutherius)에게 그리스도교인이 되는 방법에 대해 편지를 썼다며 다음과 같은 역사적 사실을 기록하고 있습니다. "이런 신실한 요청은 곧 응답되었다. 그래서 브리튼인들(Britons 오늘날의 영국인들)은 디오클레티아누스(Diocletian) 황제 치세가 되었을 때에는 이미 순수하고도 충만한 신앙생활을 하고 있었다."[2]

208년경 터툴리안(Tertullian)은 브리튼의 그리스도 교인들에 관해 기록했습니다. 그는 '로마인이 끝내 정복하지 못한 영국의 각 지방도… 그리스도에게는 마침내 정복되었다'고 썼습니다.[3] 역사적 기록에 의하면 브리튼 교회들은 교구조직체를 형성하고 있었습니다. 그리고 314년 콘스탄티누스 대제(Constantine)가 소집한 프랑스의 아를르공의회(Council of Arles)에 영국교회를 대표하는 세 명의 주교가 참여했다는 기록이 있습니다.[4] 또 325년 니케아공의회(Council of Nicea)에는 어떤 주교가 참석했는지 알려지지 않았으나 아타나시우스(Athanacius)의 기록에 의하면 영국의 주교가 초대됐고 그 결의를 받아들였다고 합니다. 이런 초대교회의 기록은 적어도 1세기 중엽, 즉 사도 베드로, 요한 그리고 바울로가 선교활동을 하고 있을 때부터 이미 영국에 그리스도교가 있었다는 것입니다. 그리고 이는 또 영국의 교회가 니케아공의회 이전부터 로마교회, 골(Goal 오늘날 프랑스 지역) 지방교회와 친교를 유지하고 대등한 관계로 공의회에 참여하였다는 것을 의미합니다.

켈트교회의 발전

로마교황 대 그레고리(Gregory the Great, 540-604)가 어거스틴(Augustine, d.604)과 선교단을 파송하기 이전에 이미 영국에 있던 교회를 켈트(Celtic)교회라고 부릅니다. 이 켈트교회는 영국의 북부지역 그리고 아일랜드 지역에서 7세기 초까지 박해 없이 독자적으로 성장해 나갔습니다. 아일랜드(Ireland)에는 그리스도교가 미약하게 출발했으나 패트릭(Patrick)의 시대에 이르러 널리 복음이 전해졌습니다. 패트릭은 오늘날까지 아일랜드의 성인으로 불립니다. 패트릭은 15세 때인 405년경 아마도 웨일즈 남부지방에서 침략자들에 의해 붙잡혀 노예로 아일랜드에 끌려갔던 것으로 보입니다. 그는 6년 만에 탈출해 프랑스 남부 해안에서 떨어진 레랑 수도원에서 지냈습니다. 432년 그는 아일랜드 선교를 위한 주교로 서품됐고 아일랜드 북부지역에서 선교를 하다가 461년에 죽었습니다. 그는 많은 수도원을 세우고 많은 사람들에게 세례를 베풀었습니다. 아일랜드의 수도원들은 학문에 열정적이어서 수도원이 세운 학교들은 6-7세기에 아일랜드에서 유명해졌습니다. 또 선교사들도 많이 배출됐습니다.

한편 스코틀랜드 지역에서는 콜롬바(Columba, 521-597)가 선교활동을 하였습니다. 그는 스코틀랜드 서쪽의 아이오나(Iona) 섬에 수도원공동체를 설립했는데 이곳은 켈트교회의 중심지가 됐습니다. 그는 스코틀랜드 북부지역의 3분의 2를 점령한 픽트족(Pict)을 개종시켰습니다. 스코틀랜드의 사도로 불려진 사실에서 알 수 있듯 콜롬바의 선교활동은 중요한 것이었습니다. 스코틀랜드교회는 수도원적인 제도를 따랐습니다. 그리고 에이던(Aidan)은 영국 북부지역과 중부지역에서 선교를 했습니다. 그는 동 스코틀랜드에 새 아이오나 수도원공동체를 설립했습니다. 또한 수도사 콜롬바누스(Columbanus)는 585년경 켈트교회 출신의 수도사 12명과 함께 스위스, 독일, 북 이탈리아로 가서 곳곳에 수도원을 세우고 선교활동을 펼쳤습니다. 특히 그는 참회제도를 보편화해 수도자와 세속인들에게도 함께 적용했습니다.

로마교회의 선교

그러던 와중에 유럽 전역에 야만인들의 침입이 있었습니다. 이교도들의 신이 그리스도교의 하느님을 대체했으며 영국에서도 그리스도교가 소멸 돼 가는 것처럼 보였습니다. 성 그레고리(Gregory)가 로마의 교황이 될 즈음에 선교적인 노력들은 결실을 맺지 못하고 상실되는 것 같았습니다. 그는 수도사로 있었을 때에 영국에서 로마로 팔려온 노예 소년을 보게 됐습니다. 그는 이 소년을 훈련시켜 선교사로서 영국에 파견할 결심을 했습니다. 그리고 590년 교황이 되자 그는 자신의 수입을 투자해 영국에서 온 노예 소년들을 사서 그리스도교인으로 훈련시켜 다시 영국으로 보내 복음을 전하겠다고 굳게 결심했습니다. 마침 그 무렵 영국에 복음을 전할 필요성이 급하게 생겼습니다. 그래서 그는 수도사 어거스틴(Augustine)을 선교단장으로 지명하여 40여 명의 수도사들을 이끌고 영국으로 가서 현지인들을 그리스도교인으로 개종시키도록 하였습니다. 수도사들은 그들이 영국으로 건너갔을 때에 어떤 일이 일어날지 모르는 두려움 때문에 그 과업에서 제외시켜 달라고 청하였습니다. 그때 그레고리 교황은 다음과 같이 응답했습니다.

"나의 사랑하는 형제들이여, 이미 일이 시작되었다면 그것을 포기하기보다는 위험을 무릅쓰고서라도 감당하는 것이 좋습니다. 하느님의 인도하심 아래, 하느님의 도우심으로, 당신은 이 과업을 수행하여야 합니다. 당신이 더욱 큰 수고를 감당하면 당신에게는 더욱 큰 영광의 상이 돌아간다는 것을 확실히 기억하십시오."[5]

어거스틴이 597년 영국에 도착하였을 때에 그들은 켄트(Kent)의 왕인

에설버트(Ethelbert)와 그리스도교 신자인 왕비 버서(Bertha)를 만났습니다. 수도사들은 켄트 왕을 두려워 할 필요가 없다는 것을 곧 알게 됐습니다. 왕은 수도사들이 캔터베리 지역에 살 수 있도록 허락했습니다. 그 지역은 지금 캔터베리(Canterbury) 대주교의 자리가 되었으며 세계 성공회 공동체의 일치의 상징인 캔터베리관구가 있는 곳입니다. 왕과 신하들은 곧 세례를 받았고 그 해 말까지 약 1만명이 세례를 받았습니다. 어거스틴 수도사는 597년 골(Goal) 지방으로 가서 영국의 주교로 서품을 받았습니다. 교황은 그 후 어거스틴 주교에게 영국교회의 관할권과 주교를 축성하는 권한을 주었습니다.

한편 영국의 중부지방 요크(York) 지역에서는 파울리누스(Paulinus) 수사가 선교를 했고 그는 후에 요크 주교에 올랐습니다. 그 뒤에 요크 지역이 관구가 되었습니다. 현재까지 영국성공회는 캔터베리관구와 요크관구로 구성돼 있습니다.

영국교회는 처음부터 켈트교회로부터 내려온 독립된 교회의 관습을 유지했고 그레고리 교황은 이것을 허락했습니다. 어거스틴은 교황에게 여러 가지 교회의 실천에 관한 편지를 썼습니다. 그 중 하나는 교회의 예배와 전례에 관한 것이었습니다. 어거스틴은 다음과 같이 썼습니다. "우리가 하나의 믿음을 소유하고 있는데 왜 교회마다 다른 예식을 행해야 합니까? 다시 말해 로마교회와 골 지역교회의 미사에서 서로 말하는 방식이 왜 달라야 합니까?" 이에 대해 교황은 다음과 같이 응답했습니다.

"나의 형제여, 당신은 당신이 자라온 로마교회의 예식에 익숙할 것입니다. 하지만 그것이 로마의 것이든, 갈리칸(Gallican)의 것이든 그 외 어떤 교회의 것이든 간에 하느님께 용납될 수 있는 것이라면 그 중에서 신중하게 선택해서 아직은 신앙적으로 성숙하지 못한 영국교회를 가장 올바른 방향으로 지도할 수 있기를 바랍니다. 진리를 위한다는 것 때문에 지역적인 것이 무시되어서는 안 되며 지역적인 것을 위하여 진리가 사용

될 수 있기를 바랍니다. 그러므로 여러 교회의 모습 중에서 진실되고 종교적이며 옳은 것을 선택하십시오. 그리고 당신이 그런 것들을 통일된 의식으로 만들어 갈 때 영국의 정신에 맞게 하십시오."[6]

켈트교회와 로마교회의 통합, 영국교회로

7세기경에 이르렀을 때에 영국에는 두 흐름의 교회가 만들어졌습니다. 영국 중북부지방의 켈트교회와 남부지방에서 시작된 로마교회가 그것입니다. 그리고 스코틀랜드로부터 남쪽으로 선교하는 켈트교회와 남쪽으로부터 북쪽으로 선교하는 로마교회는 갈등을 빚기 시작하였습니다. 두 교회 간에는 몇 가지 차이가 있습니다.[7] 첫째 부활절의 날짜가 달랐습니다. 둘째 세례예식에 차이가 있었습니다. 셋째 켈트교회는 수도원중심이며 부족적인데 반해 로마교회는 교구중심으로 조직적이었습니다. 켈트교회 선교사들은 교황을 그리스도교 최고의 지도자로 인정했지만 로마교회가 주장하는 교회법적인 권위는 인정하려고 하지 않았습니다. 남부지역의 교회는 교황의 권위를 630년에 인정했습니다. 이런 차이들 때문에 노섬브리아(Northumbria) 왕국의 오스왈드(Oswald) 왕이 휘트비(Whitby)에서 663년에 종교회의를 소집했습니다. 그 결과 로마교회의 주장이 승리했고 켈트교회는 로마교회의 관습을 점차적으로 따르게 되었습니다. 하지만 그것이 금방 이뤄지지는 않았습니다. 703년에 북아일랜드 지역이, 718년부터 스코틀랜드 지역이 로마교회의 관습을 따랐으나 웨일즈는 12세기에 가서야 로마교회의 관습을 따르게 되었습니다. 유명한 『앵글리카니즘(Anglicanism)』을 쓴 닐(Neill) 주교는 이 두 갈등을 영국교회에서 계속되어온 통일성과 다양성 그리고 중앙집중성과 독립성의 갈등으로 이해하고 이 갈등은 영국교회에서 종교개혁 이전까지 계속됐다고 해석합니다.[8] 하지만 이 휘트비종교회의는 두 흐름의 영국교회가 하나의 교회, 영국의 교회가 되는 계기를 만들어 주었습니다. 영국에서 그리스도교의 일치가 공의회를 통해 이뤄졌고 영국의 정치상의 통일은 점진적으로 성립되었습니다. 교회 사학자 워커에 따르면 로마교회는 교회의 성직제도(聖職制度)를, 켈트교회는 선교와 학문적 열정을 영국교회에 주었다고 평가합니다.[9] 이 두 교회의 흐름이 영국교회(Church of England), 즉 영국성공회를 형성해 갔다고 평가할 수 있습니다.

2. 중세기 국가와 영국교회의 갈등

그리스도교는 영국에서 계속 성장해 나갔습니다. 영국교회는 점차 확립되어 가고 강해졌으며 독립적으로 발전해 갔습니다. 흔히들 헨리 8세(Henry VIII)를 영국성공회의 설립자로 말하지만 이 말은 헨리 왕과 영국성공회 역사에 대해 잘 모르고 하는 말입니다. 로마교회로부터의 독립을 표방한 왕은 헨리 8세가 최초의 그리고 유일한 왕이 아닙니다. 1164년에 헨리 2세(Henry II)는 국가와 교회에 관한 고대 관습과 전통을 법규화하기 위하여 클래런던의회(Council of Clarendon)를 소집하였습니다. 여기에서 그는 클래런던헌장을 제정했습니다. J.R.H 무어만(Moorman)이 쓴 『영국교회사(A History of the Church in England)』에서는 이 사실을 다음과 같이 기록하고 있습니다.

> "교회의 헌장은 왕의 재가없이 로마에 상소하는 것을 금지하고 성직자들이 나라를 떠나지 못하도록 하였다. 또한 헌장은 법을 위반한 성직자들이 주교법정에서 정죄되어 좌천되면 평신도로서 처벌을 받고 교회 법이 더 이상 보호하지 못하도록 규정하였다. 성직자라 하더라도 범법을 하면 국왕의 법정에서 재판을 받아야 한다는 규정이었다."[10]

캔터베리의 대주교인 토마스 베케트(Thomas Becket)는 친구인 헨리 왕으로부터 이 규정에서 예외를 받았지만 주교들은 그를 지지하지 않았습니

다. 처음에 그는 클래런던헌장에 동의
했지만 자기의 행동에 대해 나중에 후
회했습니다. 주교들은 명백하게 로마
교황의 권력과 캔터베리 대주교의 권
한를 축소하려고 한 것이 아니었습니
다. 베케트는 이를 영국 왕이 로마교황
의 권한을 행사하는 것이고 교회 재산
에 대한 지배권까지 행사하는 것이라
생각하고 반대하였습니다. 베케트는
그해 10월 노샘프턴(Northampton)회
의에서 왕권에 복종하는 것을 반대했
습니다. 무어만은 이에 대해 다음과 같
이 기록하고 있습니다. "그는 자신의
첫 번째 시도에 동의하는 자는 모두 파
문하겠고 그와 접촉하지 않는 성직자
들은 엄정하게 출교하겠다고 위협하였
다."[11] 베케트 주교는 헨리 2세 왕권 편
에 선 요크관구의 대주교와 런던 주교
와 솔즈베리 주교 등을 파문하도록 로

1-2. 토마스 베케트 대주교. 유리화, 캔터베리 대성당.
photo by Tayor, Wikimedia Commons.
12세기부터 영국은 로마 교황청으로부터의 독립을 하
고자 하였습니다. 이 갈등에서 토마스 베케트 대주교는
살해당하였습니다.

마교황에게 요청했고 영국 주교들에게 로마교황에게 보고할 것을 서약하
도록 강요했습니다. 이로 인해 베케트는 왕은 물론 동료 주교들로부터 빈
축을 샀습니다. 베케트가 프랑스로 피신했다가 영국으로 돌아와 캔터베리
에 머물고 있을 때였습니다. 베케트 대주교에게 불만을 가진 네 명의 기사
가 1170년 12월 29일 베케트를 대성당에서 살해했습니다. 하지만 아직까
지는 왕권이 강한 상태가 아니었습니다. 이때까지 살아있는 왕과 죽은 대
주교 중에서 어느 편을 들까 망설이던 국민들은 일제히 순교자, 토마스 베
케트의 편을 들게 되었습니다. 헨리 2세는 자신의 무죄를 밝히려는 의도에

서 살해자를 처벌했고 헌장을 폐기시켜 원래의 상태로 돌려 놓았습니다. 엘리엇(T. S. Eliot)의 희극 『대성당안의 살인자』는 바로 이 사건에 관한 내용입니다. 헨리 2세는 교회재판을 약화시켜 왕권을 강화시키는 한편 로마 교황의 지배를 반대해 영국교회를 독립시키고자 했으나 승리는 교회로 돌아갔습니다.

토마스 베케트의 순교 이후 영국에서 100년 동안은 로마 교황의 세력이 번영을 누렸습니다. 13-14세기에 영국에 대한 교황청의 권한은 막강한 것이었습니다. 교황청에 많은 세금을 납부했고 동시에 영국교회에 대한 인사, 행정상 교황의 성직서품권(안수권) 행사 등은 영국인들에게 반감을 샀습니다. 1351년 영국에서 성장하는 국가주의의 의식은 성직령(Statute of Provisors)에서 잘 표현되는데 여기서 교황의 교도권이 영국 안에서는 타당하지 않음을 선언하고 있습니다. 무어만은 '영국 안에서는 교황권이 증가해 왔고 또 지금도 증가하고 있지만 결국에는 교황권은 소멸돼야 한다는 강한 의식들을 가지고 있었다'고 표현하고 있습니다.[12] 영국의회는 계속적으로 교황권을 약화시키려고 시도했습니다.

14세기 영국교회의 역사에서 간과할 수 없는 것이 위클리프(Wycliffe)의 영향입니다.[13] 위클리프는 신부로서 신학자, 종교개혁자 그리고 옥스퍼드 대학교의 교수였습니다. 그는 1375년에 교황의 우월성과 성직자의 치부(致富)를 부정하는 글을 발표했습니다. 교황과 성직의 권위에 맞서 성경이 믿음의 유일한 권위라고 주장했습니다. 그래서 모든 종교적 가르침의 기초는 교회 제도의 권위에 있는 것이 아니라 성경에 있다고 주장하며 1382년에 라틴어 성경을 영어로 번역 출간했습니다. 그는 평신도들에게 성경을 나눠주고 직접 성경을 가르쳤습니다. 그 결과 농민들도 선술집에서 성경을 토론할 수 있게 됐습니다. 그는 성경에 근거해 수도원의 사치와 타락을 비난했고 초대교회의 소박한 생활과 가르침으로 돌아가야 한다고 주장했고 청빈한 수도사를 모방해 선교전도단을 조직하여 농촌을 돌아다니며 선교하였습니다.

> "가장 약한 여자라도 복음서, 사도들의 서신를 읽도록 하고 싶습니다. 복음서, 사도서
> 신이 각 나라 말로 번역되기를 희망합니다. 인간이 논밭을 갈면서 자기 혼자서 복음서,
> 사도서신을 노래 부르며, 베짜는 소리의 음율에 맞추어서 성경을 노래하는 날을 나는
> 고대합니다." [14]

이는 위클리프 이후 125년 뒤에 로마가톨릭교회(Roman Catholic Church) 개혁자 에라스무스(Erasmus)가 말한 내용입니다. 이 에라스무스의 정신은 바로 위클리프의 정신을 표현한 것이고 그 실천을 희구한 것이었습니다. 영국에서 위클리프의 공헌은 종교개혁이 시작되기 이전부터 교황과 성직의 권위보다 성경의 권위가 우위에 있다는 것을 널리 알리는 동시에 영국에서는 일반인들이 읽기 힘들었던 라틴어 성경을 영어로 번역한 것입니다. 그의 공헌은 영국보다 유럽에서 더 컸습니다. 그의 영향을 이어받아 16세기 유럽에서는 사회운동이 일어났습니다. 위클리프는 뒤에 롤라드(Lollard)운동, 보헤미아의 후수(Hus)에게까지 영향을 주었습니다. 이와 함께 대륙에서 종교개혁의 찬란한 샛별로 떠오른 마틴 루터(Martin Luther)와 요한 캘빈(John Calvin)도 그의 영향을 받았습니다.

3. 종교개혁과 영국성공회

종교개혁의 배경과 영국교회

중세기 서방교회는 타락하기 시작했습니다. 교회를 타락으로 몰아간 악마의 힘은 수도원까지 부패시켰습니다. 성모공경 교리, 성인 숭배, 면죄부

(免罪符) 판매, 천국과 지옥 그리고 연옥이라는 기묘한 발상의 비성경적인 신앙과 관습이 교회에 성행했습니다. 전례는 라틴어로 진행돼 일반신자는 그 내용을 이해할 수 없었습니다. 신자들은 성경을 읽을 수 없었고 하느님과 직접 대화를 나눌 수 없었습니다. 그리고 교회는 오직 성직자를 통해서만 하느님과 대화를 나눌 수 있다고 가르쳤습니다. 뿐만 아니라 자격이 없는 자에게 성직을 매매하고 면죄부를 판매하고 십자군 전쟁을 위해 무거운 세금을 부과했습니다. 그리고 성전 건립과 성직자들의 화려한 생활을 위해 세금 부과와 재산의 수탈이 진행됐습니다. 1305년부터 1378년까지 교황은 로마에서 추방됐습니다. 1378년부터 1414년 사이에는 두 사람 또는 세 사람의 교황이 서로 대립하여 그 정통성을 내세우며 싸우는 일까지 벌어졌습니다. 이런 중세교회의 타락은 결국 종교개혁을 일으키는 원인들을 제공하였습니다.

지리적으로 대륙과 떨어져 있던 영국에서는 당시 로마교황으로부터 독립하려는 움직임이 계속 일어났습니다. 영국의 권리, 습관, 이익에 대한 외국의 간섭을 부정하기 시작했습니다. 중세 후기의 이런 국가주의는 로마교황청의 타락에 대한 영국인들의 반감과 더불어 영국교회가 종교개혁을 하는 데에 큰 도움을 주었습니다.

영국의 종교개혁은 대륙의 종교개혁과는 다른 과정을 거쳤습니다. 대륙과 달리 영국에서는 정치적 위기가 종교개혁을 촉발했다고 볼 수 있습니다.[15] 영국교회의 독립은 헨리 8세(Henry VIII)에 의해 주도됐으나 실제적으로는 전 영국인의 일치된 행동을 통한 결과였습니다. 그래서 영국의 종교개혁은 정치적 독립을 이룬 다음 종교적 독립과 개혁을 성취한 경우라 하겠습니다. 1517년 대륙에서 시작된, 로마교회의 권위에 대해 도전하는 루터의 가르침은 이미 오래 전부터 영국에 전파돼 있었습니다. 후에 캔터베리 대주교가 된 토마스 크랜머(Thomas Cranmer) 대주교를 포함한 캠

브리지의 신학자들은 '믿음으로 의롭게 된다'는 루터의 칭의론에 대해 토론했고 독일로부터 불어오는 신학의 조류에 대해 열정적인 관심을 보였습니다. 그러나 헨리 8세는 두 개의 성사(세례와 성찬)만을 인정하는 루터의 견해를 비판하고 칠성사(성례전)를 주장할 정도로 '신앙의 수호자'였습니다. 그럼에도 왕위 계승문제로 인해 헨리 8세는 영국교회를 로마교황청으로부터 독립시켰습니다.

헨리 8세와 영국교회의 독립

영국교회의 독립을 낳은 헨리 8세와 로마교황청과의 갈등은 간단히 설명할 수 없고 또한 그 시대의 정치적 현실과 분리할 수 없는 복잡한 문제입니다. 헨리 8세의 부친인 헨리 7세는 혼인외교를 위해 장남 아더를 스페인 왕의 딸인 캐서린과 맺어지도록 했습니다. 딸 마가렛이 스코틀랜드의 제임스 4세와 또 다른 딸 메리가 프랑스의 루이 12세와 결혼한 것도 다 같은 이유 때문입니다. 그즈음 혼인외교는 평화유지의 일환이었습니다.[16] 그런데 헨리 8세의 형, 아더가 죽게 됐습니다. 그 뒤 헨리 8세는 홀로 남겨진 형수, 즉 스페인 왕 페르디난도의 딸 캐서린을 맞아들였습니다. 헨리 8세가 사랑한 것도 아니고 원한 것도 아닌 정략결혼이었습니다. 2류 국가였던 영국으로서는 스페인과의 동맹이 명예스러우면서 안전보장에도 도움이 되는 일이었습니다.[17] 당시 교황 율리우스 2세는 형수와 시동생의 결혼을 금지했던 교회법과 성경(레위기 20:21)을 위반하면서 관면(寬免)을 내렸습니다.

그런데 헨리 8세와 캐서린 사이에는 왕위를 이을 사내아이가 만들어지지 않았습니다. 왕 헨리는 왕위 계승을 위해 고민했습니다. 영국인들은 왕위를 계승할 왕자가 없다는 것에 왕과 같이 불안해 했습니다. 만일 헨리가 자신의 여동생과 같은 이름을 붙여준 딸 메리가 왕위를 잇고 외국의 왕자나 외국 왕과 결혼하면 영국은 다시 외국의 지배와 간섭을 받기 때문입니다. 정치적 필요를 위해 왕은 당시 교황 클레멘트 7세에게 결혼무효를 청구했습니다. 그리고 왕은 앤 볼린과 결혼하기를 원했습니다. 교황은 결혼무효 승인을 주저했습니다. 왜냐하면 당시 교황은 캐서린의 생질이었던 독일의 황제 찰스 5세에 의하여 좌지우지되는 포로와 같은 존재였기 때문입니다. 교황은 정략상 결혼무효를 허락할 수 없었습니다. 뿐만 아니라 전임 교황이 발표한 관면을 무효로 처리한다면 교황권은 불신임을 받을 수도 있었습니다. 그러나 헨리 8세에게는 이 문제가 왕위 계승과 왕권 강화의 문제였습니다. 그는 기다릴 수가 없었습니다. 1529년 왕은 의회를 소집하고 영국교회의 독립을 선언합니다. 이런 사태가 발생한 것은 당시 헨리 8세의 주변상황을 살펴보면 금방 알 수 있습니다. 헨리 8세가 왕에 즉위할 당시 영국은 백년전쟁, 장미전쟁의 시달림을 겪은 후인 만큼 보다 강력한 국가가 될 필요가 있었습니다. 봉건주의 체제가 무너지고 중앙정치 체제, 국가주의가 싹트기 시작하였습니다. 또한 수도원, 수도사에 대한 반감과 교황권으로부터 벗어나고자 하는 열망이 있었습니다. 왕의 이혼문제가 바로 국민적 열망을 촉진하게 된 것입니다. 다시 말해 헨리 8세의 이혼이 직접적인 시발점이었으나 영국교회의 독립은 영국의 왕권이 교황권으로부터 독립하는 사건이었습니다.

영국의회는 그 뒤 7년 동안 여러 가지 법령들을 통과시키면서 로마교황권으로부터 영국교회와 영국왕권을 독립시켜 나갔습니다. 의회는 '그리스도교가 허용하는 한도 내에서 헨리 왕을 유일한 보호자요 영국교회의 수장으로서 인정' 하는 수장령(1531년)을 통과시켰습니다. 1532년 헨리 8세는 토마스 크랜머를 캔터베리의 대주교로 임명했습니다. 그리고 임신 중인 앤 볼린과 결혼했으며, 첫째 부인인 캐서린을 제거했습니다. 호소금지법령이 마지막을 장식했습니다. 이 법령은 로마에 대한 교회적인 호소를 종결짓고 '영국의 통치는 영국 왕에 의한 것' 임을 천명한 것입니다. 이로써 영국은 신성로마제국으로부터 자유롭게 독립된 주권국가임을 만방에 고했습니다. 영국에서 로마에 지불하던 '교황청세금(Peter's Pence)'도 폐지했습니다.

교회는 왕에 대한 충성을 맹세해야 했으나 교회생활은 크게 달라지지 않았습니다. 주기도문과 십계명은 영어로 가르쳤으나 미사는 그대로 대부분 라틴식 미사였고 대륙의 영향을 받은 개혁파들이 존재했으나 전통과 신학에서 가톨릭주의자인 헨리 8세를 변화시키지 못했습니다. 1536년부터 부분적인 신앙의 개혁이 시작됐습니다. 그는 크랜머 대주교의 도움으로 10개조 신앙고백을 발표하였습니다. 여기에는 성경, 세 가지 신경, 초대교회 4대 공의회의 신앙고백 그리고 세례, 성찬, 참회 등 만을 성사로 삼았습니다. 헨리 8세는 경제적 이익을 얻기 위해 수도원 재산을 몰수했습니다.(1538년) 당시 영국에는 1200여 개의 수도원이 막대한 토지를 소유하고 있었습니다. 이를 몰수하면서 국왕은 엄청난 부를 얻었습니다. 그는 커버데일(Coverdale)이 번역한 영문판 성경, 대영성경(The Great Bible 1539년)도 출간했습니다.

헨리 8세의 독립은 외세의 간섭을 물리치고 국가이익을 증대하고 영국의 왕권을 강화하기 위한 사건이었습니다. 그래서 앙드레 모로아는 『영국사』에 "영국의 종교개혁은… 오랫동안 싹터온 섬나라적이고 언어적인 국민의식의 종교적 표현"이라고 썼습니다.[18] 제임스 프로우드는 "나는 영국사에 있어서 종교개혁이 가장 거대한 사건이라고 믿는다. 이것이야말로 지구 전체를 휩쓴 앵글로색슨족에게 그 근원적인 추진력을 마련해준 것이다"고 말했습니다.[19] 또 교회사학자 도올리는 "국왕도 성직자도 의회도 민중도 모두가 한 몸이 되어 국가 교회 안에 존재했던 교황세력을 격멸하는 데 모든 힘을 쏟았던 것이다"고 말했습니다.[20] 이런 정치적 독립을 영국교회는 역사적 소용돌이 가운데 종교개혁으로 이어갔습니다.

에드워드 6세와 메리 치하에서 두 극단적인 교회의 실험

헨리 8세 왕이 죽은 후에 그의 병약한 아들, 에드워드 6세 (Edward VI)가 즉위하였습니다. 아홉 살 난 왕은 개신교 신자로서 교육받았고 개혁파로 자신을 인정하도록 양육됐습니다. 이제 교회는 다른 모습으로 변했습니다.

1549년 첫 영어 공도문(公禱文 The Book Of Common Prayer)이 라틴예식서를 대체했습니다. 그 후 1552년에 보다 개신교적인 신앙의 요소를 강조해 제2공도문을 출간했습니다. 이 공도문은 그 이후 성공회의 가장 귀한 신앙적 유산이 되었고 전 세계 교회에 예배의 모범예식서를 제공했습니다. 성공회 공도문에 관해서는 뒤에 성공회 예배 부분에서 다시 살피게 될 것입니다. 빵만 가지고 행하던 중세예식의 성찬예식에 초대교회의 관습대로 빵과 함께 포도주도 등장했습니다. 우상숭배의 가능성으로 인해 성상들을 파괴했으며 예배에서 영어로 성경을 읽는 것이 확대되었습니다. 1547년에는 성직자의 결혼이 합법화되었습니다. 에드워드 6세 치하에서의 급격한 개혁은 전통적인 가톨릭주의의 외형적 예식들을 영국에서 사라지도록 만들었습니다.

에드워드는 오래살지 못하고 메리(Mary)가 왕위를 이었습니다. 그녀는 헨리 8세의 첫 번째 부인인 캐서린의 딸이었고 철저한 천주교(Roman Catholic Church) 신자였습니다. 그녀는 즉위하자마자 헨리 8세와 에드워드 6세의 개혁을 폐기했습니다. 그녀는 교회의 수장(首將)이라는 직위를 포기했지만 옛 예식과 질서를 회복하는데 있어서는 수장으로서 행동했습니다. 라틴어, 제대 그리고 성직자의 제의 등이 회복됐습니다. 영어 공도문의 사용을 불허했고 미사에서도 라틴어가 사용됐습니다. 모든 것이 중세기 형태로 돌아갔습니다. 1554년에 메리 여왕은 로마교황의 지상권을 인정하고 영국을 다시 1529년 이전 로마교황의 통치권 아래로 돌려놓았습

1-3. 토마스 크랜머 대주교(1489-1556). Wikimedia Commons.
토마스 크랜머 대주교를 통하여 영국은 전통을 지키면서 개혁하는 교회의 기틀을 마련하였습니다. 그는 영국 종교개혁의 설계사이고 성공회 공동기도서의 저자입니다.

니다. 역사가들은 메리 여왕을 '피의 메리'라고 부르는데 개혁파에 섰던 사람들 약 300여명을 박해했기 때문입니다. 첫 번째 순교자는 토마스 크랜머 캔터베리 대주교였습니다. 공도문을 만든 그는 화형을 당했습니다. 그 결과 영국인들은 여왕과 로마교황에 대한 충성을 버렸고, 여왕을 따르던 외국인 고문관들도 이탈하기 시작했습니다. 메리 여왕이 죽자 모든 영국인들은 피로 얼룩진 정치의 끝장을 기뻐했고 로마교황청의 지배에서 벗어났습니다.

엘리자베스 1세 여왕과 영국성공회의 정착

메리는 1558년에 사망하고 엘리자베스 1세(Elizabeth I)가 여왕의 자리에 올랐습니다. 당시 영국은 종교적으로나 정치적으로나 분열돼 있었습니다. 메리 여왕 때의 박해정책에 의해 개신교 주장에 공감하는 사람들이 늘어났으나 유력한 귀족 대부분과 주교, 성직자, 농촌지역의 신도들은 천주교의 신앙을 그대로 유지하고 있었습니다. 엘리자베스 1세와 영국 국민들은 헨리 8세 이후 두 다른 왕의 통치기간에 신앙에 있어서 두 극단(천주교와 개신교)의 대립을 보았고 경험했습니다. 그 결과 두 극단을 모두 취하지 않았

1-4. 엘리자베스 1세 여왕(1558-1603 AD). Wikimedia Commons.
그녀는 두 종교간의 갈등을 경험하고 극단을 배제하면서 포용적이 며 중도적인 성공회 신앙을 정착시켜 나갔습니다.

습니다.[21] 그녀는 캔터베리 대주교로 매튜 파커(Matthew Parker)를 임명했습니다. 그녀는 에드워드 6세 때에 취했던 급진적 개혁의 내용(캘빈주의)을 배제하는 동시에 천주교의 극단을 배제하면서 중도적인 정책을 펼쳤습니다. 엘리자베스 1세의 중도정책(Via Media)은 성공회의 기틀을 놓는 정책들이었습니다.

엘리자베스 1세의 정착은 1559년 의회가 통과시킨 두 가지 법령을 통해 이뤄졌습니다. 그것은 수장령(首長領 Act of Supremacy)과 통일령(Act of Uniformity)입니다. 수장령은 교회와 국가의 수장으로서 엘리자베스 1세를 인정하는 맹세를 요구했고 영국 안에서 외국인이 가지는 권한을 폐기하는 것이었습니다. 두 번째 법령인 통일령은 1559년 공도문을 의무적으로 사용하도록 한 것입니다. 1559년 공도문은 로마가톨릭적인 성격이 강한 1549년 공도문과 개신교적인 요소가 강한 1552년 공도문을 절충해 만들어진 것입니다. 또한 성공회 39개 조항을 제정했습니다. 이 조항에는 영국성공회의 전통적, 가톨릭적 신앙과 함께 개신교의 종교개혁적인 내용이 담겨 있습니다. 그래서 엘리자베스 1세는 개신교회도 아니고 천주교도 아닌 포용적인 영국민들의 교회, 성공회를 만들어 나갔습니다.

엘리자베스 1세 시대에 성공회 사제였던 리처드 후커(Richard Hooker)는 『교회정체의 제법칙(Laws of Ecclesia stical Polity)』을 썼는데 그는 여기서 로마가톨릭파와 청교도의 양극단의 주장에서 영국성공회를 옹호했습니다. 그는 천주교가 전통을, 청교도와 개신교도가 성경만을 신앙의 권위로 주장하는 것에 반대해 신앙의 권위는 성경, 전통, 이성에 의해 만들어진다고 주장하였고 성공회의 중도적이고 포용적인 신앙을 형성해 나갔습니다. 그는 극단적인 청교도의 성경주의에 대항해 주교제도는 성경에 기초한 것이며, 초대교회의 전통이며 사도계승의 상징이라고 주장했습니다. 이를 통해 주교제도의 보존과 성공회의 가톨릭 전통이 이어질 수 있도록 노력했습니다.

1570년 교황 비오 5세(Pius V)는 스코틀랜드의 메리로 엘리자베스 1세를 대체하려고 시도하나 실패했습니다. 그래서 그는 엘리자베스 1세를 파문하고 영국교회를 이단이라고 선언했습니다. 엘리자베스 1세 여왕은 성공회의 신학적인 기틀을 만들어 나갔으나 개신교주의자나 극단적인 로마가톨릭주의자들을 만족시켜줄 수 없었습니다. 그래서 엘리자베스 1세 이후 영국교회는 영국성공회파, 교황파, 개신교파 등으로 나뉘어져 복잡하게 얽히게 됩니다. 그런 중에도 영국성공회는 민중의 대부분이 속하는 교회가 되어 다음 4세기 간에 걸쳐 영국국교로서의 전통을 쌓아갔습니다.

4. 근대 영국성공회의 역사

18세기 복음주의운동과 감리교의 시작

17세기 말부터 18세기 초까지 만연된 합리주의는 교회의 영적, 도덕적 힘에 상처를 입혔습니다. 더욱이 영국의 산업혁명은 영국을 급변하도록 만들었습니다. 이에 대해 교회는 아무런 영향도 발휘하지 못했습니다. 이런 상황에서 복음주의운동이 일어났습니다. 개신교가 계속 분열을 거듭하는 동안(사실상 개신교 정책에 의하면 별 어려움 없이 독립을 인정받을 수 있습니다.) 성공회는 하나의 분리를 제외하고는 공동체로서 일치를 유지하고 있었습니다. 유일한 분리는 오늘날 주류 개신교단 중의 하나인 감리교회(Methodist Church)입니다.

1726년에 옥스퍼드의 링컨대학 교수였던 젊은 사제 요한 웨슬리(John Wesley)는 스스로를 규칙주의자(Methodist 감리교도)라고 부르는 한 그룹, 신성클럽(The Holy Club)에 참여했습니다.[22] 그들은 성공회 공도문에서 지시하는 전례지침, 즉 주중 성찬예배의 실시, 아침기도, 저녁기도, 개인적인 기도와 교제의 훈련 등을 엄격하게 따랐습니다. 그들은 회원들에게 영국성공회에 남아 계속 헌신하기를 주장했고 그래서 기존 영국성공회의 정기적인 예배를 방해하고 싶지 않아 별도의 시간에 모임을 가졌습니다.

요한 웨슬리는 선교사로서의 소명을 실천하기 위해 1738년 미국 조지아에서 선교활동을 펼쳤는데 성공을 거두지 못했습니다. 그는 1738년 다시 영국으로 돌아갔습니다. 그해 5월 24일 그는 '믿음으로 말미암아 의롭게 된다'는 설교를 듣고 감화 받아 회심을 경험합니다. 그는 영국 전역을 여행하며 크고 작은 단체의 복음전도집회에서 설교했습니다. 그는 산업혁명으로 도시와 공장지대에 유입된 많은 사람들에게 전도하며 부흥세력으로 성장했습니다. 그는 흥미진진한 전도여행기를 기록했는데 처음부터 52년간 22만5000 마일을 여행했으며 4만번에 걸친 설교를 했습니다. 1739년 브리스톨 야외에서는 광부들에게 설교하던 조지 휫필드(George Whitfield)와 협력을 시작했습니다. 영국에서 웨슬리의 영향력은 준비되지 않았거나 웨슬리의 복음적 형태를 받아들일 수 없는 동료 성직자들에게 적개심을 갖게 했습니다. 그리고 사람들은 복음적 부흥운동이 정치적 혁명운동이 될 지도 모른다고 의심했습니다. 그는 때로 신체적인 공격을 당했고 당시 많은 영국성공회의 교회는 그가 교회에서 설교하는 것을 허락하지 않았습니다. 그는 교회의 허락을 받으면 교회에서, 허락을 받지 못하면 들에서 설교했습니다. 그는 많은 박해를 받았지만 늘 하느님의 위대한 힘과 하느님의 은총으로 계속 복음전도에 나섰습니다. 요한 웨슬리는 죽을 때까지 성공회 신부로서 남았고 교회의 분열을 원하지 않았습니다. 그러나 결국은 요한 웨슬리를 따르던 사람들은 성공회에서 분리해 감리교회를 세웠습니다.

그러나 영국성공회로부터 분리하지 않고 남아서 차분히 복음주의운동을 전개한 사람들이 있었습니다. 우리는 이들을 영국성공회의 복음주의자들(Evangelicals)이라고 부릅니다. 대표적인 인물로는 조지 횟필드, 윌리엄 월버포스(William Wilberforce), 찰스 시므온(Charles Simeon), 윌리엄 로멘(William Romaine) 등 입니다. 복음주의운동은 18세기 처음 30년 동안 교회에 많은 영향을 미쳤습니다. '복음주의 황금시대' 였습니다. 성공회 복음주의자들은 개인적 회심의 강조, 성경 우위성의 강조, 합리주의의 반대로서 복음선포 등 종교개혁의 진리를 회복했습니다. 그들은 어거스틴의 전통을 따르고 '믿음으로 의롭게 된다' 는 종교개혁의 교리를 재확인했습니다.[23] 하지만 그들은 극단적 캘빈주의를 배제하고 온건한 캘빈주의(Moderate Calvinism)의 교리를 수용했습니다. 복음주의운동은 그 당시 합리주의 사상으로 만연한 교회에 경건한 신앙생활과 복음적인 선교활동의 전통을 다시 세웠습니다. 복음주의자가 설교하는 도덕개혁의 열의는 사회의 도덕적 표준을 높였습니다. 이들은 박애주의 활동과 사회개혁을 위해 열심히 일했으며 주일학교를 조직했습니다. 노예제도의 폐지에도 앞장섰습니다. 그들의 전도에 대한 열의는 해외선교로 이어졌고 선교단체의 발족이라는 결실도 일궈냈습니다. 이들 성공회 안의 복음주의자들의 교회를 성공회 안에서는 저교회(低敎會 Low Church)라고 부릅니다.

18세기 복음주의운동에서 탁월했던 인물중 하나로 노예제를 강력히 반대한 윌리엄 월버포스가 꼽힙니다. 그는 평신도로서 노예제도를 예리하게 비

1-5. 윌리암 윌버포스(1759-1833). by Karl Anton Hickel, ca 1794, Wikimedia Commons.
그는 영국성공회 복음주의자로서 노예폐지운동에 앞장서고 도 덕개혁을 통하여 영국사회의 도덕적 표준을 높였습니다.

판하는 클라팜 복음주의협회 (Clapham Evangelicals)의 회원이 었습니다. 노예제는 당시에 경제 적인 이해관계로 인해 많은 사람 들의 지지를 받고 있었습니다. 성 공회 안에서도 노예제를 지지하 는 사람들이 있었습니다. 윌버포 스가 노예제 폐지운동을 시작한 지 20년이 지난 1807년에 이 운동 은 결국 승리를 거두었습니다. 1833년에 의회는 노예무역이 불 법임을 공표하고 영국 전역에서 노예제를 폐기하는 법령을 283대 16표로 통과시켰습니다. 18세기 의 복음주의운동은 당시 국가교 회로서 형식화된 교회의 무기력으로부터 합리주의 신앙에 빠진 자들에게 복음과 전도에 대한 본질을 회복시켜 주었습니다.

성공회의 팽창

대영제국이 전 세계적으로 팽창함에 따라 영국성공회도 외국 땅에 선교 교회를 세웠습니다. 엄밀한 의미에서 영국성공회의 해외선교는 순수한 의 미의 선교라고 할 수 없고 영국인 교회가 영국인과 함께 해외에 진출했다 고 말해야 할 것입니다.

초기 선교 역사에 중심적 역할을 한 네 개의 선교단체가 있습니다. 해외 복음전도협회(The Society for the Propagation of the Gospel in Foreign Parts, 1701년 설립, SPG)와 그리스도교 지식선포회(Society for the

Promotion of Christian Knowledge, 1766년 설립, SPCK) 교회선교협의회 (Church Missionary Society, 1799년 설립, CMS), 중앙아프리카 대학선교 (The Universities Mission to Central Africa)는 신대륙 식민지인 미국을 포함한 해외에 교회를 설립하는데 선도적인 역할을 했습니다.[24] 그러나 이들은 영국 국기 아래 있는 영국인들을 도와주는 것이 주된 임무였습니다. 캐나다, 오스트레일리아, 미국, 뉴질랜드의 교회는 영국인들의 식민지 이주에 따른 영국성공회 이식(移植)의 예입니다.

서인도제도, 인도, 미얀마, 파키스탄의 교회는 처음에는 같은 입장에서 출발했지만 비그리스도교인들의 입교가 늘어나면서 그 지역에 맞게 토착화돼 각기 고유한 성격을 가진 교회로 발전했습니다. 중국성공회와 일본 성공회는 영국, 미국, 캐나다성공회의 합동 선교결과로 생겨났는데 자치체제를 갖춘 교회로 발전했습니다. 영국성공회는 아프리카 지역에서도 활발히 선교활동을 펼쳤습니다. 과거 영국 식민지였던 서부 아프리카 연안에서부터 시작해 남쪽 끝 케이프타운까지 그리고 북쪽으로 카이로까지 아프리카 성공회가 발전하게 됐습니다. 오늘날 세계성공회공동체는 18세기부터 시작된 영국성공회의 약 150년간의 해외선교 결과에 의해 탄생했다고 해도 과언이 아닙니다.

19세기의 옥스퍼드운동

18세기 영국성공회의 특징이 복음주의운동으로 요약된다면 19세기 영국성공회의 특징은 옥스퍼드운동(Oxford Movement)에서 찾아볼 수 있습니다. 복음주의가 개인의 신앙을 강조했다면 옥스퍼드운동은 교회공동체의 보편성, 초대교회의 전통적인 사도적 신앙 그리고 교회의 전례를 강조했습니다.

영국의 옥스퍼드운동은 프랑스혁명과 산업혁명 이후 사회, 정치, 경제 분야에서의 격심한 변화에 대한 교회의 응답이라고 할 수 있습니다. 점증하는 세속주의에 교회는 종속적 지위에 놓이게 되는 위기에 처했습니다. 이 운동은 존 키블(John Keble)의 설교에서 시작됐습니다. 그는 '국가적 배교'라는 설교에서 많은 양의 세금을 절약하기 위해 아일랜드의 주교를 22명에서 12명으로 줄인 의회의 법령을 공격했습니다. 이 법령은 아일랜드에 있는 소수의 성공회 신자 수와 성공회를 후원해야하는 많은 수의 천주교(Roman Catholic Church) 신자를 고려할 때 합리적인 처사였습니다. 하지만 키블은 이 처사가 세속적 요인에서 야기된 것으로서 교회를 위협하는 것이라며 반대했습니다. 그는 주교와 관련된 문제를 의회가 교회와 상의 없이 처리한 것에 대해 교회에 대한 위협이라고 이해한 것입니다. 왜냐하면 교회는 그리스도로부터 시작돼 사도 그리고 사도 계승의 주교들을 통해 내려온 신적인 기관으로서 세속권위에 종속될 수 없기 때문입니다.[25]

그 이후 옥스퍼드대학에 있는 학자들은 교회의 본질, 교회와 국가의 관계, 인간생활 속의 관계 등을 질문하게 됐습니다. 이들의 대표자는 뉴먼(John Henry Newman), 퓨지(Edward Pusey), 키블 등이었습니다. 그들은 소책자(Tracts)를 발간해 교회가 초대교회적이고 공교회적인 전통인, 가톨릭 전통 속에서 문제를 해결할 수 있다고 보았습니다. 그들은 반(反) 천주교적이고 동시에 반(反) 개신교적이었습니다. 그들은 교회가 분열되기 이전 초대교회의 공교회적인 전통 속에서 보편적인 교회 모습을 보았고 성공회는 천주교의 오류와 과장을 피하는 동시에 개신교의 극단을 피하면서 중간의 길(Via Media), 중도노선을 추구했다고 생각했습니다. 뉴먼은 다음과 같이 말했습니다. "영국성공회의 영광은 이른 바 중도를 취했다는 것이다. 즉 성공회는 종교개혁과 천주교 사이에 있는 것이다."[26] 그래서 그들은 역사적 사도 계승으로서의 주교제도, 교회공동체의 신앙으로서의 성사와 전례의 중요성, 도덕적 양심으로서의 신앙실천을 통한 사회봉사 등을 강조했습니다.[27] 앤드류(Lancelot Andrews)는 옥스퍼드운동을 다음과 같이 정리했습니다. "하나의 정경, 두 개의 성경, 세 개의 신경, 네 개의 에큐메니컬공의회, 처음 5세기 동안의 교부들의 일치된 신앙을 성공회 전통주의자들은 믿는다."[28] 이들을 고교회파(高敎會派 High Churchmen) 또는 성공회 가톨릭사상(Anglo-Catholicism)이라고 합니다. 옥스퍼드운동은 영국성공회뿐만 아니라 해외 자매교회에 지대한 영향을 미쳤습니다. 교회의 가톨릭적인 유산을 발견하도록 했고 성사와 전례의 강조, 그리고 수도원 제도의 부활, 희생적인 사회봉사 등을 통하여 교회를 새롭게 했습니다. 감리교 운동과는 달리 옥스퍼드운동주의자들은 성공회를 떠나지 않았는데 특정 개인의 경우는 교회를 떠났습니다. 뉴먼은 『소책자 90번, Tract 90』에서 39개 조항 중 반 천주교적 조항인 처음 14개 조항을 친 천주교적으로 재해석을 시도했고 이는 심한 반대에 부딪혔습니다. 그는 결국 1845년 천주교로 옮겨갔고 후에 추기경이 되었습니다. 뉴먼은 영국천주교에서 봉직했지만 영국성공회를 비판했던 것처럼 그는 바티칸의 비평가로 남았습니다.

성공회 자유주의파, 광교회파

옥스퍼드운동을 고교회주의운동이라고 부른다면 영국성공회에서 19세기에 있었던 또 다른 부류는 광교회(廣敎會 Broad Church)주의운동입니다. 광교회파는 종교에서 자유의 요소를 강조합니다.[29] 17세기 중엽 영국성공회 안에는 일련의 자유주의적 세력(Liberals), 관용주의자(Latitudinarians)들이 있었습니다. 이들은 "교회조직의 형태, 전례, 교리에 대해서 권위적이고 교리적인 규정보다도 더 넓게, 더 자유롭게 받아들일 수 있는 공간이 필요하다"고 믿는 그룹입니다.[30] 이들은 차이를 '별로 중요하지 않은 것'(things indifferent)으로 인식하고 교회의 갈등을 종식시키기를 원하는 사람들이었습니다. 그래서 이들은 규정, 선언, 권위 등을 좋아하지 않았습니다. 이들은 그리스도교의 윤리적 요건들을 보존하고, 열려 있는 사고(broad)의 여지를 만들어 놓으려고 하였습니다. 또 예배에서의 자유를 허용했고 교회의 사회적 관심을 고양시키고 성경비평학을 발전시켜 나갔습니다.

19세기의 광교회주의자들은 18세기의 자유주의적 세력, 관용주의자들의 후계자라고 말할 수 있습니다. 이들은 19세기 초 옥스퍼드 오리얼 칼리지(Oriel College)의 지식인들 그리고 그 후 케임브리지의 자유주의자들이었습니다. 광교회(broad church)라는 말은 1850년부터 사용되기 시작했습니다. 광교회주의자의 대표적인 인물로 코플스턴(E. Copleston), 와틀리(R. Whately), 코울리지(S.T. Coleridge) 그리고 아놀드(T. Arnold) 등이 있습니다. 이들은 교회와 정부의 일치 그리고 모든 교회의 일치를 주장하였습니다. 이들은 좁은 이견의 차이를 반대하고 포용적인 신앙을 가질 것과 모든 교회가 일치를 이루기 위해서는 국가교회가 필요하다고 주장했습니다.[31] 코울리지는 인간에게 있는 종교적 선험성을 강조하여 '영국의 슬라이에르마허' 라고 불렸습니다. 그는 이성과 이해를 구분하면서 이성은 직관적 지각의 힘이요 내적 지각이라고 설명하며 여기서 종교적 진리가 지각된다고 지적했습니다. 따라서 종교적 확실성은 외적 증거에 있는 것이 아니고 이 종교적 의식 속에 있다고 주장했습니다.

또한 모리스(Frederick D. Maurice)는 영국성공회의 역사 속에서 이념적이고 사회적 요인들에 대한 교회의 관심을 대표합니다. 그는 마르크스주의의 대안으로 그리스도교 사회주의(Christian socialism)를 제창했습니다. 마르크스가 『자본주의』를 쓰고 있을 무렵 모리스는 『그리스도의 왕국』, 『퀘이커교도들에게 보내는 원칙들에 대한 편지』 그리고 『가톨릭교회의 개념과 성직』 등을 집필했습니다. 그는 케임브리지의 윤리철학 교수였으며 에드워드교회의 보좌사제였습니다. 그는 그리스도께서 교파나 또는 교회를 설립하기 위해 오신 것이 아니라 그의 왕국을 건설하기 위해 오셨다고

주장했습니다. 모리스는 그리스도의 왕국에 대해 모든 사람들을 위한 나라이고 계급의 구별 없이, 가난한 자와 부자도 없는, 그리스도의 법이 모든 사람들의 삶을 다스리는 곳이라고 말했습니다. 모리스는 또한 그리스도교의 일치를 추구했습니다. 그는 교리와 전례를 통한 일치의 추구가 아닌 모든 분파의 신학적, 사회적 그리고 민족적인 한계를 초월하고자 노력함으로써 진정한 일치를 이룰 수 있다고 주장했습니다. 그의 신학은 현대 에큐메니컬 신학(Ecumenical 교회일치의 신학)의 중요한 근거가 되었습니다. 이렇게 그리스도 사회주의는 태어났습니다. 이들은 하느님께서는 교회의 좁은 울타리를 넘어 사회 속에서 일하고 계시고, 이 세계 속에서 일하시는 그리스도의 활동을 교회는 추구해야 한다고 보았습니다. 이들은 그 어느 때보다 많은 지지자들을 얻었습니다. 모리스와 그의 추종자들은 그리스도 사회주의자로 불리지만 성공회에서는 광교회주의자라고 부릅니다. 그들 중의 주요 인물로 킹슬리(Charles Kingsley)와 테니슨 경(Lord Tennyson), 그리고 케임브리지의 세 성경학자인 웨스트코트(Brooke Westcott), 라이트푸트(J. B. Lightffot), 호트(F. J. A. Hort) 등을 들 수 있습니다.

역사를 돌이켜보면 과거로부터 현재까지 교회의 탁월한 지도자들이 계속 나왔습니다. 단지 2년(1942-1944)밖에 캔터베리 대주교로 재임하지 않았지만 윌리엄 템플(William Temple) 대주교는 세계 속에서 교회의 의미를 잘 이해한 사람으로서 평가됩니다. 템플 대주교는 영국의 정치적, 사회적 삶에 큰 영향을 미쳤습니다. 그는 성 안셈 이후 지적으로 가장 탁월한 주교로 인정받고 있습니다. 그의 전례와 세계에 대한 심오한 이해는 많은 그의 저서 중 하나인 『자연, 인간 그리고 하느님(Nature, Man and God)』에서 찾아 볼 수 있습니다. 캔터베리 대주교로 재임하는 중에 그는 세계 제2차 대전을 경험했습니다. 당시 그는 BBC방송에서 방송할 기회를 가졌는데 결코 영국의 승리를 위해 기도하지 않았다고 합니다. 그 이유는 그리스도인끼리 서로 전쟁을 할 때 하느님께서는 어느 한 편을 들어주실 것이라고 믿지 않았기 때문입니다. 그는 세계교회의 일치에 지대한 공헌을 했습니다.

제2장 _ 미국성공회 역사

은혜로우신 성부여,
비오니 주님의 거룩한 교회를
진리와 평화로 채워 주소서.
부패한 곳은 정화시켜 주소서.
잘못된 곳은 바로 인도하소서.
잘못이 있으면 개혁하게 하소서.
옳은 것은 굳건히 지키게 하소서.
부족한 것은 채워 주소서.
분열이 있는 곳에 다시 하나되게 하소서.
우리의 구세주 성자 예수 그리스도의 이름으로
기도하나이다. 아멘.

(교회를 위한 간구기도, 미국성공회 공도문, 1979)

2-1. 미국성공회 워싱턴 국립대성당. photo by Robert Lautman.

미국성공회의 역사는 역사속의 전통을 계속 유지하면서 하느님의 선교를 이루기 위하여 시대 속에서, 문화 속에서 개혁하는 교회의 역사를 보여주고 있습니다.

미국성공회는 선교와 사목을 계속적으로 변화시켜왔습니다. 우리는 미국성공회를 통해 면면히 이어져온 교회의 신앙과 실천의 전통을 계속 유지하면서 시대적 상황에 맞춰 하느님의 선교를 이루기 위해 개방, 개혁하는 교회의 역사를 보게 됩니다. 미국성공회 역사에서의 시대 구분은 이에 관한 2004년에 출간된 『미국성공회 역사와 신자들(The Episcopalians)』을 따라서 구분했습니다.

1. 미국 식민지에서의 영국성공회(1607-1763)

미국이 영국을 모체로 신대륙에서 성장해 나간 것처럼 미국성공회도 영국성공회에 그 뿌리를 두고 있습니다. 미국에서의 첫 번째 성공회공동체 기념일은 버지니아의 윌리엄스버그와 제임스타운에서 연례적으로 행해집니다. 1607년 6월 16일 존 스미스(John Smith) 선장과 초기 개척자들이 군목인 로버트 헌트(Robert Hunt) 신부가 집전하는 성찬예식에 참여한 것을 기념하는 날입니다.[1]

미국성공회 역사에 두 가지 주목할 성공회 예배가 있습니다. 1579년 탐험가 프랜시스 드레이크 경(Sir Francis Drake)이 현재의 샌프란시스코 근처 드레이크만에서 예배를 집전한 것으로 알려져 있습니다. 하지만 아마도 그가 청교도였고 인쇄된 기도문을 거부했기 때문에 성공회 공도문을 사용했는지 확실치 않습니다. 그리고 1565년 존 호킨스 경(Sir John Hawkins)이 플로리다 해변에서 예배를 드렸는데 이것이 신대륙에서 성공회 공도문으로 예배를 드린 가장 오래된 역사 기록입니다.

미국의 식민지 개척시기인 17세기는 유럽이 종교적 갈등을 겪던 시기였습니다. 따라서 새로운 신대륙에 개척자들이 올 때에도 그들은 유럽에서 경험한 종교적 성향을 그대로 이식했습니다. 그 모습은 크게 남부와 북부에서 서로 다른 모습으로 전개됩니다.

초기 미국의 개척자들은 먼저 버지니아의 제임스타운에 정착합니다.(1607) 그곳에서 영국성공회는 영구적인 발판을 마련합니다. 공중예배는 영국 개척자들에게 중요한 관심사였습니다. 그들은 먼저 소박한 제단을 만들었고 이어서 교회도 세웠는데 그 교회의 오래된 종탑은 오늘날까지 남아 있습니다. 그런데 식민지에서의 교회는 영국에서의 교회하고는 다를 수밖에 없었습니다. 우선 주지사가 영국에서처럼 주교가 아니었습니다. 그래서 각 공동체는 위원회(Vestry)를 조직해 자체적으로 치리하였고, 교회를 위한 세금을 투표로 결정하고, 영국에서 성직자를 불러 왔습니다. 그 결과 자연스럽게 버지니아 교회는 민주적이고 회중적인 치리를 발전시켜 나갔습니다.[2] 버지니아가 번성함에 따라 버지니아 의회는 영국성공회를 공적인 교회(established Church)로 승인하면서 땅을 증여하고 성직자에게 사례비를 주었습니다. 1693년도에는 버지니아 윌리엄스버그에 '윌리엄과 메리대학(William & Mary college)'이 세워져 성공회신앙으로 고등교육을 실시했습니다. 이 윌리엄과 메리대학은 오늘날까지 미국 내에서 유수한 대학으로서 인정받고 있습니다.

북부 뉴잉글랜드에서는 상황이 정반대였습니다. 첫 청교도들이 1620년 플리머스에 도착했습니다. 그들은 회중교회를 세웠고 영국성공회는 환영받지 못했습니다. 그들은 청교도를 위한 종교적 자유를 원했고 청교도를 제외한 종교에는 관용을 베풀지 않았습니다. 하지만 당시 청교도들 사이에도 다른 점들이 있었습니다. 플리머스 지역의 청교도들은 영국성공회로부터 분리를 바라는 청교도들이었고 메세추세츠만 지역의 청교도들은 영국성공회로부터 분리를 원하지 않는 청교도들이었습니다. 이들 청교도들은 나중에 회중교회와 합하여졌고 주 정부와 교회의 유대를 당연한 것으로 받아들였습니다. 오직 교인들만이 투표권이 있었고 모든 시민들은 교회유지를 위

2-2. 포카혼타스의 세례. (부분화, John Gadsby Chapman, 미국회의사당). photo by Architect of the Capitol, Wikimedia Commons.
영화로도 만들어진 포카혼타스의 이야기는 제임스 타운에 정착한 초기 정착민들의 이야기입니다. 제임스 타운으로부터 성공회는 정착 발전해 나갔습니다.

해 세금을 냈습니다. 성경은 신앙과 법률의 규범이었습니다. 그럼에도 영국성공회 교인들은 조금씩 뉴잉글랜드로 왔습니다. 그들은 많은 어려움에 처했다고 역사는 기록하고 있습니다. 토마스 머튼(Thomas Morton)은 공도문을 사용하였고, 즐거운 유머를 말했다고 추방당했습니다. 로버트 졸단(Robert Jordan) 신부는 어린아이에게 세례를 베풀고 공도문에 따른 혼배예식을 거행하였다고 감옥에 갇혔습니다. 브라운 형제들은 집에서 공도문을 사용했다고 미국 땅을 떠나야 했습니다. 이러한 극단적인 처사들은 결국 영국정부의 반박을 불러왔습니다. 찰스 2세의 왕정복고 후인 1684년에 매사추세츠만 지역은 청교도 교회와 함께 영국성공회가 병립할 수 있다는 헌장이 통과됐습니다. 이러한 지원 아래 성공회 교인들은 1689년 보스턴에 왕립교회(king's Chapel)를 세웠습니다. 보스턴의 성공회 그리스도교회가 1724년에 세워져 오늘날까지 내려오는데 이 교회는 독립전쟁 중에 교회 종탑에 등불을 달아 영국군이 해상을 통해 공격한다고 신호를 보낸 것으로 유명합니다.

뉴잉글랜드의 주 정부는 성공회를 지원하지 않고 회중교회를 지원했습니다. 뉴잉글랜드의 성공회는 영국선교회로부터 지원을 받았기 때문에 남부 지역의 성공회보다는 영국에 대한 충성심이 강했으며 캘빈주의자들과는 다른 자부심이 있었습니다.

초기 역사에서 재미있는 사실은 버지니아 지역의 성공회는 버지니아 의회에 의하여 공립교회로 설립됐지만 민주적인 회중교회로 발전했다는 것입니다. 반면 회중교회인 뉴잉글랜드의 청교도들은 국교인 성공회를 피해 왔지만 그곳에 국교와도 같은 회중교회를 세웠습니다.[3]

　1663년 요크의 공작이 네덜란드로부터 뉴욕을 넘겨받았을 때 뉴욕에는 공립교회가 없었습니다. 거기에는 양심의 자유 그리고 예수 그리스도를 누구나 믿을 수 있는 종교적인 자유가 헌장에 의해 보장됐습니다. 1696년 영국에서 온 자유민들은 삼위일체교회(Trinity Church)를 설립하고 그들의 독자적인 사목자로 윌리엄 베시(William Vesy)를 영국으로 보내 사제가 되게 했습니다. 이 삼위일체교회는 2001년 9월 11일, 세계 무역센터가 테러에 의하여 무너져 내렸을 때에 기적과도 같이 아무런 피해도 입지 않았습니다. 오히려 교회는 구조대원들과 시민들에게 육체적, 영적인 쉼터가 돼 주었고 위기의 와중에서 신앙의 요새로 자리잡았습니다.

　남캐롤라이나에서는 버지니아의 성공회 모델을 따라 교회가 성장했습니다. 비록 메릴랜드는 천주교(Roman Catholic Church) 식민지였으나 볼티모어 경인 세실리우스 캘버트(Cecillius Calvert)는 종교적 자유를 선포하고 성공회와 청교도 모두에게 이를 적용했습니다. 영국성공회는 메릴랜드에 교회를 설립했지만 독립전쟁 시기에 종교적 자유와 정교분리를 시행할 때까지 75년 동안 종교적 혼란을 경험했습니다. 식민지인 미국의 교회는 런던 주교의 책임아래 있었는데, 런던 주교는 메릴랜드가 혼란에 빠졌을 때 특별대리로서 토마스 브레이(Thomas Bray) 신부를 파송했습니다. 그는 식민지의 성직자들을 위해 책을 수집했습니다. 이러한 노력의 결과로 영국성공회 안에서 1699년에 그리스도교지식증진협회(SPCK, Society for Promotion of Christian Knowledge) 그리고 복음전파협의회(SPG, Society for the propagation of the Gospel)가 1970년에 설립됐습니다.

식민지에서 성공회의 발전과 성장에 있어 가장 큰 어려움은 주교가 없다는 것이었습니다. SPG는 식민지 교회를 위해 주교를 파송하고자 노력했습니다. 주교 중심의 교회에서 주교는 필수적이었습니다. 성직자들은 지도를 받을 수 없었고 식민지에서는 성직자들이 서품을 받을 수 없었습니다. 뿐만 아니라 서품을 받기 위해 영국으로 가는 도중 다섯 명 중 한 명꼴로 죽는 일도 벌어졌습니다. 주교가 없어 어린아이들은 견진성사(견신례)를 받을 수 없었습니다. 많은 교회가 주교를 원했지만 청교도들과 비국교도들은 주교를 혐오했습니다. 남부 성공회공동체에서는 주교를 향한 열망이 별로 없었습니다. 영국 본토에서 식민지로 주교를 파송한다는 것은 거의 불가능해 보였습니다.

2. 독립전쟁과 성공회(1763-1783)

독립전쟁의 상처가 남아 있는 가운데 미국성공회는 새롭게 탄생했습니다. 독립전쟁 중에 그리고 그 후에 무수히 많은 수의 성직자와 평신도들이 영국으로 돌아갔거나 캐나다로 이민을 떠났습니다. 이미 성공회 교회가 설립돼 있던 남부에서는 교회의 재산이 영국정부의 것이었기 때문에 영국정부 처분에 따라야만 했습니다. 뉴잉글랜드에서는 청교도들의 편견으로 인해 성공회가 환영을 받지 못했습니다. 남아 있던 성직자들은 많은 고난을 감당했고 교회가 군중들에 의해 문이 닫히는 사태까지 발생했습니다. 성공회가 강했던 뉴욕, 뉴저지, 펜실바니아 지역은 독립전쟁의 중심지였기 때문에 많은 교회가 손실을 입었습니다. 이 시기에 성공회 교인이 된다는 것은 비난의 대상이 된다는 사실을 의미했습니다. 왜냐하면 성공회는 영국과 깊은 관련이 있기 때문이었습니다. 그러나 동시에 성공회 신자들은 미국의 독립에 많은 기여를 했습니다.[4] 미국 독립선언서의 서명자들 중 3분의 2가 성공회 교인이고 미국 헌법에 서명한 사람의 3분의 2가 역시 성

공회 신자들이었습니다. 초대 대통령을 지낸 조지 워싱턴(Gorge Washington), 3대 토마스 제퍼슨(Thomas Jefferson), 4대 제임스 매디슨(James Madison), 5대 제임스 먼로(James Monroe) 그리고 "자유가 아니면 죽음을 달라"고 한 패트릭 헨리(Patrick Henry), 전형적인 미국인이라 일컫는 벤저민 프랭클린(Benjamin Franklin), 초대 대법원장 존 마셜(John Marshall) 등은 성공회 신자들입니다.

2-3. 기도하는 조지 워싱턴(유리화, 미의사당 의원기도실).
photo by Architect of the Capitol, Wikimedia Commons.
조지 워싱턴을 비롯한 많은 성공회 신자들은 미국의 독립과 건국에 절대적인 기여를 하였습니다.

여기서 잠시 미국성공회의 교회법(헌장과 법규)에 나타난 교회의 조직과 미국 연방헌법에 나타난 국가 조직과의 상관관계를 살펴볼 필요가 있습니다. 왜냐하면 1789년 미국성공회의 교회법을 작성한 사람들 대부분이 동시에 미국 연방헌법(1790)의 작성에도 참여했기 때문입니다. 특히 연방헌법의 기초에 많은 공헌을 한 알렉산더 해밀턴(Alexander Hamilton), 제임스 매디슨 그리고 리처드 헨리 리(Richard H. Lee) 등과 대법원장으로 34년 동안 연방헌법을 지혜롭게 적용한 존 마셜 등이 대표적인 인물입니다. 미국 연방헌법과 미국성공회의 교회법 사이에는 유사점이 많습니다.[5] 가장 큰 유사점은 민주적인 절차를 중요시하는 것과 평신도들이 적극적으로 참여하도록 한 것입니다. 미국성공회 전국총회는 미국의 양원제의 의회와 같습니다. 각 교구장 주교들로 구성되는 주교원(House of bishops)은 각 주에서 두 명의 상원의원으로 구성되는 미 의회의 상원에 해당됩니다. 각 교구의 성직자와 평신도 대표들로 구성되는 대의원(House of Deputies)은 각 지역의 대표들로 구성되는 하원과 같습니다. 미국성공회의 수좌주교는 미국 대통령 격입니다. 전국교회의 실행위원회는 내각에 해당됩니다. 각 교구는 각 주에, 각 교구장 주교는 각 주의 주지사에, 교구의회는 주 의회에 해당합니다. 교구는 다시 몇 교회들이 모여 지역위원회인 교무구를 구성하는데 이는 카운티(county 郡)에 해당합니다. 각 전도구는 시에, 교회의 관할사제는 시장에, 교회 운영에 참여하는 신자들이 직접 선거로 선출하는 교회위원회는 시 운영위원회에 해당됩니다. 성공회는 신자들의 직접 선거에 의하여 선출되는 대표들과 성직자들이 교회를 운영하고 치리하도록 합니다. 그래서 교회 단위에서는 교회위원회, 교무구 단위에서는 교무구 운영위원회, 교구 단위에서는 각 교회의 대표와 성직자들로 구성되는 교구의회 그리고 국가 단위에서는 각 교구의회에서 선출된 성직자(주교와 성직자)와 평신도 대표들로 구성된 전국총회가 각각 민주적인 절차를 통해 교회를 운영합니다.

3. 새로운 미국성공회의 시작(1783-1811)

미국의 독립전쟁은 식민지의 성공회에 새로운 정체성을 요구했고 그로 인해 갈등의 불씨가 살아났습니다. 독립전쟁 후 미국의 성공회는 세 가지 과제를 떠안았습니다.[6] 첫째로 가장 큰 문제는 역사적 주교직의 계승을 이어갈 미 본토 주교가 없다는 것이었습니다. 성직자를 서품(안수)하고 신자들에게 견진을 줄 수 있는 주교가 필요했습니다. 둘째 각 주에 독자적으로 흩어져 있는 교회들을 전국적으로 통합할 필요가 있었습니다. 셋째 주 정부의 보호와 후원에서 독립해 행정적, 재정적으로 자립하고 자치를 실시해야 하는 과제가 생겨났습니다. 이러한 과제들의 해결을 위해 남부와 북부의 교회들은 다른 길을 걸었습니다. 먼저 많은 남부의 교회지도자들은 주교 없이, 공도문 없이 그리고 복잡한 교리적인 신경의 고백 없이 사제와 평신도 중심의 교회를 이루겠다는 구상을 했습니다. 반면 북부 뉴잉글랜드에 남아있던 성공회 신자들은 성공회에는 주교가 필요함을 인식하고 주교를 선출하고 성품하려는 계획을 진행했습니다.

필라델피아 그리스도 교회의 관할사제인 윌리엄 화이트(William White)는 남부 교회지도자 중 한 사람이었습니다. 1782년 전쟁이 끝난 뒤에 평화가 정착되기 전 화이트는 작은 소책자 『미국성공회가 고려해야 할 사례들(The Case of the Episcopal Churches in the United States Considered)』을 편찬했습니다. 그는 나중에 미국성공회 헌장에 반영된 여러 가지 지침들을 내놓았습니다.[7] 그는 소책자에서 "주교가 공석일 때에는 최소한 임시로 로마 성직자가 성직자를 서품 할 수 있도록 하자"는 제안을 했습니다. 이는 신생 미국성공회가 전통으로부터 떠나는, 교리적이고 신학적인 제안이었습니다. 그러나 이 안이 받아들여지기 전에 뉴잉글랜드의 성직자들은 다른 계획을 실행하고 있었습니다. 코네티컷에 있는 일단의 성직자들은 1783년 3월 사무엘 씨베리(Samuel Seabury) 신부를 주교후보로 선출했고 영국에서 주교 서품을 받기 위한 계획을 추진했습니다. 그 당시 성직자들은 영국에서 주교서품을 받는 데에는 여러 가지 장애가 있다고 예상해 주교 후보가 스코틀랜드로 가서 서품을 받도록 조치했습니다. 영국에서는 씨베리가 주교 서품을 받기 위해 교회법에 따라 영국 왕에 대한 충성서약을 해야만 했습니다. 하지만 그는 이것을 할 수 없었습니다. 영국 의회는 식민지에서 온 방문자 씨베리에게 이것을 면제해 줄 수 없었습니다. 그래서 씨베리는 영국성공회에 속하지 않은 스코틀랜드성공회로 가서 주교 서품을 받았습니다. 그곳에는 제임스 2세가 100년 전 왕위를 빼앗겼을 때에 윌리엄 3세에 대한 충성서약을 거부하고 제임스 2세를 지지했던 주교 계승자들이 있었습니다. 1784년 11월 14일 씨베리는 애버딘(Aberdeen)시에서 애버딘교구장 주교, 애버딘교구장 승계 예정 주교 그리고 로스와 모레이 주교로부터 성품(聖品)을 받았습니다.

사무엘 씨베리는 미국으로 돌아와 뉴욕, 뉴저지, 펜실바니아, 남부 지방의 성직자들을 모아 미국성공회를 조직한 후 통일에 심혈을 기울였습니다. 그래서 1785년 필라델피아에서 첫 번째로 미국성공회 총회가 열렸습니다.[8] 비록 4개의 북쪽 주와 2개의 남쪽 주가 의회에 참여하지 않았지만 미국성공회 총회는 하나된 교회를 설립하는데 동의했습니다. 또 총회는 주마다 많은 독립된 교구들을 설립하는 것에도 동의했습니다. 이 총회는 '미국성공회는 외국의 그 어떤 교회적이며 정치적인 권위로부터 독립적이며 자치문제에 관해 모든 권한을 갖는다'고 선언했습니다. 그리고 독자적인 공도문을 만들 것과 성직자는 부제, 사제, 주교의 세 가지 성직(三聖職)을 둘 것, 교회의 헌법은 성직자와 평신도들이 만들고 주교는 교회의 치리에 간섭할 수 없다는 것을 천명했습니다. 그러나 후에 모든 주는 교구의회에 주교들의 자리를 마련해야 한다고 동의했습니다. 그리고 이 총회는 영국성공회에 미국인 주교들을 성품해 줄 것을 제안했습니다.

그 다음 해 미국성공회는 영국성공회와 공식적인 관계정립에 나섰습니다. 1786년 영국의회는 새로운 미국인 주교들이 영국 왕에 대한 충성서약 없이도 주교로서 성품을 받을 수 있다고 가결했습니다. 그래서 1787년 2월 4일 윌리엄 화이트 신부와 뉴욕 성삼위일체교회의 관할사제인 사무엘 프로부스트(Samuel Provoost)가 캔터베리 대주교, 배스와 웨일스의 주교, 피터브로의 주교에 의해 람베스성당(Lambeth Chapel)에서 주교 서품을 받았습니다. 새로이 성품된 주교들은 부활주일을 맞아 뉴욕에 도착했습니다. 이제 미국 땅에서 역사적 주교 계승을 할 수 있는 세 명의 주교가 탄생한 것입니다. 그 뒤 1790년도에 제임스 매디슨을 미국성공회 안에서 첫 번째 주교로 성품하였습니다.

1789년 미국 내의 모든 성공회 성직자와 평신도 대표들은 전국총회에 참석하기 위해 필라델피아에 모였습니다. 이 총회는 개정 공도문을 받아들이고 헌장 법규를 제정하였습니다. 그리고 1789년 10월 16일에 교회 이름을 공식적으로 '미국성공회(The Protestant Episcopal Church in the United States)' 라고 정했습니다. 이를 직역하면 '미국의 개혁된 주교제 교회' 정도입니다. 한국교회사 책에는 '미국 감독교회' 또는 '미국 감독제 교회' 등으로 종종 표현돼 있는데 이는 잘못된 번역이고 그냥 미국성공회라고 번역해야 옳습니다.

여기서 이 총회와 관련된 두 가지 사항을 언급하는 것이 좋을 듯싶습니다. 하나는 교회 대의원에 관한 문제였습니다.[9] 총회에 상정된 안은 주교원이 독립되지 않은 하나의 원이었습니다. 이에 대해 코네티컷의 교회지도자들은 이 조건으로는 총회에 참여할 수 없다고 고집을 부렸습니다. 이 상황에 만약에 뉴잉글랜드교회의 지도자들이 참여하지 않는다면 총회는 평신도들에게 중요한 역할들을 부여할 것이고 버지니아의 교회지도자들이 참여하지 않는다면 총회는 주교에 의하여 운영될 것처럼 보였습니다. 다행히 뉴욕, 델라웨어, 메릴랜드, 펜실바니아 등 중부지역의 교회지도자들이 있었습니다. 이때 윌리엄 화이트는 양원제도를 제안했고 중부지역의 대표들이 이 안을 지지했습니다. 즉 평신도와 성직자로 구성된 대의원이 의안을 상정, 가결하고 주교원은 그 안을 검토하고 거부할 수 있는 권한만 갖는다는 것이었습니다. 여기에 대의원은 각 교구로부터 동등한 수의 성직자 수와 평신도 대의원으로 구성된다는 내용도 추가됐습니다. 다른 하나는 교회이름입니다. '미국성공회는 왜 프로테스탄트(protestant)라는 이름을 사용하였는가?' 입니다. 보통은 프로테스탄트를 '반항자 또는 저항자' 라는 뜻으로 번역하는데 윌리엄 시드니는 다음과 같이 해석합니다.[10]

그에 의하면 프로테스탄트는 라틴어 'protestatio'에서 유래됐으며 그 뜻은 '한 개인(개체)의 개방된 사고, 자유로운 사고'입니다. 종교개혁시기에 프로테스탄트는 로마교회와 로마교회의 권위에 대항하는(against) 개방된 사고를 의미했습니다. 그리고 동시에 종교적 자유를 향한(for) 열망의 뜻도 지니고 있었습니다. 미국성공회에서 이 프로테스탄트는 영국왕실과 관계된 영국성공회로부터 그리고 로마교회와 그 권위로부터 독립해 자유롭고 개방된 교회를 의미합니다. 그런데 이 교회는 역사적인 계속성, 교회의 전통을 유지 발전시키는 교회입니다. 그런 취지에서 사도적 계승의 보편적 상징이고 승인인 주교(episcopal)라는 말을 사용한 것입니다. 그래서 교회의 이름 속에는 '개혁되고(protestant) 전통적인(episcopal) 교회'라는 뜻이 담겨 있습니다.

이 총회는 세계성공회 역사에 중요한 의의를 갖고 있습니다. 그것은 미국성공회가 만들어짐으로써 영국지역을 넘어선 최초의 독립된 성공회가 탄생했다는 것입니다. 그리고 이 신생 성공회는 초대교회의 전통과 사도 계승을 존중하는 보편적 역사적 교회이면서 동시에 그 지역의 독자적인 문화와 전통을 존중하는 교회를 목표로 삼았습니다.[11] 그리고 이 총회를 통해 민주적인 미국적 교회조직이 등장했습니다. 이 교회조직은 연합체(confederacy)도 아니고 연방체(federal)도 아닌, 일체된 조직(unitary)이면서도 분산된 권력구조를 갖는 민주적인 교회의 조직입니다.[12]

4. 미국성공회의 다양성 그리고 갈등과 성장(1811-1865)

복음주의운동

미국성공회는 초기 역사에서부터 영국성공회에 일어난 두 가지 신앙운동인 복음주의운동과 옥스퍼드운동으로부터 영향을 받습니다.[13] 새롭게 태어난 미국성공회는 먼저 복음주의자들이 교회를 분리하는 아픔을 겪게 됩니다. 조지 워싱턴 대통령이 태어날 즈음 영국성공회의 요한 웨슬리에 의해 주도된 복음주의운동은 미국에도 영향을 미쳤습니다. 복음주의운동은 개인의 회심, 복음적 설교와 경건한 생활 그리고 교회 예배의 중심으로서 성찬예배에 역점을 두는 영국성공회 안에서의 운동이었습니다. 이들은 성공회 안에서 '저교회'들을 이뤘고 그 당시 대부분의 교회가 좋아하지 않는 복음전도에 역점을 두었습니다. 그런데 미국에서 복음주의운동에 열정적이었던 사람들은 결국 감리교회로 독립해 나갔습니다. 요한 웨슬리는 미국에서 새롭게 회심한 많은 사람들을 위하여 성사를 집행할 성직자가 필요하다고 봤습니다. 그래서 그는 영국 주교에게 성직자들을 서품(안수)해 줄 것을 요청했으나 근시안적인 주교들은 이를 거절했습니다. 결국 요한 웨슬리는 주교의 동의 없이 미국에서 일할 성직자를 서품하기로 결정했습니다. 감리교회가 사도계승을 포기하고 자체 내의 성직서품을 위한 규범을 정하였을 때에 교회분리는 피할 수 없는 것이었습니다. 더욱이 미국에 파견된 코트와 애스베리가 웨슬리의 의도와는 달리 주교(감독)라고 불리게 된 사실이 결정적 분열의 요인이 되었습니다. 그리고 약 100년 뒤에 개혁성공회(Reformed Episcopal Church)가 비슷한 분쟁을 통하여 분리돼 나갔습니다. 여전히 세기가 지나면서 다른 문제들이 제기되었습니다.

초기선교활동

비 종교와 정치적 파당의 물결이 새 나라와 새 교회를 휩쓸고 있었습니다. 또한 반영 감정은 미국성공회에 악영향을 미쳤습니다. 이런 감정들이 1812년 미 · 영 전쟁기간 동안 더욱 악화됐고 공공연한 논쟁으로 '그리스도교가 인류에 이로운 것인가? 아니면 해로운 것인가? 그리고 신이 존재하는가?' 등의 문제들이 대두됐습니다. 하지만 유능한 사제들은 시대를 변화시켜 가고 있었습니다.

1811년 존 헨리 호바트(John Henry Hobart)가 뉴욕의 주교로서 성품됐습니다. 그리고 알렉산더 그리즈월드(Alexander V. Grisworld)는 거의 모든 뉴잉글랜드 지역을 망라하는 동부교구의 주교로 성품되었습니다. 유능한 사제 두 명이 그 뒤를 이었는데 1814년 리처드 채닝 무어(Richard Channing Moore)가 버지니아교구의 주교로 성품됐고, 1819년에 필랜더 체이스(Philander Chase)가 오하이오의 주교로 성품됐습니다. 후에 그는 일리노이의 주교가 됩니다. 그들의 업적은 대단했는데 간략하게 요약하면 다음과 같습니다.

호바트 주교는 가톨릭전통을 강조하는 자로서 『교회의 잡지(Churchmen's Magazine)』를 편집하면서 '성경과 공도문협의회'를 시작했습니다. 또 뉴욕의 총회신학교(General Seminary)와 뉴욕 제네바에 그의 이름을 딴 대학을 설립하는데 주도적 역할을 했습니다. 또한 그는 오니다 인디언들과 함께 일했습니다. 그리즈월드 주교는 복음주의자로서 유능하면서 열정이 강한 분이었는데 그가 죽을 때 교구는 다섯 개의 완전 자립 교구로 분할됐습니다. 그가 최초로 시무하던 지역은 네 명의 주교들이 돌봐야하는 지역으로 성장하였습니다.

무어 주교는 버지니아 지역에서 성직자의 부족으로 신앙의 열정이 식고 있는 것을 발견했습니다. 그는 임기 말에 버지니아신학교를 설립했습니다. 그 결과 초기 5명의 교구 성직자로 시작했는데 그의 임기 말에는 거의 100명으로 증가했습니다. 공도문은 다시 존귀하게 여겨졌고, 개인의 신앙 생활은 더 깊어졌습니다. 체이스 주교는 새로운 선교지의 선구자였습니다. 뉴욕, 루이지애나, 코네티컷의 교회를 섬긴 뒤에 그는 오하이오로 가서 주교가 됐습니다. 성직자 훈련의 필요성을 절감한 그는 영국에 가서 모금을 한 뒤에 케년대학(Kenyon College)과 벡슬리 홀(Bexley Hall)대학을 건립했습니다. 그 뒤 일리노이주에서 정착한 후 그곳의 주교가 됐습니다.

19세기 교회의 성장

이 당시 미국 그리스도교 교회에선 제2차 대각성 운동으로 경건주의, 복음주의적 부흥운동이 거세게 일어나고 있었습니다. 그 결과 서부와 해외에 대한 선교적 열정이 고양됐습니다. 인도주의(노예제도 폐지, 금주, 절제 등) 정신이 살아났고 연합사업기관도 생겨났습니다. 그러나 한편으로는 감리교회, 회중교회, 장로교회, 루터교회 등으로 교단이 분열되는 사태도 발생했습니다. 이 때 성공회는 계속 교회의 통일을 유지할 수 있었습니다. 미국성공회는 교회의 선교를 위한 합의를 이뤄냈고 서부 개척지역은 물론 해외로도 선교지역을 넓혀 갔습니다. 1835년 전국총회에서 모든 그리스도인들은 세례언약으로 인해 선교사(missionary)가 되며 모든 교회는 선교협의체가 된다는 안을 통과시켰습니다. 그 결과 1820~21년에 국내외 선교협의회(The Domestic and Foreign Missionary Society)가 발족했습니다. 이 협의회는 아직도 미국성공회 안에서 활동 중입니다. 그리하여 성공회의 모든 신자는 교회성장의 책임을 지게 되었습니다.

많은 사람들이 선교적 책임감을 느끼기 시작한 것도 이 무렵입니다. 잭슨 켐퍼(Jackson Kemper) 주교는 인디애나, 미주리 그리고 북서쪽으로 갔습니다. 그는 결국 위스콘신의 주교가 됐고 나쇼타 하우스로 알려진 신학교를 제임스 로이드 브렉(James Lloyd Breck)의 도움으로 설립했습니다. 브렉 주교는 미네소타로 가서 지금 시카고 근교에 있는 씨베리웨스턴신학교의 한 부분이 된 씨베리신학교(Seabury Divinity School)를 설립했습니다. 그리고 그는 캘리포니아로 갔습니다. 레오니다스 폴크(Leonidas Polk)는 1838년에 남서부와 텍사스 외인지역(Foreign Field of Texas)의 주교가 됐습니다. 그는 1860년도에 테네시의 남부스와니대학(The University of

South in Sewanee)을 설립했습니다. 교회의 팽창과 성장이 눈부셨습니다.

그 때 남북전쟁(1861)이 일어났습니다. 적대감이 정치적으로 확산됨에 따라 남부의 교구들은 남부연방(남북전쟁 초기에 연방정부로부터 분리한 남부 11개 주)에 자체적으로 개신교 성공회를 세울 필요를 느꼈습니다. 북부의 교회는 이를 일시적인 분리로 보았고, 1862년 뉴욕에서 있었던 전국총회에서는 늘 그래왔던 것처럼 회원 점명에서 남부교구들의 이름을 불렀습니다. 이것은 교회를 통일시키는 행동이었습니다. 1865년 필라델피아 전국총회에서도 마찬가지였습니다. 이러한 행동이 호응을 얻었고 교회의 통일에 큰 도움이 됐습니다.

교회는 계속 확장되어 갔습니다. 같은 시기에 미국성공회의 해외 선교활동이 시작됐습니다. 서부지역으로도 교회는 계속 커 나갔습니다. 윌리엄 호바트 에어(William Hobart Hare) 주교는 인디언들을 위해 일한 첫 번째 주교로서 다코타 준주로 갔습니다. 선교사들은 아이티, 멕시코, 남부 브라질, 알래스카와 1898년 미합중국으로 병합된 하와이에서 새로운 선교사업을 시작했습니다. 파리에 세워진 임시 대성당처럼 유럽의 여러 국가에서 미국인 교회들이 세워졌습니다. 1836년에는 오늘날 리베리아교구로 알려진 곳에서도 해외 선교활동이 펼쳐졌습니다. 이에 앞서 1935년에는 헨리 룩우드(Henry Lookwood), 프랜시스 핸슨(Francis Hanson) 등이 선교를 위해 중국을 찾았습니다. 1844년도에는 윌리엄 분(William Boone)이 중국 선교의 주교로 또 1866년에는 채닝 윌리엄(Channing William)이 일본 선교를 위해 주교로 각각 성품됐습니다.

계속되는 교회의 성장으로 초기 150년 동안 80개가 넘는 교구가 설립됐고 대성당들이 지어졌습니다. 그 첫 대성당이 시카고에 세워졌고, 뉴욕시에 성 요한 대성당이 신축됐습니다. 이 성당은 세계에서 가장 큰 고딕교회입니다. 워싱톤 DC의 성 베드로와 성 바울로 국립대성당 (SS. Peter and Paul, National Cathedral) 등도 이 무렵 모습을 드러냈습니다.

옥스퍼드운동과 교회의 새로운 변화

19세기 초 남북전쟁 이후 미국성공회는 많은 성장을 이룩했습니다. 이 성장은 제2차 대각성운동(1800년 초반)의 감정주의를 싫어했던 사람들이 성공회의 정중한 전례와 성공회의 가톨릭적인 요소를 좋아했기 때문입니다. 당연히 신자들도 늘어났습니다. [14] 미국성공회의 이러한 특색은 영국에서 시작된 옥스퍼드운동(Oxford Movement)의 영향에서 비롯된 것입니다. 옥스퍼드운동은 미국성공회에 가톨릭적인 유산을 재발견하도록 해 주었습니다. 뉴욕의 존 헨리 호바트 주교, 위스콘신의 잭슨 주교는 적극적으로 옥스퍼드운동을 지지했습니다. 전례를 강조한 옥스퍼드운동은 오늘날은 거의 대부분의 교회가 받아들이는 전례, 즉 제의, 십자성호, 유향, 순행, 십자고상(十字苦像)과 촛대의 사용 등을 중요시했는데 이에 대해 일부에선 로마가톨릭교회로의 회귀로 의심했습니다. [15] 그래서 전례복고를 반대하는 안이 총회에 상정되었으나 통과되지는 않았습니다.

또한 옥스퍼드운동은 쏟아져 들어오는 이민자들을 위한 사회선교를 담당했습니다. 그리고 이때에 남녀 수도단체들이 설립됐습니다. 미국성공회 안에서 첫 번째 수도단체는 뉴욕 웨스트 파크에 있는 성십자가(The Order of Holy Cross) 수도회였습니다. 이 수도단체는 중앙 뉴욕교구의 주교였던 프레데릭 헌팅턴 주교의 아들인 제임스 헌팅턴 신부에 의하여 1881년에 설립됐습니다.

성모 마리아 수녀회는 1865년 뉴욕에서 탄생했는데 이는 미국 첫번째 여성 수도회였습니다. 이 수녀회의 본부는 현재 뉴욕의 픽스킬과 위스콘신의 케노샤에 있습니다. 수녀들의 주된 임무는 어린이들을 위한 학교와 병원을 운영하는 것이었습니다. 교육, 병원, 환자간호, 기도와 종교적인 교육 등은 미국 모든 수도회의 주요 임무였고 외국의 수도단체도 그러했습니다. 1874년에는 10개의 남자 수도회와 12개의 여자 수도회가 있었습니다. 최근 들어 수도회의 수는 급격히 감소하고 있습니다. 그러나 오늘날은 수도원 자체의 생활을 강조하였던 예전의 관습을 개혁해 교회와 밀접한 관계 속에서 수도사와 수녀들이 일을 하고 있습니다.

복음주의운동과 마찬가지로 옥스퍼드운동은 성공회가 잊었던 교회의 전통과 신앙적 유산을 일깨웠으며 교회생활에 활력을 불어넣어 주었습니다. 하지만 옥스퍼드운동주의자들은 교회의 전통을 강조하면서 새로운 변화를 수용하는데 인색했습니다. 우리들은 가톨릭적인 경향을 좋아하는 교회를 고교회(High Church), 개신교적인 복음주의 전통을 좋아하는 교회를 저교회(Low Church)라고 부릅니다. 뉴잉글랜드에 있는 성직자들은 대부분 고교회주의자들이었습니다. 반면 뉴욕, 펜실바니아와 남부의 교회들은 민주적이고 저교회적이며 평신도들의 교회 참여를 권장하는 교회들이었습니다. 이 양자는 서로 반대되는 입장에 있는 것이 아니라 교회의 신앙실천에 다양성과 포용성을 제시해준 것으로 해석해야 합니다.

5. 20세기 사회적 도전들과 광교회(1865-1918)

1871년 전부터 교회 안에서 일하던 소규모 여성 부제협의회가 있었습니다. 1871년도에 성공회 여성회(Women's Auxiliary: 지금의 성공회 여성협의회 Episcopal Church Woman의 전신)가 일반선교를 목적으로 출범했습니다. 천주교(Roman Catholic Church)에서 영국성공회가 독립할 때 이어지지 않은 초대교회의 여성 부제성직이 부활됐고 1885년과 1887년에 앨라배마와 뉴욕의 주교들이 여성 부제들을 서품했습니다. 그러나 미국성공회가 1889년 여성 부제와 그 직무를 교회의 헌장에 통과시키기까지 교회는 여성의 사목활동에 대해 일반적으로 회의적인 태도를 보였고 인정도 하지 않았습니다. 1970년 휴스턴에서 열린 전국총회에서 여성 부제를 남성 부제와 동등하게 인정하고 부제성직에 대한 권리와 책임을 동등하게 적용하기까지 여성 부제에 대한 태도는 변하지 않았습니다.

남북전쟁이 끝난 뒤에 미국은 대규모의 이민자들을 맞이합니다. 미합중국은 다민족을 포용하여 한 나라를 만들려고 노력중이었습니다. 하지만 교회는 여러 교파로 분열해 있었습니다. 미국성공회는 그리스도교의 일치와 통일을 위해 노력하였습니다. 이들은 주로 미국성공회의 광교회주의자로 알려진 자들이었습니다. 필립 브룩스(Phillip brooks) 주교, 브릭스, 윌리엄 헌팅턴(W. Huntington) 주교 등입니다. 유명한 시카고 람베스 4개 조항이 1886년 전국총회에 상정됐고 1888년 람베스 세계주교회의에서 승인됐습니다.(이 시카고 람베스 4개 조항은 제7장 교회의 믿음: 신경과 조항, 성공회와 교리 부분에서 설명됩니다.) 이것은 그리스도교의 재일치를 위한 초기의 제안이었고, 모든 세계의 그리스도교가 재일치해야 한다는 성공회의 계속적인 관심을 보여주는 것이었습니다.

미국성공회는 1910년 '신앙과 성직(faith and order)'에 관한 세계회의를 열어 전 세계 그리스도교 대표자들이 함께 모여 일치와 연합을 위한 계획을 진행시켰습니다.[16] 이 회의는 다시 1927년 스위스 로잔에서 개최됐습니다. 여기에는 천주교를 제외한 동방정교회를 포함하여 87교파에서 500여명의 대표자들이 모였습니다. 이 신앙과 성직회의는 오늘날 세계교회협의회 산하 위원회로서 모든 교회의 일치를 위해 노력하고 있습니다.

6. 현대적 변화의 요청(1918-1958)

급격하고 폭넓은 사회적 변화는 그 동안 교회가 다루기 어려웠던 각종 부서들과 위원회의 통폐합을 가져 왔습니다. 제1차 세계대전 중에 이 문제는 명백해졌습니다. 1919년 디트로이트에서 열린 전국총회에서는 중앙행

정기구를 구성하고 수좌주교(Presiding Bishop)를 선출하며 실행위원회를 구성하도록 결정했습니다. 1804년 이전에는 선임주교가 수좌주교로 직무를 수행하도록 규정했었습니다. 그러나 지금의 제안은 초기의 수좌주교를 선출하는 관습으로 돌아가는 것이었습니다. 전국총회의 교회대표들은 교구의 책임을 맡지 않는 수좌주교를 6년 임기로 선출하는 것에 동의하였습니다. 그리고 실행위원회가 수좌주교를 돕기 위해 구성됐습니다. 전국적인 조직체가 발전하면서 효과적인 선교위원회가 설립됐으며 성직자 은퇴기금과 같은 내부적인 살림살이를 담당했습니다. 같은 기간에 위원회들은 성가집과 공도문을 개정했습니다. 그러한 노력으로 1916년 새 성가집이 승인됐고, 그 이후 1940년에 재개정이 이뤄졌습니다. 공도문의 제3차 개정은 1913년에 시작돼 15년간의 오랜 연구과정을 거쳤습니다. 그리고 1789년 이래로 첫번째 개정판이 1928년에 나왔습니다. 1913년 전국총회는 전례의 변화를 위한 제안을 수용하고 검토하며 특별 예식서를 준비하기 위해 상설 전례위원회를 설립했습니다. 전국총회의 견해는 저명한 전례학자인 에드워드 파슨스(Edward L. Parsons) 주교의 소견으로 요약할 수 있습니다. "중요한 가치는 예배는 항상 발전하고 항상 변한다는 사실을 인식하는데 있습니다. 그리고 더 나아가서 개정은 불가피한 것입니다."[17] 이 예견은 적중됐습니다. 시편과 구약성경 낭독 그리고 현대적인 관심이 반영된, 신자들의 기도가 포함된 성찬예식문의 필요성이 확인됐습니다. 많은 반대에도 불구하고 1969년 새로운 성찬예식 실험용이 인준됐고 약 10년간 실험적 성찬예식문과 다른 예식들이 함께 사용됐습니다.

7. 새로운 도전의 시대, 열린 교회로(1958-현재)

공도문의 개정작업이 진행중일 때 교회는 기술관료, 민권운동(Civil Right Movement)과 베트남 전쟁에 대해 새롭게 관심을 가지기 시작했습니다. 훗날 역사가들은 1960년대를 급격하게 교회의 새로운 모습이 형성된 시대라고 고찰하고 싶을 것입니다. 교회가 1970년대, 1980년대에 변화된 삶과 상황에 반응한 내용들은 이미 1960년대에 시작된 질문들이었습니다. 이 질문들은 '어떻게 교회가 생존할 것인가?' 하는 것과 동시에 '어떻게 섬기는 종이 될 것인가?' 하는 것이었습니다. 이 질문은 '교회가 교회 자체를 지킬 것인가?' 아니면 변화하는 상황을 섬기는 목회기관으로서 사람들을 위해 존재할 것인가?' 하는 질문이었습니다.

여성 대의원들과 여성 부제들은 외국에서와 마찬가지로 미국 안에서도 소수 민족자결주의의 한 부분처럼 교회가 우선적으로 해결해야 할 문제로 보였습니다. 1967년 시애틀에서 열렸던 전국총회가 변화의 전환점이 됐습니다. 전국총회에서 여성 대의원을 파견하는 안을 통과시켰습니다. 그리고 소수민족의 지역 공동체조직을 위한 프로그램을 확정했습니다. 존 하인즈(John Hines) 수좌주교는 1967년 전국총회가 있기 전에 뉴욕시의 베드포드-스타이브슨트(Bedford-Stuyvesant) 빈민가를 시찰했습니다. 그는 거리에서 사람들과 이야기했고 그들의 의견을 들었습니다. 그는 전국총회에 특별프로그램(GCSP)를 제출했습니다. 이 계획은 지역공동체 조직과 소수민족을 위한 프로그램으로 1년에 100만 달러의 예산을 책정하는 것이었습니다. 교회여성회(ECW)도 이에 동의하며 연합감사헌금(United Thanks offering)을 통해 처음 3년 동안 같은 금액을 지원하기로 결정했습니다. 지원은 단지 비폭력적인 기준에 부합하는 조직에만 기금을 제공하였습니다. 교회선교와 비교회적인 조직에 대한 지원에 상이한 견해들이 도출됐고 그 결과 전국교회 차원에서 사회선교 프로그램이 줄어들었습니다. 그리고 여러 가지 이유 때문에 교회 출석자 수는 1960년대, 1970년대 그리고 1980년대 중반까지 계속 줄었습니다.

교회는 현실의 요구에 부응하고, 진지하게 선교를 펼치고, 변화하고, 개

2-4. 바바라 해리스 주교(1930-).
그녀는 전 세계 성공회 공동체에서 첫 번째 여성주교로 성품되었습니다. 미국성공회는 시대의 변화에 응답하는 성육신하는 교회가 되고자 노력하고 있습니다.

정하고 그리고 구조조정을 전개했습니다.[18] 이러한 변화의 조치는 1976년 전국총회에서 공식적으로 논의됐습니다. 1976년 전국총회에서 가장 중요한 의결은 여성도 사제와 부제가 될 수 있다는 것을 분명하게 헌장 법규상으로 명시한 것입니다. 그러나 여성 사제에 반대하는 많은 사람들이 교회에서 떨어져 나갔고 오늘날까지도 여성 사제를 받아들이지 않는 교구가 있습니다. 또 다른 중요한 의결은 현대적인 언어와 전례를 갖춘 새로운 공도문을 완성한다는 것이었습니다. 새로운 공도문은 1979년에 출간됐습니다. 이러한 의결로 인해 4명의 주교가 미국성공회로부터 독립해 북미성공회(Anglican Church in the North America)를 만들었습니다. 그러나 이 분열된 교회는 미국성공회로부터 그리고 영국성공회로부터 인정받지 못했습니다. 1988년에는 바바라 해리스(Barbara Harris)가 메사추세츠교구의 지역 보좌주교로서 성품돼 첫 여성 주교가 됐습니다. 그 뒤를 이어 여성 교구장 주교가 버몬트, 인디애나폴리스, 유타, 로드아일랜드, 메인교구 등에서 탄생했습니다.

오늘날 미국성공회는 여성의 성직서품, 동성애 문제로 인해 계속 논쟁 가운데 있습니다. 특히 2003년 뉴햄프셔교구의 동성애자인 진 로빈슨(Gene Robinson)이 주교로 선출되고 전국총회가 이를 인준하고 교구장

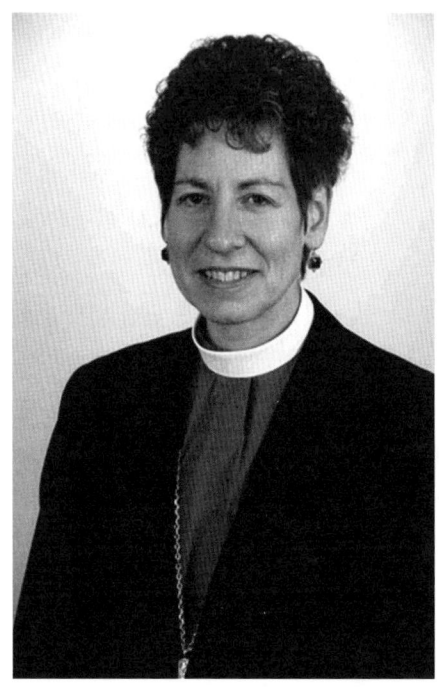

2-5. 캐서린 쇼리 수좌주교(The Most Rev. Dr. Katharine Jefferts Schori,1954-), www. episcopalchurch.org
쇼리 수좌주교는 2006년도에 미국성공회 그리고 전 세계 성공회 역사상 처음으로 여성 관구장 주교에 선임되었습니다.

주교로 성품됨으로써 미국성공회는 큰 위기와 분열의 아픔에 직면해 있습니다. 그리고 이 문제는 캐나다 성공회가 동성애자를 위한 전례를 인정하면서 전 세계 성공회공동체의 분열까지 초래하고 있습니다. 미국성공회는 미국 사회를 대표하는 다양한 복합문화와 인종의 사회를 수용하고 복음을 전하고자 노력하고 있습니다. 현재 미국성공회 안에서 한 주일에 14개의 서로 다른 언어로 예배를 드리는 교구가 있음이 이를 증명합니다. 미국성공회는 20세기 초에 교회일치를 위해 노력했던 것처럼 오늘날도 교회일치를 위하여 노력하고 있습니다. 특히 복음적 루터교(ELCA)와는 1998년에 전적인 상통관계를 형성해 교회일치와 함께 연합사업도 펼치고 있습니다.

미국성공회는 현재 약 250만명 정도의 신자에 약 8,000여개의 교회 그리고 110개의 교구로 이뤄져 있습니다. 미국성공회는 미국 본토뿐만 아니라 아시아지역으로는 대만, 서쪽으로는 유럽지역에 그리고 남쪽으로는 남아메리카지역과 캐리비안지역까지도 선교영역으로 포함하고 있습니다. 그래서 2009년도부터는 1789년부터 사용해 왔던 미국성공회의 공식 이름 'The Protestant Episcopal Church in the United States' 를 'The Episcopal

2-6. 미국성공회 문장

Church'로 바꾸면서 'in the United States'를 제외했습니다. 왜냐하면 미국 본토에만 있는 성공회가 아니기 때문입니다. 하지만 한국말로는 영국성공회와 대별되는 의미에서 미국성공회로 표기하는 것이 더 적합해 보입니다.

미국성공회는 역사를 통해 선교와 사목을 계속적으로 변화시켜왔습니다. 전통을 계속 유지하면서 오늘의 시대적 상황 속에서 선교를 위한 변화를 끊임없이 추구해왔던 것입니다. 이러한 변화는 모교회인 영국성공회로부터 시작된 것입니다. 미국성공회는 역사 속에서 내려온 교회의 신앙과 실천의 전통을 계속 유지하면서 오늘의 세계 속에서 하느님의 선교를 이루기 위해 개방, 개혁하는 교회의 역사를 보여 줬습니다.[19] 미국성공회의 역사 속에는 영국성공회의 역사 속에서 나타난 교회를 개혁하고 변화시켰던 세 가지 흐름, 즉 복음주의운동, 옥스퍼드운동, 광교회운동이 계속 이어져 왔습니다.[20] 그리고 이런 운동들을 통해 교회는 계속 갱신되고 개혁되면서 오늘에 이르고 있는 것입니다. 오늘의 교회 또한 동시에 갱신되고 개혁되는 과정에 있습니다. 교회사학자이고 영국성공회의 주교인 J. W. C. 원드(Wand)는 미국성공회의 세계교회에 대한 공헌으로 세 가지를 들고 있습니다. 그 첫째는 민주적인 교회조직과 운영, 둘째는 평신도들의 적극적인 교회활동의 참여, 셋째는 국내외의 선교적 역량입니다.[21] 저는 개인적으로 미국성공회의 역사는 성공회 신앙의 성육신 원리를 보여주는 교회의 역사라고 해석하고 싶습니다. 왜냐하면 미국성공회는 영국성공회로부터 물려받은 신앙의 전통을 계속 유지하고 계승하면서도 미국적인 역사와 문화 속에서 끊임없이 새롭게 변화하고 개혁하는 신앙의 역사를 보여주기 때문입니다. 그것은 그리스도께서 인간의 몸으로 직접 오셔서 구원을 이루신 성육신의 신앙을 교회의 역사를 통하여 실천하고자 한 시도로 평가될 수 있습니다.

제3장 _ 대한성공회 역사

창조주 하느님! 백 년 전 한국성공회를 택하여
이 땅에 복음선포의 사명을 맡겨주신 은혜에 감사하나이다.
출애굽의 하느님! 겨레가 고통과 좌절 가운데 있을 때
복음의 빛을 밝히지 못하고
십자가를 외면해 버린 죄를 이제 통회하나이다.
예언자의 하느님!
저희가 이 시대에 당신의 뜻을 바로 알게 하소서.
역사를 주관하시는 하느님의 섭리에 의지하여
재물과 권력과 이념으로부터 자유롭게 하소서.
성체성사의 신비를 통하여 나눔을 일깨우신 사랑의 하느님!
이제 저희가 모든 기득권을 버리고
자기를 온전히 바치신 그리스도를 따라가게 하소서.
평신도 사도직을 깨달아
생활 속의 복음 증거자가 되게 하시며
그리스도의 사도직을 창조적으로 계승하는
사목자가 되게 하시며
겨레에게 그리스도의 생명을 전하기 위해 몸바쳐 일하는
한국성공회가 되도록 하여 주소서
예수 그리스도의 이름으로 기도하나이다. 아멘

(대한성공회 선교100주년 기도문)

3-1. 대한성공회 강화읍 성당.
바실리카 양식을 한국화한 강화읍성당은 성공회의 성육신의 신앙을 나타냅니다.
대한성공회는 한국 땅에 뿌리를 내리는 교회로서 겨레의 생명을 담지하는 교회가 되고자 합니다.

1. 선교 초창기의 대한성공회(1889-1897)

대한성공회의 시작

19세기 말엽 격변하는 국내외 정세로 대다수 민중들의 삶이 곤경에 처했습니다. 하지만 당시 전파되기 시작한 그리스도의 복음은 이들 민중의 삶에 새로운 활력을 불어 넣었습니다. 18세기에 전파된 천주교(Roman Catholic Church)는 19세기를 거쳐 착실히 성장했으며 개신교도 1880년대를 기점으로 복음전파에 열중하고 있었습니다.

대한성공회의 시작은 영국성공회의 선교로부터 시작되었습니다. 벤슨(Edward White Benson 1829-96) 캔터베리 대주교가 한국 선교를 결심하고 초대 한국교구장 주교로 코프(Charles John Corfe, 1843-1921, 한국명 고요한) 신부를 1889년 11월 1일 웨스트민스터대성당에서 성품함으로써 대한성공회는 시작됐습니다. 그러나 당시 영국 국내외 선교여건이 좋지 않았으므로 코프 주교는 한국 선교에 필요한 선교사의 재정을 스스로 해결해야만 했습니다. '나는 마치 나룻배 한 척으로 전쟁에 나가는 기분이었다'라는 그의 회고를 통해 그 당시 한국 선교의 어려웠던 사정을 알 수 있습니다.[1]

코프 주교는 선교지인 한국으로 떠나기에 앞서 영국 국내와 미국, 캐나다 등지를 여행하며 한국 선교의 필요성을 호소하고 선교사를 모집했습니다. 이를 위해 코프 주교는 1890년 7월 1일부터 잡지 『모닝 캄(Morning Calm)』을 발행해 한국 선교에 대한 계속적인 지원과 관심을 진작시켜 나갔습니다. 이때 발행하기 시작한 모닝캄은 1987년까지 무려 100여 년 간 발행해 온 오랜 역사를 지닌 잡지로서 1988년부터는 부정기 간행물로 발행되고 있습니다.

교회보다는 병원을 먼저

1890년 9월 29일, 성 미카엘과 모든 천사축일에 코프 주교는 선교사 랜디스(E.B. Landis, ?-1898)와 함께 서울의 관문 제물포항에 도착했습니다. 한국인 그 누구 한 사람 반겨주지 않았으나 코프 주교는 배에서 내린 그날 영국의 세관관리의 아들에게 영세를 배품으로써 한국에서의 첫번째 성사를 집행했습니다. 한국에 도착한 이후 코프 주교는 서울과 제물포를 왕래하면서 한국 선교에 대한 정책과 방법을 구상했습니다. 이러한 과정을 거쳐 드디어 1890년 12월 10일 코프 주교는 제물포에 병원을 설립하여 환자들을 돌보게 하였는데 이것이 인천 약대인(藥大人 '서양의사'라는 뜻) 병원의 효시가 됐습니다. 랜디스는 진료활동 이외에 영어 학교와 영어 성경반을 설립해 학생들을 가르쳤고 그 자신은 한국어 공부를 매우 열심히 해불과 2-3개월이 지난 후에는 한국인과 이야기를 나눌 정도가 됐습니다. 계속해서 코프 주교는 1891년 3월에 서울 낙동(현 한국은행 근처)에 성 마태병원을 설립했습니다. 그리고 인천에는 건물을 새로 지어 성 미카엘교회를 1891년 9월에 축성했고 성 루가 축일에는 성 루가병원을 개원했습니다. 랜디스는 후에 이 성 루가라는 병원 이름이 한국인들에게 의미가 없다고하여 '선행을 함으로써 기쁨을 주는 병원'의 뜻을 지닌 낙선시의원(樂善施醫院)으로 바꿔 불렀습니다. 랜디스 의사는 진료활동뿐만 아니라 한국의 문화 및 문화유물에 관해 많은 관심을 보였고 고서를 수집해 이를 영어로 번역하기도 했습니다. 랜디스 의사가 수집한 장서는 연세대학교 도서관에 '랜디스 문고'로 기증돼 오늘날 한국학 연구의 귀중한 자료로 사용되고 있습니다.

한글 성경 번역작업

초창기 성공회는 영국 해군에서 기증받은 인쇄기로 1891년에 인쇄소를설립한 후 각종 문서와 성공회 관계 책자를 발간했습니다. 또한 대영성서공회와의 협력아래 조선성경공회를 설립하는데 참여하여 성경을 민중의글인 한글로 번역하는데 크게 공헌했습니다. 트롤로프(Mark Napier Trollope, 1862-1930, 한국명 조마가) 신부는 조선성서공회의 전신이라 할성서번역원회에 스크랜턴, 언더우드, 게일, 아펜젤러와 함께 성경번역자회위원으로 참가해 마태오복음 및 여러 다른 복음서와 서신을 한글로 번역했습니다. 특기할 것은 이 당시 성공회에서 『조만민광(照萬民光 Life of our Blessed Lord)』을 발행했다는 점입니다. 조만민광은 교회력에 맞추어교회의 미사 중에 낭독되는 성경구절들을 발췌해 편집한 전례용 발췌성경이었지만 전도용 문서의 성격도 함께 지니고 있었습니다. 이 조만민광에는 성경이 한글로 잘 번역돼 있어 그 당시 한글 사용에 대한 연구에도 지대한 공헌을 하고 있습니다. 이러한 작업은 일찍이 성공회가 추구한 각 민족고유의 말과 글로 성경을 읽게 한다는 민족교회 정신의 발로였던 것입니다. 성경의 한글번역과 함께 『공도문(公禱文)』 및 『성가(聖歌)』의 간행도있었습니다. 1903년 첫 『성회송가(成會頌歌)』에 이어 1910년에 『성가집』이 증보 발행됐는데 이 성가집에는 총 266곡이 담겨 있습니다. 그 당시로는 놀랄만한 것이었습니다.

2. 정착기의 대한성공회(1897-1939)

김희준, 한국인 최초의 성인 영세자

대체적으로 1890년대부터 1905년까지 초창기 대한성공회의 선교활동에는 여러 가지 제약이 뒤따랐습니다. 하지만 선교사들은 매일기도로서 아침, 저녁, 밤중기도를 하는 성무일도(聖務日禱 Daily Office)를 엄수함으로써 어려움을 신앙으로 이겨 냈습니다. 이와 함께 선교사들은 당시 청일전쟁 등 어수선한 국제 정세 속에서 신음하는 한국 민중들의 아픔에 부응하기 위해 병원과 고아원 등을 각지에 설립하면서 선교에 박차를 가했습니다. 이러한 결과 1897년에 한국인 김희준(마가, ?-1946)씨와 김군명(요한)씨가 영세를 받으며 새 신자 전교의 길이 열렸습니다. 대한성공회는 1890년대를 넘어 1900년대 초에 이르러 강화읍성당을 건축, 축성함으로써 새로운 전기를 맞이하게 됩니다. 강화읍성당은 한국화된 바실리카 양식에 불교식 가람배치 구조를 따라 지어졌습니다. 여기에 유교식 현판을 걸고 한국의 전통적 문양을 가미했습니다. 강화읍성당은 그리스도교와 한국문화가 한데 어우러져 탄생 '전통 한옥성당' 으로 지금 보아도 찬탄을 금치 못하게 합니다. 이와 같은 성당으로는 온수리성당, 진천성당, 청주성당, 객사

리성당 등이 있습니다.

활발한 선교활동

1900년대에 들어서면서 일제의 한국에 대한 정치, 경제, 문화적 침탈이 점차 강화되는 가운데 대한성공회는 제2대 교구장으로 아서 터너(Arthur B. Turner, 1862-1910. 한국명 단아덕) 주교가 승좌됐습니다. 이 당시 대한성공회는 정책적으로 의료사업, 고아들을 위한 사회사업, 출판사업에 주력했습니다. 이에 따라 의료활동이 미치지 못하는 진천, 병천, 여주 등의 지방에 병원이 설립됐습니다. 특히 1900년대를 넘어서면서 교회가 강화, 서울, 인천, 수원 등 지방에 세워지면서 이와 병행해 대대적인 교육사업도 펼쳐졌습니다. 수원 신명학교, 진천 신명학교, 옥천 진명학교, 부대동 진명학교, 인천 영어학교 등 다양한 학교가 문을 열며 신문화 흡수의 요람으로써 한국민의 자각을 일깨우는데 한몫했습니다.

YMCA창설에 공헌

1903년 한국성공회의 한국선교 역사에 길이 남을 역사적인 사건이 발생합니다. YMCA창설이 바로 그것입니다. 청년운동에 깊은 관심을 가진 터너 주교는 감리교, 장로교 선교사들과 함께 창설 작업에 참여하여 초대이사로 선임됐고 당시 청년들의 참여도가 가장 높았던 체육위원회 회장직을 맡았습니다. 터너 주교는 1907년 회장에 선출돼 YMCA회관(현 종로소재) 건립 마무리 작업도 지휘합니다. 특히 중요한 사실은 터너 주교가 1910년 김필수, 여병현, 윤치호 등을 인솔해 중국에서 개최된 '중국 · 한국 · 홍콩 YMCA전체위원회'에 참석, 한국 YMCA를 일제의 지배 아래 두려는 정책에 정면 대항하며 한국 YMCA의 자주적 · 민주적인 기틀을 마련했다는 것입니다. 터너 주교는 또 재임기간에 『종고성교회월보(宗古聖敎會月報)』를 1908년 6월에 창간, 1940년까지 총 276호를 발행합니다. 이는 우리나라 월

간지 사상 가장 오랜 발행의 역사입니다.

자립을 향한 발걸음

1910년 10월 28일 터너 주교가 과로로 순직한 이후 마크 트롤로프(M.N. Trollope, 한국명 조마가) 주교가 제3대 교구장으로 승좌하면서 한국성공회는 새로운 단계에 접어들게 됩니다. 1914년 강화도에 신학원을 설립하여 한국인 사제양성에 주력한 결과 한국인 첫 영세자인 김희준씨가 1915년에 첫 한국인 사제가 됐습니다. 한편 1925년 9월 성가영광(聖架榮光) 축일에 트롤로프 주교의 축성으로 현 성가수녀원 자리에 수녀원을 축성하고 이비비(1899-1990)씨를 첫 지원자로 해 수녀원이 설립되었습니다. 1910년 한일합방으로 일제에 강점된 한국의 어려운 상황 아래서 교회도 수난의 길을 걷게 되었습니다. 1919년 3·1운동 당시 태극기를 제작하는 등 독립운동의 근거지였던 병천교회와 그 부설학교가 가중되는 일제의 압력으로 점차 문을 닫게 되었습니다. 그럼에도 불구하고 트롤로프 주교는 1922년에 대성당 건립에 착공하여 1926년 5월에 완공함으로써 교회에 힘을 불어넣었습니다. 서울대성당은 동양에서는 유일한 로마네스크 양식을 갖춘 교회로서 그 우아함이 널리 알려져 있으며 현재 서울시 지방 유형문화재 35호로 지정돼 있습니다. 또한 트롤로프 주교는 1920년대부터 북한지역 선교에 주력하여 1930년대 말에는 9개 전도구, 53개 교회에까지 이르게 돼 평양교구를 설립하고자 했습니다.

3-2. 서울대성당 제단화.1926, photo by 김웅배, 이만홍
성공회는 전통을 유지하면서 열려 있는 교회입니다. 서울대성당은 전통적 로
마네스크 양식의 건축이지만 한국문화와 역사적 요소를 건축에 또한 반영하였
습니다.

3. 수난기의 대한성공회(1939-1955)

선교사 추방

1930년대말 일본 제국주의의 침탈이 거세지면서 일제는 모든 선교사들을 추방하는 등 교회에 대한 탄압의 강도를 높였습니다. 1939년 세계 제2차 대전이 발발하자 일제는 대한성공회의 제4대 교구장 쿠퍼(C. Cooper, 1882-1964. 한국명 구세실) 주교를 비롯 모든 선교사들을 추방했습니다. 이로 인해 대한성공회는 공백상태에 빠졌고 병원, 고아원, 교육사업도 제

대로 이어갈 수 없었습니다. 한국인 성직자 양성기관인 신학원마저 강제 폐교됨으로써 성직자 양성도 중단됐습니다. 남아있는 성직자들이 교회를 지키기에는 벅찬 시기였습니다. 1945년 해방을 맞이하여 대한성공회는 교구장이 없는 상태에서 교구장 부재 시 직무를 대행하는 총감사제를 중심으로 교회를 재건하기 시작했습니다. 교구장 부재중임에도 1945년 성탄절 자정미사를 전국에 중계방송하였고, 성탄의 기쁨과 함께 성공회를 알리는 계기를 만들기도 하였습니다.

6 · 25 전쟁과 순교성직자

교회의 모습을 채 복원하기도 전에 한국전쟁이 발발하여 교회는 다시금 큰 시련을 겪습니다. 서울에서 구세실 주교와 홍갈로(C. Hunt, 1889-1950) 신부 그리고 한국인 윤달용(모세, 1890-1950) 신부가 1950년 7월 17일 북한군에 의해 정치보위부(현 회현동 헌병대 자리)로 끌려갔습니다. 이때 서울대성당의 관할사제였던 윤달용 신부는 인민위원장에게 인민재판을 중단할 것을 강력하게 요청했습니다. 인천에서도 조용호(1898-1950) 신부와 이도암(Albert Lee, 1883-1950) 신부가 체포됐으며 수녀들도 연행돼 가혹한 행위를 당하였습니다. 연행당한 성직자들 중 윤달용, 조용호, 이도암 신부는 서울에서 처형당했으며 구세실 주교, 홍갈로 신부, 클라라 수녀(Mary Clare, 1880-1950)는 북으로 납치됐습니다. 클라라 수녀와 홍갈로 신부는 끌려가던 중 11월에 눈길에서 순교하였습니다. 특히 이원창(1872-?) 신부는 6 · 25 전쟁이 발발하자 가족까지도 피신시킨 뒤였지만 끝까지 북에 남아 교회를 돌보다 순교했습니다. 6 · 25 전쟁으로 순교한 성직자들의 유해는 오늘날까지 찾지 못했으나 교구장 주교의 명령 없이 전도구를 떠나지 않고 끝까지 그리스도의 몸된 교회를 위해서 사제직을 수행하다 순교한 성직자와 수도자의 정신은 오늘날 대한성공회의 모든 성직자와 신자들의 귀감이 되고 있습니다.

4. 도약기의 대한성공회(1955-1990)

한국 최초의 산업선교 시작

일제 식민지 말엽의 탄압과 6·25 전쟁 등 여러 가지 혼란을 거치면서 대한성공회는 그간의 어려움을 극복하는 등 교회재건을 위한 부산한 움직임을 보였습니다. 교회재건을 위한 노력은 당시 제5대 교구장으로 취임한 존 데일리(John Daly. 1903-. 한국명 김요한) 주교의 선교정책과 결합됐습니다. 이는 산업사회에 있어서의 교회 선교활동으로 연결돼 영등포 지역에 산업선교센터를 설립하고 노동자들의 인권옹호를 위한 일에 헌신했습니다. 특히 인권의 사각지대인 황지 광산촌에 교회를 설립하고 노동자들을 위한 봉사, 상담, 복지, 교육사업 부문에 많은 투자와 노력을 쏟아 부었습니다. 이때 존 데일리 주교가 사재를 털어 설립한 학교는 오늘의 황지중학교로서 이 지역 청소년 교육의 요람이 되고 있습니다.

한인 교구장 승좌와 3개 교구 설립

김요한 주교는 교구장 재임기간에 한국기독교교회협의회(KNCC)에 가입하여 교회일치운동과 지역사회 개발운동 및 기아해방운동을 전개하여 교회의 사회적인 책임을 강조했습니다. 이러한 선교방향은 한국성공회의 자립(自立), 자전(慈殿), 자정(自政)의 바탕이 됐습니다. 그리고 대한성공회 교구 설립 75주년이 되는 1965년에 서울과 대전교구로 나눠지면서 대전교구장엔 존 데일리 주교가, 서울교구장엔 이천환(1922-) 신부가 초대 한인 교구장 주교로 승좌하는 역사적 계기를 맞이했습니다. 이후 한국성공회는 자체적인 선교역량을 강화하여 1974년엔 대전교구를 대전교구와 부산교구로 분할했습니다. 1970년대, 1980년대에 한국성공회는 유신독재 반대에 앞장서며 인권회복을 위한 집회와 프로그램을 진행했습니다. 특히 서울대성당은 1987년 6.10 민주화 항쟁의 시발점이 됐습니다. 1980년대부터 평신도운동이 활발하게 전개되고 연합기구가 발족했습니다. 1970년대 후반부터 성공회 고교회전통의 대한성공회 안에서 성령쇄신봉사회를 중심으로 복음주의적 운동이 일어났습니다.

5. 선교 100주년과 선교 2세기(1990-)

선교 2세기, 겨레의 생명을 담지(擔持)하는 교회

대한성공회는 1990년 9월 29일을 선교 100주년 기념일로 봉헌하고 새로운 전기를 맞이하게 됩니다. 지나간 100년 동안 대한성공회는 영국 캔터베리 관구 소속이었으나 1992년에 관구로 승격하여 독립적이고 자치적인 교회가 되었고 1993년에 초대 관구장 주교로 김성수 주교가 취임하였습니다. 그리고 성공회신학교가 성공회대학교(1994)로 성장하여 성직자 양성은 물론 새로운 시대의 지도자를 양성하는 대학교로 발전해나가고 있습니다. 대한성공회는 관구 설립을 통해 지난 100년의 선교 경험

3-3. 김성수 주교.
김성수 주교는 대한성공회를 독립 자치의 교회로 만들어 초대 관구장 주교가 되었으며, 세상 속의, 세상을 위한 교회가 되고자 노력하였습니다.

을 바탕으로 선교 2세기에는 그리스도의 신앙으로 겨레에게 생명을 전하는 교회가 되고자 노력하고 있습니다. 대한성공회는 이 민족의 아픔을 치유하고 겨레의 생명의 터전이 되기 위해 한국내의 여러 교회를 비롯 세계교회와 유기적인 관계를 맺고 선교협력을 추구하고 있습니다. 1980년대 후반부터 대한성공회의 많은 교회들이 개척되었고 새롭게 성전을 건축하는 일들이

이뤄졌습니다. 선교교육원을 통한 교회교육과 평신도 훈련을 통해 교회의 내적 성숙과 성장에 힘을 기울였습니다. 이기주의와 물질만능주의로 만연된 사회 속에서 나눔의 실천을 통해 생명이 넘치는 삶의 공동체를 회복하고, 파괴된 창조질서를 회복하고 보전하는 운동을 나눔의 집, 푸드뱅크 (food bank), 사회복지관 등의 사업을 통해 펼치고 있습니다.

민족과 함께 하는 새 시대의 교회

3-4. 대한성공회 문장

대한성공회의 선교는 영국 고교회파에 주로 속했던 선교사에 의해 이뤄졌습니다. 그 결과 대한성공회의 전통과 신앙의 형태는 성공회 가톨릭 일변도의 모습을 지난 100년 동안 보여 줬습니다. 대한성공회는 선교 2세기를 맞이하면서 다양한 신앙운동의 전개와 함께 성공회의 역사와 전통 속에서 성공회 신앙의 뿌리를 깊이 내릴 수 있는 토양을 계속 만들어 나가야 하는 과제를 안고 있습니다.

또 대한성공회는 한국 땅에서 뿌리내리는 교회로서 한국의 역사와 문화 그리고 시대 상황에 응답하는 한국인의 교회로 자리잡아야 하는 과제뿐만 아니라 동시에 모든 그리스도교 안에서 그리고 세계성공회공동체 안에서 함께 선교협력을 이루고 일치를 이뤄가야 하는 보편적인 선교적 과제를 안고 있습니다. 그러므로 대한성공회는 한국인의 교회이면서 세계성공회의 한 형제교회로서 초대교회로부터 내려오는 성공회의 전통을 계속 이어가면서 오늘의 시대적 상황에 응답하고 변화하는 교회가 되고자 노력하고 있습니다.

제2부 성공회의 신앙과 그 실천

제4장 _ 성공회의 예배

"하늘 높은 곳에는 하느님께 영광,
땅에서는 그가 사랑하시는 사람들에게 평화!
주 하느님, 하늘의 임금이여,
전능하신 하느님 성부여,
주를 경배하오며 주께 감사하오며
주의 영광을 찬미하나이다."

(영광송 중에서)

4-1. 영광스런 그리스도. 영국성공회 캔터베리대성당, 유리화.
성공회 예배는 성공회의 신앙이 종합적으로 드러나는 신앙고백입니다. 예배는 하느님의 구원의 역사에 대한 인간의 감사의 응답이고 그 만남입니다.
"주를 경배하오며, 주께 감사하오며, 주의 영광을 찬미하나이다."(영광송 중에서)

　성공회의 예배는 성공회의 보석과 같은 것입니다. 성공회의 예배에는 성공회의 역사와 전통이 담겨져 있고 성공회 신앙의 핵심이 예배를 통해 표현됩니다. 그래서 성공회를 제대로 이해하려면 성공회의 예배를 이해해야만 합니다. 성공회는 다른 교회와 같이 어떤 교리적인 합의와 일치를 통해 교회의 정체성을 이루는 교회이기보다는 지역적으로 다양한 성공회의 공도문(公禱文)을 가지고 있지만 복음적인 성사(성례전)와 초대교회의 예식을 통한 공통된 예배를 통해 교회의 정체성을 이루는 교회라고 말할 수 있습니다.[1] 다시 말해 성공회는 공도문을 통한 공통의 예배를 통해 일치를 이루는 교회인 것입니다. 이처럼 성공회에서 예배는 중요한 부분입니다. 여기서는 먼저 예배란 무엇인가를 살펴보고 성공회가 드리는 예배에 대해 '어디서, 언제, 무엇을 어떤 형태의 예배를 어떻게 드리는가?' 하는 질문에 따라 살펴보고자 합니다.

1. 예배란 무엇인가?

성경의 제일 마지막 책인 요한묵시록의 마지막 부분은 마지막 날에 일어날 두 가지 환상을 보여 줍니다. 첫번째 환상은 '번개가 치고 큰 소리가 나며 천둥이 울리고 큰 지진이 일어'나 이 세상을 심판하시는 모습입니다.(묵시 16:18) 두번째 환상은 '하느님께서는 친히 그들과 함께 계시고 그들의 하느님이 되셔서 그들의 눈에서 모든 눈물을 씻어 주실 것'을 말해주는 새 하늘과 새 땅의 모습입니다.(묵시 21:3-4) 이 두 가지 환상은 서로 다른 하느님의 모습을 우리에게 보여줍니다. 성경적 관점에서 하느님은 우리 인간이 알지 못하고, 알 수 없는 분입니다. 그러나 동시에 가까운 친구와 같은 분이십니다. 하느님은 초월해 계시지만 동시에 내재해 계십니다. 하느님은 우리와는 전적으로 다른 분(全的他者)이지만 동시에 우리의 몸을 입고 오신 성육신의 하느님이십니다. 이런 하느님은 신비 그 자체입니다. 하느님을 체험하는 그리스도교 신앙의 중심에 신비가 있고 이런 신비적인 신앙의 응답은 예배 가운데 가능한 것입니다.

그리스도교 예배는 무제한적이고 창조주이신 하느님께 제한된 인간이 마음과 영과 몸으로 드리는 응답입니다.[2] 예배는 하느님의 구원의 역사하심에 대한 인간의 응답입니다. 특별히 그리스도교 예배는 예수 그리스도의 십자가 사건과 부활의 사건으로 표현되는 하느님의 구원의 역사에 대한 인간의 감사의 응답입니다. 인간은 예배를 통해 하느님에 대한 두려움과 경외, 사랑, 궁극적인 기쁨, 인간의 흠숭과 아름다운 헌신 등을 표현합니다. 예배를 통해서 인간은 인간이 표현할 수 있는, 가장 효과적이고 창조적인 방법으로 하느님께 응답하고자 합니다. 그래서 예배에는 언어, 음악, 예술, 춤, 소리, 냄새, 빛, 촉각으로 만질 수 있고 맛 볼 수 있는, 인간의 창조적인 응답이 포함됩니다. 또한 예배는 인간이 다른 사람들과 함께 공동체로 모여서 드리기도 하고, 때론 홀로 조용한 가운데 드리기도 합니다. 우리는 하느님을 예배합니다. 왜냐하면 우리들은 피조물인 인간이기 때문입니다. 예배는 인간이 하느님 앞으로 나아감을 통해 인간됨을 표현하는 것이기도 합니다.

그리스도교 2000년 역사 속에서 예배는 다양한 방법으로 드려졌습니다. 장엄한 동방정교회의 예배에서부터 아무런 장식도 없는, 십자가도 없고, 스테인드글라스도 없고 촛불도 없는 퀘이커교들의 예배에 이르기까지 그리스도교 예배는 다양합니다. 성공회는 다양한 예배에서 극단적으로 나아가는 것을 지양하고 신앙공동체가 함께 예배드릴 수 있는 공통의 내용과 순서 그리고 형식들을 가지고 있습니다.

2. 어디서 예배드리는가?

교회의 건축[3]

하느님은 어느 곳에든지 계십니다. 우리는 어느 곳에서도 하느님께 예배드릴 수 있습니다. 하지만 우리는 특별히 하느님을 만나고 예배드리기 위해 거룩한 공간인 교회를 만들었습니다. 교회는 기도와 예배의 목적을 위해 하느님께서 성별(聖別)하신 장소입니다.(출애 25:8, 1열왕 8:54-61, 마태 21:13) 교회는 하느님의 집으로서, 그리스도교인들이 모여서 예배드리는 장소입니다. 역사 속에서 성공회를 포함해 전통적인 교회들은 교회의 건축을 통해서도 하느님에게 예배드리도록 인도합니다.[4] 왜냐하면 그것이 하느님께서 성경을 통해 명령하신 것이고 역사 속에서 하느님께 예배드린 교회의 전통이기 때문입니다. 교회 건물에는 대부분 십자가가 있고 우리의 눈을 하늘로 향하도록 인도하는 첨탑이 있습니다. 하느님께서

4-2. 워싱턴 국립대성당, 베들레헴 소성당. photo by dbking, Wikimedia Commons.
교회의 건축은 인간이 하느님을 만나는 거룩한 공간으로서 동시에 하느님을 만나게 하는 도구입니다.

당신의 백성들을 보호한다는 의미에서 첨탑 또는 탑이 있습니다.

교회 건물의 내부는 보통 세 부분으로 나눠집니다. 현관, 회중석, 성소가 일반적인 구분입니다. 현관은 교회로 들어가는 곳입니다. 보통 이곳에 성천(聖泉 font)을 놓습니다. 왜냐하면 현관이 교회로 들어가는 물리적 공간이라면 성천은 세례를 통해 그리스도의 몸인 교회로 들어가는 것을 상기시키기 때문입니다. 회중석(會衆席 nave)은 예배드리는 사람들이 앉고 서고 무릎 꿇는 장소입니다. 'Nave'는 라틴어 'Navis'에서 온 말로 배라는 뜻입니다. 교회는 인생의 바다에서 험난한 파도를 넘어 우리를 구원에 이르게 하는 배를 상징합니다. 교회의 앞부분은 성소(聖所 chancel 또는 sanctuary)라고 부릅니다. 전통적인 교회에서 성소는 제단과 신자들의 회중석 사이 공간을 말합니다. 성소는 성가대가 앉아서 회중들의 찬송과 음

악을 인도하고, 성직자와 평신도들이 예배를 인도하는 자리이기도 합니다. 성소의 마지막 부분은 제단(祭壇 sanctuary)입니다. 제단은 구약성경에서 하느님의 임재, 현존이 함께 하는 장소였습니다. 이스라엘 백성들이 사막에 있을 때는 장막이었고(출애굽기 35-40장) 솔로몬 시대에는 성전(열왕기상 6-7장)이었습니다. 그러므로 교회는 하느님께서 함께 하시겠다고 약속하신 하느님의 성전이고, 하느님의 백성들이 하느님을 만나고 예배드리는 하느님 백성들의 집입니다. 성공회에서는 교회의 건물을 통해서도 신앙을 표현하고 하느님께 예배하도록 인도합니다. 우리들은 하느님의 집을 아름답게 가꿈으로써 하느님께 영광을 돌리고자 하는 예배의 마음을 표현합니다.(마르 14:3-9)

교회의 성물[5)]

교회건물 뿐만 아니라 교회 안에 있는 성물도 신앙을 표현하고 하느님에게 예배드리도록 돕는 상징들입니다. 우리가 교회 문을 열고 들어가면 제일 먼저 눈에 띄는 것은 제단 중앙에 있는 제대와 십자가입니다. 이는 제대와 십자가를 통해 하느님에게 예배드리도록 하기 위한 것입니다. 그리고 동시에 이곳은 하느님에게 예배하는 장소임을 고백하는 것이며 우리의 눈과 마음을 그리스도의 십자가로 모으기 위한 것입니다.

교회 안에는 세 가지 중요한 제구이며 예배의 상징인 성천, 설교대, 제대가 있습니다. 성천(聖泉 font 세례대)은 세례성사를, 설교대는 하느님의 말씀을, 제대는 빵과 포도주가 봉헌되는 성찬의 전례를 상징합니다. 대부분 교회에서 문을 열고 들어갈 때 첫번째로 볼 수 있는 것이 성천입니다. 어떤 교회는 성천을 회중석의 앞부분에 놓기도 합니다. 성천은 신자들이 세례 받을 때에 사용하는 제구입니다. 이 성천에 성수(聖水)를 놓습니다. 신자들은 교회로 들어가면서 성수를 손으로 찍으며 다음과 같이 기도합니다.

"주여 이 성수로 나를 씻기사 영세의 은총을 보존하게 하소서." 이는 성수를 통해 세례성사의 언약을 기억하고 현재화시키며, 그 은총을 보존하기 위함이며 세례성사를 통해 믿는 이들의 친교로 들어간다는 것을 상기시켜 줍니다.

성소 안에 또는 성소 가까이에는 독경대(讀經臺 lectern)와 설교대(說敎臺 pulpit)가 있습니다. 독경대는 성경을 받치는 가구로서 여기에서 성경을 읽습니다. 설교대는 설교자가 하느님의 말씀을 선포하는 곳이고 하느님의 말씀을 오늘의 삶에 맞게 재해석하는 곳입니다. 현대의 전례공간에서는 각각 구분된 독경대와 설교대를 하나로 합쳐 하나의 설교대(ambo)를 놓는 경우가 많습니다. 독경대, 설교대는 말씀 가운데 함께 계시는 하느님을 상징합니다. 말씀이 육신이 되신 그리스도를 그리고 하느님의 진리의 말씀이 우리들의 삶과 함께 하도록 하느님의 말씀을 읽고 선포하는 곳입니다.

교회에서 가장 중요한 제구는 제대(祭臺 altar)입니다.[6] 제대는 교회의 중심으로 그리스도의 몸을 상징하며 이는 교회가 그리스도의 몸 위에 세워졌음을 의미합니다. 제대는 하느님과 인간이 만나는 장소입니다. 인간은 자신 위에 하느님을 받들고, 하느님을 향한 영광과 경배를 드리고 싶은 마음을 간직하고 있습니다. 인간의 깊은 내면에서 하느님을 향한 신비의 표지가 바로 제대입니다. 제대는 인간 노동의 상징인 빵과 포도주, 그리고 인간의 삶 전체를 봉헌하는 곳입니다. 동시에 이 제대는 그리스도께서 자기 스스로를 바치신 희생의 제대이기도 합니다. 제대는 함께 식사를 나누는 장소입니다. 예수 그리스도께서 십자가에 달려 돌아가시기 전에 제자들과 함께 나누었던 만찬의 식탁이며 부활하셔서 제자들과 함께 식사를 나누었던 식탁입니다. 그리고 오늘도 거룩한 식사를 나누는 곳이며 마지막 날에 하느님 나라에서 있을 하늘나라 잔치의 식탁이기도 합니다. 그러므로 이 제대는 봉헌의 제대요 하늘나라 잔치의 식탁입니다.

3. 언제 예배드리나?[7]

성공회 신자들은 하느님께 기쁨과 감사로 예배드립니다. 성공회에서는 신자들이 매일의 삶 속에서, 그리스도께서 부활하신 날을 기념해 매주일, 그리고 1년 연중 교회력을 통해 예배드립니다. 특별히 성공회의 예배는 그리스도의 구원의 사목에 초점을 맞추었습니다. 매일기도를 통하여 매일의 삶 속에서 함께 하시는 하느님에게 예배드립니다. 매주일의 성찬예배를 통해 그리스도께서 이루신 구원의 신비, 즉 십자가에 죽으시고 부활하심을 기념합니다. 일 년 중에는 교회력을 통해 그리스도의 생애를 기념합니다. 이렇게 함으로써 매일, 매주일, 그리고 일 년을 통해 그리스도를 중심으로 하느님께 예배합니다. 뿐만 아니라 성공회는 한 사람의 신자가 태어나서 죽을 때까지 경험하는 인생의 절정마다, 인생의 중요한 사건마다 하느님의 구원의 현존을 경험토록 하며 하느님의 축복을 간구합니다. 이런 예배들은 성사와 성사적 예식으로 표현됩니다. 그러므로 성공회 예배는 전 생애를 통해 매일의 삶 속에서 하느님에게 예배드리도록 인도하며 매일매일의 삶이 예배가 되도록 공도문을 통해 돕습니다.

주일은 부활의 축제일, 주일예배

성찬예배의 시작은 예수님의 최후의 만찬으로부터 시작됩니다. 예수님께서는 제자들과 함께 최후의 만찬을 드시고 '너희는 나를 기념하여 이 예식을 행하라'고 당부하셨습니다. 이렇게 하시므로 하나의 성찬을 예수 그리스도의 죽으심과 부활하심의 기념제로 만드셨습니다. 예수님의 제자들은 처음에는 안식일을 지켜나갔습니다. 예수님이 부활, 승천하신 후에도 제자들은 안식일에 모여 유대인 가운데서 복음을 설교하였습니다. 그리고 집집마다 돌아가며 빵을 나누며 예수님의 최후의 만찬예식을 기념했습니다. 사랑의 잔치로서 이 잔치를 '아가페' 예식이라 했고 유카리스트

(Eucharist 감사예식)라고 불렀습니다. 이런 예식들은 저녁에(사도 20:7절 이하, 1고린 11:23), 어떤 때는 매일(사도 2:46) 그리고 어떤 때는 일주일에 한 번(사도 20:7, 묵시 1:10) 행했습니다. 그러다가 예수님께서 부활하신 날인, 주간의 첫날에 주님에게 예배드리고 빵을 나누기 위해 초기 신자들이 자주 모이기 시작했습니다.(1고린 16:2, 사도 20:7, 요한 20:19) 그 이유는 예수 그리스도의 부활과 성령강림일이 일요일에 기인하기 때문입니다. 주일은 주님의 부활을 기념하는 축제일이며 해방과 구원의 감격을 감사드리는 잔칫날입니다. 주일은 예수 그리스도의 부활을 축하하는 작은 부활절이며 또한 주간의 첫날입니다. 이 날은 구세주께서 새 창조의 역사를 시작한 날입니다. 그러므로 주일은 예수 그리스도로 말미암아 구원받은 신자들이 그 은혜에 감격하여 기쁨으로 그리스도의 죽으심과 부활하심을 기념해 예배드리는 날입니다.

시간이 흘러 3세기경이 되면서 성찬예배는 큰 변화를 겪었습니다. 가장 큰 변화는 저녁에 드려지던 아가페예식이 아침조찬으로 바뀌게 된 것입니다. 그 이유는 아가페예식이 기쁨의 잔치였고 이 기쁨의 잔치에는 그리스도의 수난과 죽으심보다는 그분의 부활이 더 강조됐기 때문입니다. 그러므로 부활을 기념하는 예식은 저녁시간보다 부활이 이루어진 아침시간으로 옮겨야 한다고 생각했던 것입니다. 그래서 지금 우리들은 주일 아침에 예배를 드립니다.

매일기도(聖務日課 Daily Office)

성공회는 주일뿐만 아니라 매일 하느님께 예배하도록 인도합니다. 성공회의 위대한 신앙 유산 중 하나가 매일기도로서 특히 아침기도, 저녁기도입니다. 공도문에는 매일기도로 아침기도, 한낮기도, 저녁기도, 밤중기도를 제안해 매일 기도할 수 있도록 했습니다. 성공회는 매일 하느님의 말씀을 듣고 하느님께 예배하도록 인도합니다. 단지 주일에만 하느님께 예배 드리도록 제한할 필요는 없습니다. 하늘나라가 하느님의 백성들이 기쁨에 가득 차서 우선적으로 그리고 끊임없이 예배드리는 장소라면 우리는 그 하늘나라의 예배를 지금 여기서 실천할 수 있는 것입니다. 그래서 성공회 는 주일뿐만 아니라 매일이 하느님께 예배하는 시간이 되도록 배려한 것 입니다.

교회력(教會曆 Church Calender)

성공회는 하느님의 놀라운 구원의 역사를 일년의 절기 속에서 표현하고 축하합니다. 성공회는 매주일마다 주님의 죽으심과 부활하심을 기념하지 만 특별히 예수님의 탄생과 세상에 나타남, 그리고 고난당하시고, 죽으시 고 부활 승천하시는 역사적인 그리스도의 생애를 교회력에 따라 펼쳐 놓 음으로써 모든 신자들이 일 년 동안 예수 그리스도를 새롭게 체험할 수 있 도록 합니다. 다시 말해 교회력은 '그리스도의 생애를 따라가는 신앙의 순 례'입니다. 성공회는 교회력을 통해 그리스도 생애의 각 부분을 전례로 재 현하고 그 전례 안에서 그리스도를 만나고 은총을 얻고 하느님께로 나아 갑니다. 그래서 교회력을 통해 모든 날은 그리스도께서 우리에게 오시는 강림일이 될 수 있고, 그리스도 안에서 시간은 변화되며, 우리로 하여금 시 간을 하느님께 영화롭게 바치는 예배가 되도록 합니다.

교회력은 2개 주기로 이루어져 있습니다. 교회력의 전반부는 그리스도 의 생애 곧 대림, 탄생, 공현, 고난, 죽음, 부활, 승천, 오순절의 성령강림을 회상하는 한 주기입니다. 교회력의 후반부는 성령강림 이후의 주일로 그 리스도인의 생활에 강조를 두는 주기입니다.

대림절은 예수 그리스도께서 이 세상의 구주로 오실 것을 준비하는 성탄전의 4주간을 말합니다. 성탄절은 예수 그리스도께서 탄생하신 것을 기념하는 절기로 11일 동안 지킵니다. 공현절은 예수께서 공식적으로 그리스도(메시아)이심을 드러내신 것을 기념하는 절기입니다. 예수께서는 동방박사들(마태 2:1-12), 가나 마을의 혼인잔치(요한 2:1-12), 또 요르단강에서 세례자 요한에게 세례를 받으실 때(마태 3:13-17, 마르 1:9-11, 루가 3:21-22) 당신이 참 인간이시며 참 하느님이심을 드러내셨습니다. 사순절은 회개와 기도를 통해 부활절을 준비하는 기간으로서 부활 전 40일간을 말합니다. 사순절의 마지막 주간은 성주간(聖週間 Holy Week)으로 지킵니다. 이 주간에는 그리스도의 지상생애의 마지막 사목을 기념합니다. 즉 목요일에 주의 만찬으로 성체성사를 설립하신 것, 금요일에 십자가에 달려 돌아가신 것을 기념합니다. 부활절은 예수 그리스도께서 부활하신 것을 기념하는 40일 동안의 시기를 말합니다. 부활절은 그리스도교 신앙의 근본 초석으로서 해마다 지킬 뿐만 아니라 매주일 또한 그리스도의 부활일로서 기념합니다. 매주일날은 그리스도의 부활을 기념하는 작은 부활절입니다. 승천절은 예수께서 하늘나라에 오르신 것을 기념하는 절기로 성령강림주일 전까지 10일 간을 말합니다. 성령강림절은 그리스도께서 약속하신 성령을 보내주신 날을 기념하는 절기로서 부활 후 50일이며 이 날은 교회의 탄생일이기도 합니다. 성령강림주일 이후부터는 그리스도인들의 일상생활 속에서의 신앙의 성장과 하느님의 은총에 관한 것을 주제로 묵상하는 절기입니다.

전 생애를 통하여

성공회에서는 한 사람의 신자가 태어나서 죽을 때까지, 한 사람의 생애에서 중요한 사건마다 하느님께 예배를 드립니다. 탄생에서부터 입양, 산후감사, 성장, 결혼, 질병, 범죄, 죽음 그리고 특별한 부르심에 이르기까지 하느님의 현존을 구하며 하느님께 예배드립니다. 여기에는 산후감사와 입

양예식, 세례성사, 견진예식, 혼배예식, 고해예식, 조병예식, 장례예식 등
한 사람의 일생을 통해 하느님의 축복을 구하는 예식이 포함돼 있습니다.
이런 예배들은 성사와 성사적 예식, 사목적 예식으로서 표현됩니다. 이런
예식들을 통해 우리의 전 인생이 하느님을 예배하는 삶이라는 사실을 성
공회 신앙은 드러냅니다. 성사와 성사적 예식에 관한 부분은 '성공회와 성
사' 부분에서 보다 자세하게 다루게 됩니다.

4. 어떤 예배를 드리는가?

성공회가 드리는 주요 예배는 주일성찬예배와 매일기도입니다. 그래서
여기서는 주일성찬예배와 매일기도를 살펴봅니다. 물론 성공회 예배에서
성사적 예식도 빼놓을 수 없는 예배지만 이 부분은 제8장 '성사와 성공회'
부분에서 다루겠습니다.

성찬예배[8]

성찬예배는 그리스도교 2000년 역사 속에서 가장 중요한 핵심예배입니
다. 성찬예배는 최후의 만찬으로부터 시작해 초대교회부터 지금까지 계속
이어져온 그리스도교의 주요 예배이며 성공회의 예배입니다. 성공회는 초
대교회의 핵심예배인 성찬예배를 드립니다. 이 성찬예배는 교단마다 다르
게 불리고 있습니다. 대한성공회에는 2004년 기도서를 새로 개정하면서
'감사성찬례'로, 천주교(Roman Catholic Church)는 '미사'로, 한국 동방
정교회는 '성찬예배'로, 그리고 대부분의 개신교회는 성만찬예배 또는 성
찬예배로 이름을 붙였습니다. 영어권에서는 'The Eucharist' 또는 'Holy
Communion'이라고 합니다. 저는 모든 교회가 공통으로 사용하는 그리고
공통적으로 들어간 단어로서 성찬예배라고 부르는 것이 타당하다고 봅니

4-3. 최후의 만찬. Juan De Juanes, 1560s,Panel, 116 x 191 cm, Museo del Prado, Madrid.
성찬예배는 최후의 만찬으로부터 시작되어 교회의 핵심예배가 되었습니다.

다. 왜냐하면 천주교도, 동방정교회도, 개신교도 성찬이라는 단어를 그들의 예배중에 사용하며 요즘 한국개신교에서도 성만찬이라는 표현보다는 성찬이라는 표현을 사용하기 때문입니다.

예수님은 제자들과 최후의 만찬을 드셨습니다. 예수께서는 식사 중에 빵을 들어 감사의 기도를 드리신 다음 이것을 떼어서 제자들에게 주시면서 말씀하셨습니다. "이것은 너희를 위하여 내어주는 내 몸이다. 나를 기념하여 이 예식을 행하여라." 또 식사 후에 잔을 들어 감사의 기도를 드리신 다음 그들에게 주시며 말씀하셨습니다. "너희는 모두 이 잔을 받아 마시라. 이것은 죄를 용서하여 주려고 너희들과 많은 사람들을 위하여 내가 흘리는 새로운 계약의 피니, 마실 때마다 나를 기억하여 이 예를 행하라." (마태 26:29, 마르 14:22-25, 루가 22:19-20, 1고린 11:23-26) 최후의 만찬에서 예수 그리스도의 말씀과 행위는 구약 예언자들의 상징적 행위(이사야 20:3,

예레미야 19:10-11, 에제키엘 5:1-4)와 마찬가지로 예언자적인 행위와 말씀이었습니다. 그것은 최후의 만찬을 통해 새로운 계약을 세우시는 것이었고 성체성사(성찬예식)를 설립하시는 것이었습니다. 예수님께서는 당신 자신이 십자가에 달리셔서 희생제물이 되셨고 하느님과 인간을 화해케 하셨습니다.(골로 1:19-20) 주님은 십자가에 달려 돌아가심으로써 인간의 죄를 용서하셔서 하느님과 새로운 관계를 맺게 하셨습니다. 그래서 우리들은 성찬예배를 '희생제사'(a sacrifice)라고도 부릅니다. 그리고 주님께서는 우리가 이것을 반복해서 기념하도록 요청하셨습니다. 우리 성공회에서 드리는 성찬예배는 바로 주님께서 명령하신 것이며 초대교회가 드린 예배를 지금 여기서 반복해서 드리는 것입니다. 성찬예배의 핵심은 '기념, 기억'으로 번역되는 희랍어 아넴네시스(Anamnesis)입니다. 성찬예배에서 신자들은 그리스도의 죽으심과 부활하심, 즉 그리스도를 통해 이루신 하느님의 구원을 기념, 기억하고 응답하는 것입니다. 이것이 성공회 성찬예배의 핵심입니다.[9] 그래서 우리는 성찬예배 중에 '그리스도는 죽으셨고 그리스도는 부활하셨고 그리스도는 다시 오십니다'라고 신앙의 신비를 고백합니다. 우리가 이 예식을 반복할 때마다 우리들은 하느님과 새로운 관계를 맺는, 새로운 이스라엘로서, 그리스도의 증인으로서 새로운 영적 생명을 받습니다.

성찬예배는 초대교회의 예배전통에 따른 것입니다. 사도행전 2장 42절에 보면 초대교회 신도들은 사도들의 가르침을 듣고 서로 도와주며 빵을 나눠 먹고 기도하는 일에 전념했습니다. 곧 그들의 예배는 우리들이 드리는 성찬예배의 두 부분처럼 말씀을 듣는 것과 빵을 나눠 먹는 것으로 이뤄졌습니다. 그런데 초대교회의 예배전통에서 말씀을 듣고 가르치는 것(말씀의 전례)은 유대교의 회당예배에 기원을 두며, 빵을 나누는 것(성찬의 전례)은 예수님께서 행하신 주의 만찬에 기원을 둡니다. 현대에 와서는 이 두 부분의 전례를 현대영성신학의 흐름을 반영해 네 부분으로 구성하기도

합니다.[10] 현대영성신학에서는 신앙의 성장과정을 정화, 조명, 일치의 3단계로 보는데 성찬예배를 통해 이 과정을 체험하도록 배려한 것입니다. 곧 개회예식은 정화의 단계를, 말씀의 전례는 조명의 단계를, 성찬의 전례는 하느님과 일치를 구현하는 과정으로 상징됩니다. 파견예식은 하느님의 축복을 확인하고 세상에 나가 그리스도의 복음을 전하는 사명을 위탁하는 것입니다.

성찬예배 전반부는 말씀의 전례입니다. 이 말씀의 전례에서 하느님은 말씀으로 우리에게 오시며 우리는 그에 응답합니다. 우리는 성경낭독을 통해 하느님께서 당신 백성에게 말씀해 주시는 구원의 신비를 들으며, 하느님의 계시에 새롭게 접하게 되고 신앙생활의 양식을 얻습니다. 하느님의 말씀을 듣고 난 신자들은 말씀에 대해 응답합니다. 말씀에 대한 응답이 니케아신경, 신자들의 기도, 십계명, 죄의 고백입니다.

성찬예배 후반부는 성찬의 전례입니다. 성찬의 전례는 예수 그리스도의 마지막 만찬을 기념하고 재연하는 것입니다. 그것이 곧 성찬례(성체성사)입니다. 이 성체성사를 통해 예수님께서는 성체로서 우리에게 오십니다. 성체로 오시는 예수 그리스도를 맞이하고 신앙으로 응답하는 것이 성찬의 전례입니다. 성찬의 전례에서 중요한 것은 예수님께서 빵과 포도주를 제자들에게 주셨으며 제자들은 이를 받았다는 것입니다. 예수님께서 마지막 만찬 때에 하셨던 네 가지 행위를 성찬의 전례에서 재연합니다. 네 가지 행위는 다음과 같습니다. ① 떡을 '가지사' ② '감사의 기도를 드리시고' ③ '떡을 떼어' ④ 제자들에게 '주셨다'. 이것을 우리는 성찬의 전례에서 봉헌(떡을 가지사)과 성찬기도(감사의 기도를 드리시고-성찬기도는 감사서문경과 축성경 부분으로 나뉩니다) 그리고 빵을 떼는 노래(떡을 떼어)와 성찬에의 초대와 성체배령(제자들에게 주셨다)으로 표현합니다.

우리가 성찬예배를 드릴 때마다 "하느님께서 우리에게 주시는 은총은 무엇일까요? 그리고 빵과 포도주가 실제로 그리스도의 살과 피로 변하는가?"에 대한 질문이 있습니다. 이 부분은 제8장 '성사와 성공회' 부분을 보시기 바랍니다.

말씀과 성찬이 균형을 이룬 성공회의 성찬예배는 오늘날 세계 교회예배의 모범이 되고 있습니다. 그 대표적인 것이 1982년 전 세계 교회의 지도자들이 분열된 교회의 일치를 위한 예배모델로 만든 리마예식서로서 이 리마예식서는 성공회 성찬예배의 한 양식과 너무나 흡사합니다. 오늘날 많은 교회들이 성찬을 주일예배의 핵심으로 삼으며 성찬의 중심성을 회복하려고 애쓰고 있습니다. 매달 한 번 이상 전 교인에게 성찬을 주는 교회도 늘고 있습니다.

아침기도, 저녁기도[11]

성공회 예배 중에서 성찬예배 다음으로 중요하게 여겨지는 것은 아침기도, 저녁기도입니다. 공도문에는 아침기도, 저녁기도가 수록돼 있습니다. 이 기도들은 성경을 읽고 시편을 낭송하며 기도하는 것으로 이뤄졌습니다. 이 기도는 수도원에서 시작된 것으로 하루 여덟 번의 기도를 두 번으로 단순화시킨 것입니다. 수도원에서는 성경의 전통을 따라 '하루에도 일곱 번씩 찬양'을 드렸습니다.(시편 119:164) 하루 일곱 번 또는 여덟 번의 기도를 성무일과(聖務日課 daily offices 또는 hours of prayer)라 했습니다. 성무일과는 찬양과 기도가 중심이었습니다. 중세기에 하루 여덟 번 있는 성무일과에 평신도들이 참여할 수 없게 되자 영국성공회는 평신도와 성직자들을 위해 하루 두 번의 기도로 단순화시켜서 기도와 말씀을 읽을 수 있도록 배려했습니다. 1979년 미국성공회의 공도문에는 아침기도, 저녁기도뿐만 아니라 축소된 형태의 매일기도문(아침기도, 한낮기도, 저녁기도, 밤중기도)도 담겨 있습니다. 2004년 대한성공회 공도문도 이 전통에 따라 네 개의 매일기도문을 만들었습니다. 매시 세퍼드는 이 기도문들은 '하루의 시간을 성별하여 하느님께 드리기 위한 것'으로, 에블린 언더힐은 '본래 교회의 존재목적인 쉬지 않고 하느님을 찬양하는 것으로서 시간들을, 밤과 낮을 성별'하여 드리는 것으로 해석했습니다.[12]

아침기도, 저녁기도는 세 부분으로 구성돼 있습니다.[13] 첫째는 찬양과 고백입니다. 전능하신 하느님 앞에 나아감을 인식하며 하느님을 찬양하고, 죄를 고백하는 부분입니다. 대부분의 세계성공회 공도문은 죄를 고백하는 이 부분을 수록하고 있는데 아쉽게도 대한성공회 2004년도 기도서에는 밤중기도를 제외하고는 이 부분이 생략됐습니다. 둘째는 죄를 용서받은 신자들이 기쁨으로 응답하며 하느님의 말씀을 듣습니다. 이때에 시편과 찬가, 성경 제일 독서, 제이 독서를 읽습니다. 모두 성경말씀으로 이뤄진 부분이며 성경낭독 후에 설교할 수 있습니다. 그리고 신앙고백으로 사도신경을 암송합니다. 셋째는 하느님의 말씀을 통해 새로운 삶의 새로운 의미를 재발견한 우리들이 삶의 여러 가지 것들, 즉 교회공동체, 교회의 사목, 정치지도자 등 특별한 대상을 위해 기도합니다. 마지막으로 본기도와 축복기도를 통해 "입으로만 주께 감사하지않고 일생동안 의롭고 선하게 주님을 섬기고 찬양"할 수 있는 축복을 구하는 기도를 합니다.[14]

종교개혁시기에 '오직 성경으로만'을 강조했던 개신교회는 성찬의 전례를 포기하고 말씀중심의 예배만을 받아들였습니다. 성공회의 아침기도와 저녁기도는 바로 성경중심의 예배라고 할 수 있습니다. 버킷(F.C. Burkitt)은 영국성공회 첫 공도문의 서문을 인용하면서 "지난날의 성무일과에서는 그 중심이 시편낭송이었으나 크랜머의 견해는… 그 중심이 성경낭독에 있다는 것을 암시하고 있다"고 말했습니다.[15] 그래서 역사 속에서 반 천주교의 경향이 있었던 복음적인 성공회(저교회)에서는 아침기도를 주일예배의 중심으로 삼고 있습니다. 다시 말해 성경을 듣고 설교말씀을 듣는 것이 중심인 예배를 드리고 있습니다. 이는 에드워드 6세 때에 시작돼 엘리자베스 1세 여왕을 거쳐 오늘날까지 이어지고 있습니다. 성찬예배는 단지 주일 아침 소 예배로 드려지거나 한 달에 한두 번 정도 주일중심예배로 드려지기도 합니다. 역사상 청교도들의 영향을 받을 때에는 성찬예배가 3개월에 한 번씩 드려졌던 적도 있었습니다.

아침기도, 저녁기도는 공동의 생활을 하는 수도회, 학교 또는 공동체 등에서 공동으로 매일 또는 교회에 모일 때에 낭독하면서 드리는 것이 좋습니다. 2004년 대한성공회 공도문의 일러두기에는 '성무일과는 교회에서나 가정에서나 그 밖에 어느 곳에서나 알맞은 장소와 시간에 드릴 수 있다. 성무일과는 성직자나 다른 교인 중에서 알맞은 사람이면 누구나 인도 할 수 있다'고 적혀 있습니다.[16] 뿐만 아니라 아침, 저녁기도문(또는 매일기도문)은 개인의 기도와 묵상을 위해 사용할 수 있습니다. 집에서, 직장에서 또는 출퇴근하는 기차 안에서 기도할 수 있습니다. 1979년 미국성공회의 공도문에 있는 짧은 일일기도문(아침기도, 한낮기도, 저녁기도, 밤중기도) 또는 대한성공회 2004년 개정판 공동기도서는 짧게는 단지 2분 정도에서 5분 안에 기도하고 침묵하며 묵상할 수 있도록 도와줍니다. 이는 성공회 신자들로 하여금 매일의 삶 속에서 기도하는 삶을 살도록 배려한 것이며 구약과 초대교회의 성경적인 삶의 모습과 기도하는 삶의 모습을 닮도록 하기 위한 것입니다.(참조: 에페소 6:18, 필립보 4:6, 골로사이 4:2:)[17]

5. 어떻게 예배를 드리는가?

"성공회에서 예배를 어떻게 드립니까?" 누가 이렇게 묻는다면 저는 다음과 같이 대답하고 싶습니다. "성공회 예배는 교회공동체가 공도문을 통하여 전례적 예배를 드립니다." 예배는 첫번째로 교회공동체의 예배입니다. 교회공동체가 함께 모여 공동으로 예배드리는 것을 의미합니다. 두번째로 성공회의 예배는 전례적 예배입니다. 전례적 예배에는 일정한 예배 순서(order)가 있고 음성으로 표현되는 본문(text)인 의식(ritual)과 공동체의 행위로 표현되는 예식(celebration)으로 구성돼 있습니다.[18] 이 전례적 예배를 드릴 수 있도록 예배에 관한 총체적 사항을 모아 놓은 것이 성공회 공도문입니다.

성사적인, 온몸으로 드리는 예배

우리들은 온몸으로 예배드립니다. 우리들의 온몸, 즉 몸과 마음과 영혼을 다해 하느님께 예배합니다. 구약성경 예배는 온몸으로 드리는 것이었습니다. 예수님 역시 온몸으로 예배드렸습니다. 우리들은 이 사실을 성육신(incarnation)과 성사(sacrament)적 원리에서 찾아 볼 수 있습니다. 그리스도교 신앙의 시작은 하느님의 아들 예수 그리스도께서 인간의 몸을 입고 오신 사건, 성육신입니다. 하느님께서 인간의 몸으로 오셨기 때문에 인간들이 하느님을 이해할 수 있었던 것입니다. 바로 성공회 예배의 중심 원리는 성육신에 있습니다. 성육신 예배의 원리는 성사적 방법(성례전적인 방법)을 통해 표현됩니다.[19] '내적이고 영적인 은총을 외적이고 볼 수 있는 것들을 통하여 나타내는 것' 인 성사를 통해 예배드립니다. 그것은 바로 예수 그리스도께서 사용하신 방법입니다. 예수님께서는 빵과 포도주로 당신의 희생을 기념토록 하셨고 물로 세례 받으심으로써 회개와 새 생명의 표지로 삼으셨습니다. 병자들에게 손을 얹으셨고 눈먼 사람에게 기름을 발라 주셨습니다. 성육신하신 구세주께서는 성사적 방법을 통해 하느님의 사랑과 능력을 드러내셨습니다. 예수 그리스도의 성육신과 성사적 선교활동은 성공회 예배의 원리입니다. 그래서 성공회에서는 인간의 모든 감각을 통해 하느님께 예배드리고, 창조의 세계를 통해 하느님을 경험하도록 돕습니다.

먼저 개인적인 차원에서 우리들은 온몸을 사용하여, 온몸을 드려서 예배 드립니다. 성공회의 성찬예배는 인간의 모든 감각인 오감을 통해 드리는 것입니다. 감각을 통한 예배는 또한 상징을 통해 경험하는 예배입니다. 상 징은 예배에 참례하는 예배자들의 감각을 일깨워 하느님을 예배하도록 돕 는 수단입니다.[20]

우리들은 시각적으로 보는 것을 통해 하느님께 예배드립니다. 시각적으 로 볼 수 있는 예배의 상징들인 예복, 색깔, 교회의 건축, 교회의 성물, 화 초 등은 하느님께 드리는 우리들의 믿음을 상징적으로 표현하고 있습니 다. 청각적으로 우리들은 소리를 내어 찬양하고 기도하고 하느님의 말씀 을 듣습니다. 그리고 여러 가지 악기를 사용해 하느님을 찬양합니다. 후각 적으로 우리들은 향과 기름을 사용합니다. 또 하느님이 창조한 자연세계 의 향기롭고 아름다운 꽃들을 통해서도 하느님께 예배합니다. 촉각적으로 우리들은 교회에 들어오면서 성수를 통해 마음을 새롭게 하고, 기름을 바 르는 것과 안수하는 것을 통해 성령의 은총을 간구합니다. 미각적으로는 빵과 포도주를 먹고 마심으로 그리스도의 몸과 피를 받아 모십니다.

이와 함께 여러 가지 몸가짐(앉고 일어서는 것, 무릎 꿇는 것, 십자성호 와 경배 등)을 통해 내적인 은총을 표현합니다. 우리가 몸의 여러 가지 표 현을 통해 하느님께 예배드리는 것은 하느님께서 우리의 몸을 창조하셨다 는 것과 우리의 몸이 그분께 속해 있다는 것 그리고 육체를 통해서도 하느 님을 섬긴다는 고백입니다.[21] 우리의 몸은 마음을 담아 하느님에게 거룩하 게 예배드리도록 이끌어 줍니다. 무릎을 꿇는 것(kneeling)은 겸손과 공경 의 표시로써(1열왕 8:54, 시편 95:6, 사도 20:36, 로마 14:11) 기도할 때나 죄를 고백할 때 취하는 행동입니다. 존경과 찬양의 표시, 기도의 표시로서 성가를 부를 때와 기도 할 때에는 일어섭니다(standing). 또 앉는 것(sit- ting)은 마음과 정신을 집중하는데 적당한 자세로 하느님의 말씀을 경청하 기 위한 것입니다. 십자성호는 손으로 우리 구원의 상징인 십자가를 표시

4-4. 우리의 몸가짐은 내적인 은총을 표현하는 도구입니다.
photo by 김의창

하는 것으로 신앙고백입니다. 경배(bowing)는 머리를 숙여 절하는 행위로 겸손히 공경하는 예절입니다. 그러므로 성공회의 성찬예배는 온몸을 통해, 온몸으로 하느님께 예배드리도록 인도합니다. 그리고 온몸으로 드리는 예배는 성서에 근거한 예배입니다.

성공회의 예배는 그리스도의 몸인 교회공동체가 드리는 것입니다. 물론 개인적으로 하느님에게 예배드릴 수 있지만 성공회 예배는 본질적으로 신자들이 함께 참여하여 드리는 공동의 예배입니다. 성직자와 신자들이 함께 참여하여 드리는 공동체예배입니다. 예배드리는 교회공동체로서, 그리스도의 몸으로서의 교회는 복합적 의미를 지니고 있습니다.[22] 세례를 받은 형제자매들의 공동체가 함께 모여 공동체의 예배를 드립니다.[23] 천주교에서는 사제 단독으로도 미사를 드릴 수 있습니다. 그러나 성공회에서는 사제 혼자서 드리는 성찬예배가 불가능합니다. 왜냐하면 성찬예배는 공동체의 예배이고 공동체를 이루는 예배이기 때문입니다. 우리들은 구약성경의 성막으로부터 시작해 예수님의 최후의 만찬 그리고 역사적인 변천과 더불어 교회의 예배로 자리 잡고 있는 지상적, 역사적 실존으로서의 교회공동체의 예배를 드리고 있습니다. 성공회는 공도문을 통해 역사 속에서 내려온 전통, 유산과 더불어 공간적으로 오늘날 세계 각지에서 하느님께 예배드리는 형제자매들과 함께 다양성 안에 있는 통일성으로서, 지역교회이면서 동시에 세계교회로서 예배를 드립니다. 마지막으로 성공회는 예배 중에 그리스도의 다시 오심을 바라보며, 지금 여기서 드리는 종말론적이면서 우주적인 공동체로서 하느님께 예배를 드립니다. 이러한 성공회의 예배는 뿌리가 없는, 독립된 개체 교회의 예배가 아닌 교회공동체인 그리스도의 몸이 드리는 예배입니다.

세번째로 온몸으로 드리는 예배는 하느님이 창조한 이 세계의 몸을 통해 드리는 것입니다. 우리들은 하느님께 예배드리기 위해 하느님이 창조한 세계 안에서 창조물을 재구성하고 그 창조물의 일부를 사용합니다. 하느님께서는 이 세상을 창조하시고 '보시기에 좋았다'고 하셨습니다. 우리들이 예배드리는 사건은 단지 진공 속에서 이루어지는 것이 아니며, 구체적인 하느님 창조의 현실 세계 속에서, 하느님께서 선하게 창조하신 창조물의 실제를 통해 드리는 것입니다. 교회공동체가 예배드리기 위하여 사용하는 물리적인 영역들, 즉 교회의 건축, 교회의 성물, 예배의 각종 상징 등은 하느님이 창조하신 이 세계의 몸입니다. 성공회는 이 몸을 통해 예배를 드립니다. 그러므로 우리가 예배를 이해하기 위해서는 이 세계의 몸을 이해해야 합니다.

온몸으로 드리는 예배는 한 개인과 교회공동체, 그리고 하느님이 창조한 세계의 몸으로 드리는 것입니다. 성공회는 바로 온몸으로 예배드리기를 원하고 표현하는 교회이고 이런 성공회의 예배는 성사적 예배입니다.

6. 성공회 공도문[24]

성공회에는 공도문(The Book of Common Prayer)이 있습니다. 이 책은 2004년 성공회 기도서가 출판되기 이전까지 공도문(公禱文)으로 명명됐던 책입니다. 그러나 개인적으로는 현대적인 명칭인 공동기도서로 부르는 것이 더욱 타당하다고 봅니다. 성공회는 공도문의 교회라고 해도 과언이 아닙니다. 왜냐하면 성공회는 공도문을 통해 교회공동체의 예배를 드리는 교회이기 때문입니다. "성공회가 어떻게 예배드리는가?" 하는 질문에 본인은 "성공회 예배는 교회공동체가 공도문을 통하여 전례적 예배를 드립니다"라고 이미 말했습니다. 그래서 공도문은 성공회의 신앙과 전통을 교회의 전례로 표현한 책입니다.

공도문은 교회공동체의 기도서입니다. 공도문의 대부분은 교회공동체가 함께 모여 하느님께 예배드리기 위한 예배문, 예식문으로 구성돼 있습니다. 공도문은 4부분의 예배, 예식으로 나눠집니다.[25] 첫째는 정기적인 예배로 성찬예식, 매일기도문이 있습니다. 둘째는 특별한 절기를 위한 예식입니다. 대림절 첫주일부터 시작해 재의 수요일, 성지주일, 성주간 그리고 부활절 등 교회력과 특별한 때를 위한 예식들입니다. 셋째는 한 사람의 신자가 태어나서 죽을 때까지 필요한 모든 예식입니다. 여기에는 산후감사와 입양예식, 세례성사, 견진예식, 혼배예식, 고해예식, 조병예식, 장례예식 등 한 사람의 일생을 통해 하느님의 축복을 구하는 예식이 포함돼 있습니다. 마지막으로는 주교에 의해 이뤄지는 예식입니다. 성직서품, 관할사제 취임식, 교회축성예식 등이 있습니다. 그래서 성공회에서는 공도문을 통해 신자들이 매일의 삶 속에서, 그리고 일생을 통해 마음을 모아서 한 목소리로 하느님께 효과적으로 예배드릴 수 있도록 했습니다.

공도문은 기도문을 모아 놓은 책입니다. 공도문에는 매일기도문(아침기도, 낮기도, 저녁기도, 밤중기도)과 매주일기도문, 특별한 때에 사용하는 기도문들이 실려 있습니다. 공도문은 인간이 드릴 수 있는 최상의, 성경적이고 역사적이며 보편적인 기도문을 모은 기도문의 경전이라고 할 수 있습니다. 이 기도서는 공동체가 함께 사용할 뿐만 아니라 개인의 기도서로서 묵상과 기도에 큰 도움이 됩니다.

그러나 위의 두 설명만으로 공도문을 충분히 소개한 것은 아닙니다. 공도문에는 성사의 집례예식과 다른 의식과 교회의 예식이 있습니다. 여기서 의식(rite)은 예배 중에 말해지는 모든 본문(text)을 이르며 예식(ceremony)은 예배 중에 행해지는 행동을 지칭합니다. 그래서 공도문은 의식과 예식으로 이뤄져 있고 성공회는 공도문을 통해 의식과 예식으로 예배드리는 교회라고 할 수 있습니다.[26]

초대교회의 예배는 문자화된 예식서가 없었기 때문에 대부분 구전(口傳)에 의지했습니다. 그 후 4세기 이후부터 예식본문이 나오기 시작하였습니다. 중세기에는 동서양 교회에 너무나 많은 예식문이 생겨났습니다. 그러나 대부분 비성경적인 것이고, 진부하고, 사람들이 이해할 수 없는 라틴어와 내용으로 써졌습니다. 그래서 종교개혁시기에 성경과 일치된 신앙을 표현하는 새로운 예배형식이 종교개혁자들에 의하여 만들어졌습니다. 성공회의 첫 공도문은 1549년 토마스 크랜머 캔터베리 대주교의 작품입니다. 그는 그리스도교 예배의 역사를 새롭게 여는데 지대한 공헌을 했습니다. 그는 다음과 같은 몇 가지 원칙을 가지고 첫 공도문을 만들었습니다.[27] ① 성경적 기반이 약화된 중세의 전례에 얽매이지 않고 성경적인 기초와 초대교회의 관례에 따라 예식서를 만들었습니다. ② 중세기의 복잡한 전례를 단순화시켰습니다. ③ 하느님의 백성들이 알아들을 수 없는 라틴어 대신 영어를 사용했습니다. 이는 아무리 강조해도 지나침이 없는 획기적인 변화이며 종교개혁이후 오늘날까지 성공회의 전통이 되었습니다. 그래서 성공회는 지방어로 예배를 드리고, 지방어로 성경을 번역하는 일에 앞장 서게 됐습니다. ④ 당시 여러 권으로 흩어져 있던 예식서를 1549년 공도문은 한 권의 책으로 묶어 통일성을 기했습니다. ⑤ 예배에서 회중들의 참여의 폭을 넓혀 전례가 단순히 성직자의 것이 아니라 하느님의 백성들이 함께 드리는 전례가 되도록 했습니다. 이러한 원리는 오늘날까지도 세계성공회 공도문의 개정에 적용되고 있습니다.

1549년 첫 공도문의 개정 이후 공도문은 시대를 내려오면서 계속 개정돼 왔습니다. 그중에 1662년 공도문은 세계성공회의 모범적인 공도문으로서 인정받고 있습니다. 왜냐하면 1662년 공도문 은 천주교적인 요소와 개신교적인 요소를 함께 포용하고 있으며 시적인 언어로 가장 잘 다듬어져 있기 때문입니다. 영국성공회는 1662년 공도문을 현재까지 공식기도서로 사용하고 있습니다. 1920년대부터 교회의 전례를 개혁하기 위해 노력한 결과 2000년에 공동예배서(Common Worship)를 새로 출판했습니다. 이는 1662년 공도문의 별책 공동예식서로서 현대적인 언어에 따라 다양한 전례를 담고 있습니다. 1662년 공도문은 세계성공회가 각자의 공도문을 만들어 나갈 때에 표본으로 삼은 기도서입니다. 이는 미국성공회도, 캐나다성공회도, 한국성공회도 마찬가지였습니다.

미국성공회 첫 공도문(1789)은 1662년 공도문의 개정판이지만 성찬기도문은 스코틀랜드성공회의 것을 사용했습니다. 스코틀랜드의 성찬기도문은 동방정교회의 영향을 받아 만들어진 것입니다. 따라서 미국성공회 공도문의 성찬예식은 동방과 서방 그리스도교의 전통이 하나로 합쳐진 것입니다. 미국성공회 공도문은 여러 번 개정됐는데 특히 1892년, 1928년, 1979년에 중요한 개정이 이뤄졌습니다. 1979년의 개정 공도문은 언어와 예식에서 현대적인 것과 전통적인 것을 포함하고 있습니다. 이 공도문은 약 12년간의 시험사용을 거치며 완성도가 더 높아졌습니다.

한국성공회는 1908년 최초의 성공회 예식문을 만들었습니다.[28] 그 후 1966년도에 공도문을 완전한 형태로 만들었습니다. 이 공도문은 '앵글로 가톨릭'적 기반을 가진 공도문으로서 문장의 엄숙성과 작품성으로 높이 평가받고 있습니다. 그 후 1982년 미사예문만을 개정해 사용하다가 2004년에 『성공회 기도서』라는 이름으로 완전한 형태의 공도문을 출간했습니다.

공도문의 서문은 그 시대의 필요에 부응하기 위해 계속적으로 개정돼 왔음을 설명하고 있습니다. 공도기도서는 동시에 세계성공회를 하나로 통일시키는 역할을 합니다. 세계성공회공동체의 각 국가 또는 독립된 교회들은 각자 자국어로 된, 그리고 그 지역의 문화적 유산을 반영한 공도문을 갖고 있습니다. 하지만 모든 개정판 공도문은 영국의 공도문으로부터 유래된 것입니다. 그러므로 성공회 교인들은 세계 어디를 가나, 서로 다른 언어로 예배를 드린다 할지라도, 서로의 연관성을 발견할 수 있습니다. 성공회 교회들은 각 교회가 처한 배경과 시대에 따라 예식에서 서로 다른 면모를 보여줍니다. 하지만 공도문 예식의 순서는 일정하게 유지되고 있습니다.

만일 당신이 성공회 공도문으로 매일 신앙의 여정을 함께 한다면 마르지 않는 샘처럼 당신의 영성을 새롭게 할 것입니다. 뿐만 아니라 성경에 바탕을 둔, 교회공동체의 보편적이고 역사적인 신앙, 매일의 삶 속에서 하느님의 은총을 발견하고 경험하는 신앙을 열어 갈 것입니다. 성공회 공도문은 교회공동체의 기도서일 뿐만 아니라 개인의 기도서이며 지금까지 만들어진 것 중에 가장 으뜸인 '기도서의 보고(寶庫)'이기 때문입니다.

제5장 _ 신앙의 권위와 성공회

"주 하느님,
이 날에 성령의 빛을 보내사,
신실한 당신 백성의 마음을 깨우쳐 주소서:
같은 성령을 보내 주서서 모든 일을 올바로 판단하고,
거룩한 위로자이신 성령 안에서 항상 기뻐하게 하소서"

(성령강림절의 본기도, 미국성공회 공도문, 1979)

5-1. 성 삼위일체 성화.
Andrei Rublev(c.1360-1430), Tretyakov Gallery, Moscow.
성공회는 하느님의 뜻을 알 수 있는 것으로 서로 연결되고 의존되어
있는 성서, 전통, 이성의 권위를 말합니다.
"성령의 빛을 보내사 신실한 당신 백성의 마음을 깨우쳐 주소서."
(성령강림주일 본기도)

1. 어떻게 하느님의 뜻을 알 수 있을까요?

우리들은 어떻게 하느님의 뜻을 알 수가 있을까요? 특히 21세기를 살고
있는 우리들이 부딪치는 많은 문제들 속에서 어떻게 하느님의 뜻을 알 수
있을까요? 그리고 어떤 기준의 선택을 통해 하느님의 뜻을 실천할 수 있을
까요? 이런 모든 질문에 대한 성공회는 신앙의 권위로 세 가지 해답을 제
시합니다. 그것은 성경, 이성, 전통입니다. 성공회는 이 세 가지의 권위 아
래 신앙적인 이해와 결단을 통한 실천을 합니다. 성공회는 먼저 성경을 바
라봅니다. 그리고 성경을 이성과 전통에 따라 해석합니다.

16세기 영국성공회가 독립해 발전해갈 때 그리스도교 안에는 상반된 두 가지 권위의 이해가 있었습니다.[1] 천주교((Roman Catholic Church)는 하느님의 진리를 알 수 있는 두 권위, 성경과 전통의 권위를 가지고 있었는데 사실상은 교회전통의 권위 쪽을 더 강조했습니다. 천주교는 교회의 성직자, 주로 주교들이 해석한 성경적인 가르침을 교회 안의 권위적 가르침으로 받아들였습니다. 이는 교황 무오류설(敎皇 無誤謬設, 교황 무오설이라고도 함)로 대변됩니다. 반면 개신교는 '오직 성경으로만!' (sola scriptura!)이라며 성경의 권위만을 인정했습니다. 그들은 교회전통의 권위를 인정하지 않았으며 성경해석은 어떤 전통에도 의존할 필요가 없다고 믿었습니다. 이러한 해석은 성경 축자영감설(逐字靈感說)로 대변됩니다. 그런데 성공회는 천주교가 주장하는 교황 무오류설의 교회 권위, 그리고 극단적인 개신교가 주장하는 '오직 성경으로만'의 권위를 극단적인 견해로써 배제하면서 성경, 이성 그리고 교회전통을 교회의 세 가지 권위로 주장합니다. 먼저 교황 무오류설과 성경 축자영감설의 내용을 살펴보고 왜 성공회는 그것들을 거부하는지 그 내용과 근거를 살펴보고자 합니다. 그런 다음 성공회의 세 가지 권위를 알아봅니다.

2. 교황의 무오류성

천주교는 성경 해석의 권위는 교회, 교황에게 있다고 봅니다. 그리고 성경의 권위보다 성경을 해석하는 교회의 권위를 더 중요하게 생각합니다. 1870년에 열린 제1차 바티칸공의회는 교황 무오류성(Papal Infallibility)을 다음과 같이 정의했습니다.

"로마 교황이 교황좌에서 말할 때에는, 즉 모든 그리스도인의 사목자와 교사로서 그의 직무를 수행할 때에는, 그는 최고의 사도적 권위에 의해서, 그리스도 교회가 지켜야

할 믿음과 도덕에 관한 교리를 정의한다. 그는 성 베드로를 통해서 약속한 하느님의 도우심으로, 구세주께서 당신의 교회가 믿음과 도덕에 관한 교리를 정의할 때 행사하시기를 바라는, 과오를 범하지 않는 능력을 갖는다. 그러므로 로마 교황이 내리는 이와 같은 정의는 그 자체가 바뀔 수 없으며, 교회의 동의에서 나오는 것이 아니다."[2]

이런 천주교의 교황에 대한 무오류설은 제1차 바티칸공의회 직전 무제한의 교황 무오류성과 교황 숭배로까지 발전합니다. 그런데 제2차 바티칸공의회에서는 제1차 바티칸공의회의 1870년의 교황 무오류설의 교리가 철회가 된 것이 아니라 오히려 보완됐습니다. 제2차 바티칸공의회는 교황 무오류설에 대하여 세 가지 요점을 말합니다[3]: ① "성령의 기름부음을 받은 신도들의 총체(總體)는(참조: 1요한 2:20,27) 믿음에 있어서 오류를 범할 수 없다"(교회헌장12) ② 주교단의 무오류적인 교리선포의 수행: "각 주교들이… 서로가 베드로의 후계자와 더불어 공동유대를 보존하여 신앙과 도덕에 관한 일들을 유권적으로 가르치면서 의견이 일치하여 일정한 가르침을 최종적으로 의무화하는 것으로서 계시할 때, 그들은 그리스도의 가르침을 오류없이 가르친다."(교회헌장25) ③ 교황에게 "개인적으로… 교회 자체의 무오류성의 카리스마가 주어졌다."(교회헌장25)

이는 신도들의 총체, 교황과 일치 관계에 있는 주교단 그리고 교황 등은 오류가 있을 수 없다는 가르침입니다. 다시 말해 교황뿐만 아니라 주교단 그리고 신도들의 총체에게도 무오류성이 부여된 것입니다.

이러한 천주교의 교황 무오류설은 다른 교회들로서는 이해하고 긍정하기 어려운, 아니 이해가 불가능한 가르침입니다. 우리는 절대적인 무오류성은 오직 하느님께만 속하는 것으로 이해합니다. 오직 교회는 성령의 은혜에 힘입어 진리를 바르게 이해하고 해석하기 위해 애쓰는 곳이지, 교회의 해석이 무오류라고 말할 수는 없습니다. 교회는 하느님의 진리를 이해하고 해석하기 위한 열망과 그 진리 보호자의 사명이 있지만 교회의 역사에는 오류, 기만, 편견, 기회상실, 만사지탄의 사건들이 많습니다. 성공회 39개 조항 중 21조항은 공의회가 교리를 선언할 때 '오류를 범할 수 있고, 하느님에 관한 일에 있어서도 때로 오류를 범한 적도 있었습니다'고 분명하게 선언합니다.[4] 실제로 역사 속에서 공의회는 오류를 범했습니다. 교황 요한 바울로 2세는 천주교의 오류와 범죄를 인정하고 사과했습니다. 교황 스스로가 역사 속에서 있었던 교황의 무오류성의 오류를 인정한 것입니다. 성공회는 '공의회가 제정한 것이 성경에 근거한 것으로 밝혀지지 않는다면 그것은 힘도 없고 권위도 없다'고 말하며 성경의 최우선적인 권위를 인정합니다.[5] 왜냐하면 인간은 죄인이고, 인간들의 모임인 공의회가 항상 성령과 하느님의 말씀이 다스리는 곳이라고 볼 수 없기 때문입니다. 따라서 성공회는 '교회의 가르침에는 오류가 없다'는 천주교의 교황 무오류설을 인정하지 않으며, 교회는 부단히 전통을 재해석하고 늘 개혁에 열려 있어야 한다고 믿습니다. 천주교의 신학자 한스 큉(Kung)은 전통적인 교황 무오류설에 반대하고 있습니다.[6]

3. 성경 축자주의

'진정한 그리스도교 진리는 성경 안에 있다. 성경이 축자적으로 가르치는 것에 그리스도교 신앙의 권위는 근거 한다'고 믿는 사람들이 있습니다. 우리들은 이들을 성경 축자주의(聖經逐字主義 Biblical literalism)라고 일컫습니다.[7] 이들은 '성경의 말씀이나 진술은 오류 없이 성령의 감동을 받은 것이고 틀림이 없다'고 생각합니다. 초대교회에는 유대교로부터 내려온 '구약은 직접 하느님으로부터 감동을 받아 쓴 것'이라는 견해(2디모 3:16)가 있었습니다. 하느님은 성경의 저자요 성경 저자인 인간은 하느님의 손안에 있는 도구(펜과 붓과 같은 도구)라고 이해했습니다. 따라서 성경의 권위는 신적으로 근거된 것이며 교회는 이 권위에 순종해야 한다고 봅니다. 이와 같은 견해는 종교개혁자들인 루터와 캘빈 그리고 개신교 정통주의의 견해이며 18세기에 이르기까지 널리 받아들여졌습니다.

루터는 성경만을 유일한 권위로 인정했습니다.[8] 교회는 성경의 정경이 완성되기 이전부터 존재했기 때문에 성경보다 우위에 있다고 말하는 것은 마치 세례자 요한은 그리스도보다 시간적으로 앞섰기 때문에 더 위대하다고 주장하는 것과 같은 어리석은 일이라고 거부했습니다. 루터는 성령을 성경의 저자요 기자라고 인정했지만 성경에 대해 다소 자유주의적인 태도를 취했습니다. 그는 성경 정경에 대하여 재검토할 필요성을 느꼈습니다. 에스더서는 유대인의 민족주의적 감정이 지나치게 나타났으므로 구약성경에서 제외되었으면 좋겠다고 말하고, 아브라함이 행함으로 의롭다함을 얻었다고 진술하는 야고보서는 사도 바울로와 기타 성경과 정면 대치되기 때문에 역시 정경에서 제외해야 한다고 생각했습니다. 하지만 '성경이 영감으로 쓰여졌다'는 확신에는 변함이 없었습니다. 그는 성경은 교회와 전통의 보증이나 해석이나 해명을 필요로 하지 않는다고 봤습니다.

캘빈은 '성경은 그리스도교 진리의 유일한 근원이요 규범'으로 이해합니다.[9] "성경은 하느님의 영감으로 기록되었다… 본질적으로 성경 내용 전체가 하느님의 구수(口授)에 의해서 기록되었다"고 해석합니다. 캘빈은 "시종 성경의 축자적 영감의 교리에 입각하여… 성경을 문자 그대로 따라야할 하늘로부터 주어진 율법 책"이라고 강조하였습니다.

하지만 18, 19세기에 들어서며 성경의 역사적 연구가 비평적으로 제기되며 성경 축자주의는 의심을 받게 됩니다. 성경에 담겨져 있는 인간적인 요소와 오류를 저지를 수 있는 요소를 부인하는 것은 성경에 대해 가현설(假現設 Docetism) 또는 단성설(Mono- phyite)에 서게 되는 것입니다.[10] 그리고 성경은 그 뜻이 분명하지 않은 경우가 있고 해석의 과정을 필요로 한다는 사실을 간과한 것입니다. 성경은 해석하는 자에 의해 다르게 뜻이 변하게 됩니다. 그러면 여기서 '누가 성경을 해석하는가?' 하는 문제로 넘어가게 됩니다. 그것이 교회의 권위, 전통의 권위를 불러오게 된 것입니다.

성공회는 성경 축자주의를 거부합니다. 그리고 현대 성경비평학에서도 성경 축자주의를 거부합니다.[11] 먼저 성공회는 성경이 하느님의 영감으로 쓰인 것이라는 사실을 믿고 인정합니다. 그러나 하느님께서 성경의 글자 하나하나를 직접 불러 주셔서 기록했다고 믿지 않습니다. 성경은 하느님의 영감에 사로잡힌 사람에 의하여 기록됐지만 그의 역할이 속기록사와 같은 것은 아니었습니다. 성경의 형성과 전승과 번역은 하나의 인간적이고 역사적인 과정이라는 사실을 인정합니다.

둘째로 성경은 단 한 권이 아니라 천 년이 넘는 역사에 걸쳐서 사십여 명이 넘는 사람들이 기록한 저작물이라는 것을 인식합니다.[12] 그러므로 성경에는 서로 다른 요소들이 있고 성경은 편집의 과정을 거쳤고 또한 여러 성경적인 문헌 가운데 성경으로서 인정하는 정경화 작업을 거쳤음을 인식합니다. 다시 말해 오늘날 우리가 가지고 있는 성경은 교회가 이것이 성경이라고 정하였기 때문에 탄생했다는 사실을 인식합니다.

셋째로 성경이 문학적이고 역사 비평적인 해석을 필요로 하고 있다는 것을 인식합니다. 따라서 성경에 대한 축자영감설의 해석을 받아들이지 않습니다. 예를 들면 창세기의 세계상은 오늘날 지성인들에게는 이해할 수 없는, 나아가서 성경을 이해할 수 없는 것으로 만들어 버립니다. 그러므로 성경 영감설은 성경을 이해하는 데에 방해가 되고 성경 속에 숨어 있는 무한한 깊이와 내용을 시대에 따라 언제나 새롭게 해석하고 발견하는 일을 방해하기 때문입니다. 하느님의 말씀을 새롭게 해석하여 살아 있는 말씀이 되게 하기보다는 기록되어 있는 문자에 고정돼 버립니다.

넷째로 성공회가 성경 축자영감설을 거부하는 것은 우리 신앙의 핵심은

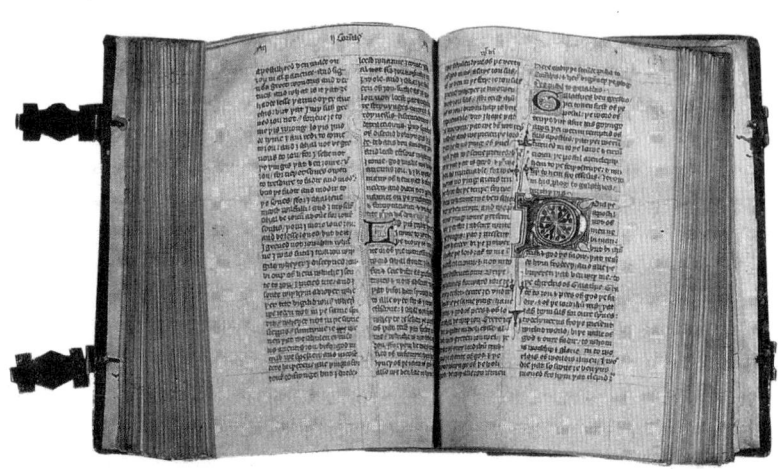

5-2. 위클리프번역 성서. 요한복음 (1382 -1395).
public domain: http://special.lib.gla.ac.uk/images/chaucer/H191_0002vwf.jpg,
성공회는 종교개혁이 있기 전부터 성서의 중요성을 인정하였지만 성경 축자주의는 거부합니다.

예수 그리스도에 있음을 강조하기 때문입니다. [13] 우리의 신앙은 단지 성경에만 의존하는 것이 아니라 인격적이신 그리스도와의 관계에 있는 것입니다. 모든 성경의 역할은 바로 예수 그리스도를 증언하고 예수께서 그리스도이심을 신자들이 믿도록 하는데 있습니다. 성경 축자영감설처럼 성경 글자 자체가 신앙의 대상이 되면 안됩니다. 성경 영감설은 성경의 본문들을 우상화합니다. 궁극적으로 하느님의 말씀은 성경의 글자가 아니라 "예수 그리스도"인 것입니다. [14] 성경의 증언은 예수 그리스도를 위한 것인데 성경 영감설은 성경의 글자 자체를 하느님의 궁극적인 말씀과 동일시하는 오류를 범하고 있습니다.

4. 성공회의 신앙의 권위: 성경, 전통, 이성

성공회는 상반된 두 입장 사이에서 어느 한쪽을 취하기보다는 중간의 입장을 취했습니다. '성공회 39개 신앙조항'(Article of Religion, 1571)에서 성공회는 "성경은 구원에 필요한 모든 것을 담고 있습니다. 그러므로 성경에서 읽을 수 없고 성경을 통해서 증명할 수 없는 것들은 어떤 사람에게도 신앙의 신조나 구원에 필요한 사상으로 요구될 수 없다"고 밝혔습니다.[15] 그러나 이 말은 이것은 성경과 상반되지 않는 한 어떤 것을 믿어도 상관없다는 말입니다. 예로 들자면 성공회 신자가 천주교 신자처럼 성모몽소(聖母夢所, 천주교에서 성모 마리아가 임종한 후 하느님에 의해 육체와 영혼을 수반하고 하늘에 들어 올림을 받았다고 믿는 사건) 승천을 믿어도 좋다는 것입니다. 왜냐하면 성경은 이 교리를 부인하지 않기 때문입니다. 하지만 성공회 신자들은 또한 개신교 신자들이 이를 믿지 않는 것처럼 믿지 않아도 됩니다. 왜냐하면 이 교리를 성경 안에서 확인할 수 없기 때문입니다. 성공회가 중간 입장을 취하고 있다는 것을 다른 말로 표현하면 '성경이 하느님에 대해 그리고 하느님의 뜻에 대한 계시는 우리 구원에 본질적으로 필요한 것이지만 성경의 계시만이 하느님과 하느님의 뜻에 대하여 알 수 있는 모든 지식은 아니다'는 것입니다.

나아가 16세기의 성공회 신학자인 리처드 후커(Richard Hooker)는 『교회정체의 제법칙(The Laws of Ecclesiastical Polity 2권, 1534년)』에서 성경과 교회의 전통보다 더 넓은 권위를 말했는데 이 권위는 서로 연결돼 있고 의존하고 있는 세 개의 원천, 즉 성경, 이성, 전통으로 구성된 권위라고 주장했습니다.[16]

후커는 성경이 제일차적인 권위이지만 이성이나 전통과 고립돼서 존재

5-3. 세상의 빛 그리스도.
서울대성당 모자이크 부분.
photo by 김웅배, 이만홍
성공회는 전통, 성서, 이성의 권위아래 하느
님의 뜻을 알 수 있다고 믿습니다.

할 수 없다고 주장했습니다. 왜 그렇습니까? 성경은 하느님의 계시의 말씀
을 역사의 특정한 시대를 살고 있는 특정한 무리들을 향해 그들의 특정한
필요를 염두에 두고 전해주고 있기 때문입니다. 그러므로 성경은 해석의
과정을 필요로 합니다. 다시 말하면 성경은 이성을 사용해 그 의미를 밝혀
야 하는 것입니다. 예수께서는 하느님께서 제자들에게 진리의 성령을 보
내주셔서 계속해서 그들을 가르치게 하실 것을 약속하셨습니다.(요한
14:25-26) 이성은 성경과 전통을 잘 해석할 수 있도록 돕는 정신의 한 기능
으로서 성경이나 전통에 대하여 우월하지도 열등하지도 않습니다. 그런데
성경은 또한 교회공동체의 전통 안에서 해석해야 합니다. 전통은 교회공
동체가 역사를 통해 쌓아온, 하느님을 아는 지혜를 의미합니다. 그리고 전
통은 부단히 재해석되고 개혁에 늘 열려 있어야 합니다. 그러므로 성경은
새로운 진리로 인도해주실 성령에 대해 열려 있는, 신앙을 가진, 예배하는
교회공동체가 오늘날의 이성과 경험 그리고 지식을 사용하여 그 의미를
해석해 나가야 할 대상입니다.[17]

　　성경의 권위에 관해서는 '성경과 성공회' 중 성경에 대한 교리와 성경
해석 부분을 보시기 바랍니다. 간단히 여기서 성경의 권위에 관한 성공회
의 입장을 정리하면 다음과 같습니다.

"성경은 구원에 필요한 모든 것을 포함하고 있다.(성경의 충족성)

성경은 성령의 영감에 의하여 쓰여 졌다.(성경 영감설)

성경은 신앙의 권위로서 최우위를 차지한다.(최우위성)

하지만 성서는 해석의 과정을 필요로 한다. 성경은 성서자체와 전통과

이성을 사용해 해석해야 한다.(성경해석의 필요성)

성공회는 성경 정경으로 66권 이외에 외경을 신앙생활에 교훈을 주는 것

으로 인정한다.(성경의 정경문제)"

5. 교회의 전통

성공회는 하느님의 마음과 뜻을 아는 데에 전통의 역할을 인정합니다. 개신교에서는 종교개혁 이후로 교회전통의 권위를 거부해 왔습니다. 또한 천주교에서는 교회전통의 역할을 지나치게 강조하고 성경의 권위를 약화 시켜 왔었습니다. 그러나 성공회에서는 16세기 이후로 하느님의 마음과 뜻을 아는데 성경과 교회전통의 권위를 인정합니다. 왜냐하면 성경은 모든 문제에 대해 즉각적이고 동일한 대답을 주지 않기 때문입니다. 따라서 성경에 대한 해석이 필요합니다. 이 때 교회공동체가 역사를 통해 내려오는 하느님을 아는 지혜가 필요하며 이 지혜를 우리는 전통이라고 합니다. 전통은 하느님을 경험한 교회공동체의 계속되는 성찰의 산물이며 교회공동체가 오늘 경험하는 하느님에 대한 계속되는 성찰의 시도입니다.[18]

세계교회협의회(WCC)의 신앙과 직제 위원회는 1963년 『전통과 전통들』 보고서에서 이 둘을 구분 짓고 있습니다. 전통은 예수 그리스도 안에 있는 실체로서 역사 속에서 내려오는 것이고, 전통들은 전통을 표현하고자 시도한 한시적인 것들을 말한다고 돼 있습니다.[19] 우리는 여기서 성경과 교회의 생활을 구분 지을 수 있습니다. 성경은 교회의 전통 속에서, 교회의

전통으로부터 형성돼 왔습니다. 그리고 역사 속에서 성경을 계속해서 해석한 것도 역시 전통입니다. 그러므로 우리는 전통의 도움 없이 성경을 읽어서는 안 됩니다. 교회의 전통을 무시한 채 성경을 읽고 이해하려는 여기에 광신주의의 위험성이 있는 것입니다. 사실상 그리스도교의 많은 사이비 분파들은 교회의 전통에 대한 무지, 편견, 혹은 무식으로부터 나왔다고 할 수 있습니다. 사도 바울로도 '나는 내가 전해 받은 가장 중요한 것을 여러분에게 전해 드렸습니다…' 라는 말을 했습니다.(1고린 15:3) 바울로가 말하는 '내가 전해 받은 중요한 것' 은 바로 교회의 전통을 말하는 것입니다. 사도 바울로가 말하는 전통은 구약성경, 그리고 신약성경이 정경화되기 이전에 구전의 사도적 전통 그리고 초대교회의 전례와 관습을 말하는 것입니다. 존 베이크로프트(John Baycroft)는 전통을 '전해 받은 것(hand over)' 과 '전해 내려가는 것(hand down)' 으로 구분해 말합니다.[20] 전해 받은 것은 예언자들과 사도들을 통해 나타난 하느님의 계시, 즉 성경을 말합니다. 그리고 전해 내려가는 것은 지난 20세기 동안 축적된 하느님을 아는 지혜를 말합니다. 이는 또 신앙의 선조들로부터 받은 하느님에 대한 신앙적 통찰과 경험을 의미합니다. 그러므로 전통은 교회가 성령의 인도 아래 성경에 나타난 하느님의 계시의 뜻에 더욱 깊이 들어가려는 지속적인 시도를 글로 적은 것으로 보면 됩니다. 이러한 의미의 전통은 성경, 신경, 공의회의 결정, 신앙 고백, 전례, 신학 저술 그리고 전국의회의 결정 사항 등으로 나타납니다.

그러면 보다 구체적으로 성공회에서 말하는 전통은 무엇일까요? 전통이라는 말은 몇 가지 의미를 가지고 있습니다. 그것은 먼저 그리스도의 계시에 대한 원 응답인 사도적 전통을 의미합니다.[21] 예수와 사도시대에는 신약성경이 없었습니다. 예수와 초대교회에 있어서 '성경' 은 오늘날 구약성경을 의미했습니다. 그리고 2세기에 이르기까지도 여전히 구약성경이 '교회의 성경' 이었습니다. 신약성경이 정경화되기 이전에 주님의 말씀들이 전승되었습니다. 예수의 설화, 신앙 고백문, 전례문, 교리교육 요약문 등의 이 전승은 사실상 '구전' 됐으며 60년에 이르기까지 기록된 신약성경은 없었습니다. 성공회에서는 먼저 전통으로 이 시기의 사도적 전통을 꼽고 있습니다.

그 후 65-100년경 사도 후대, 즉 베드로와 바울로 그리고 주님의 아우 야고보가 죽은 후에 대부분의 신약성경이 기록됐습니다. 그리고 교회의 규범적인 전통이 신약성경을 정경으로 결정했습니다. 2세기 중엽에 신약성경의 정경에 대한 근본적인 일치를 교회는 이루었습니다. 하지만 개별적으로 히브리서나 요한묵시록 같은 몇 권은 4세기까지 논란이 있었습니다. 초대교회는 거짓 교사들과 싸워야 했고, 이 싸움은 신약성경이 나온 이후에도 계속됐습니다. 사실상 정경의 확정 자체가 바로 이 싸움을 위한 무기였습니다.

초대교회는 계속해서 이단의 위기에 직면했습니다. 전통은 성경의 다면성에 직면해서 그 중심적 메시지를 결정하려고 시도했습니다. 그리스도교의 신앙에서 필수불가결한 것과 주변적인 것, 진정한 교리와 그릇된 교리를 구별하고 교회의 가르치는 기능을 인도하려고 했습니다. 전통은 가령 신경들 속에 담긴 설교와 가르침을 위한 공통적 기초를 제공함으로써 교회 일치의 유지를 돕습니다. 교회는 성경이 결정적 해답을 주지 못하거나 해석돼야 할 때 교리의 논쟁을 판정해야 하며, 그러한 판정은 전통의 한 부분을 이룹니다. 어느 시대에나 전통은 그 시대의 가정들과 문제들에 비추어서 그리스도교 신앙을 표현하려는 시도입니다. 그래서 여러 시대의 교회전통을 검토함으로써 그리스도교 신앙에서 영구적이고 필수적인 것과 일시적이고 주변적인 것을 분류할 수 있습니다. 이러한 모든 문제에 직면했을 때 초대교회는 에큐메니컬공의회(에큐메니컬공의회는 교회가 분열되기 이전 모든 교회의 공의회를 말합니다)에서 함께 모여 결정했습니다.

5-4. 성령. 유리화, Gian Lorenzo Bernini ca. 1660, 성베드로 성
당, 바티칸, photo by Semhur, Wikimedia commons.
교회는 성령의 인도 아래 진리로 나아갑니다.

그래서 성공회는 초대교회 500년
역사의 공의회에 주목합니다. 첫
번째는 예루살렘공의회입니다.
그리고 초대교회 4개의 에큐메니
컬공의회가 있었습니다. 니케아
공의회(325), 콘스탄티노플공의
회(381), 에페소공의회(431), 그
리고 칼케돈공의회(451) 등이 바
로 그것입니다. 이 시기에 성경의
정경이 결정됐으며, 각종 신조며
교회 교부들의 신학서적 및 성경
해석에 있어서 다양하고 풍부한
상상력으로부터 비롯된 방법들이
제시돼 초대교회의 전통을 형성
하였습니다. 그 이후 동서 교회가
나눠지고 또 종교개혁 시기에도 교회가 분리되면서 그런 에큐메니컬공의
회는 불가능하게 됐습니다. 성공회는 교회가 분열되기 이전 초대교회의
전통을 중요하게 여깁니다. 성 빈센트(Saint. Vincent)는 이 초대교회의 전
통을 '모든 이가, 모든 지역에서, 항상 믿어왔던 것'(quod ubique, quod
semper, quod ab omnibus creditum est)이라고 표현합니다.[22]

전통의 주요한 형태중 하나는 교리(教理 dogma)입니다.[23] 교리는 공식적
인 가르침입니다. 교회의 적법 기관이 분명하게 설립한 교리들입니다. 교리
는 그리스도교 교리 전체를 포괄하는 것이 아닙니다. 그것은 논의의 주제가
된 어떤 논점으로서 초기 교회공의회와 같은 교회기관이 결정한 것들입니
다. 초기 교회공의회는 삼위일체와 그리스도론 분야에서 교리를 정했습니
다. 성공회의 39개 신앙조항, 시카고 람베스 4개 조항도 여기에 포함됩니다.

성공회는 하느님께서 지금도 계속해서 말씀하신다고 믿습니다. 성공회는 초대교회 공의회 이후, 교회가 분열된 종교개혁 이후에도 계속 말씀하신다고 믿습니다. 성공회는 하느님께서 오직 성경을 통해서만 말씀하시고 그 이후에는 말씀하지 않으신다고 믿지 않습니다. 하느님은 새로운 창조를 계속하시고 새 일을 이뤄 나가십니다. 하느님께서는 인간의 합리적인 이성을 통해, 직관적인 이성을 통해 그리고 경험적인 이성을 통해 말씀하신다고 믿습니다. 그러므로 교회공동체는 함께 모여 성경을 해석하고 전통을 재해석하며 개혁하는 일에 활짝 문을 열어놓고 있습니다. 그래서 성공회의 전통 속에는 그 시대의 역사 속에서 계속 성경적인 이해를 시도한 신학적인 주교들이 내는 사목서신들, 전국의회의 결정사항들, 교회법, 신학적이고 교리적인 역사적 문서 그리고 교회의 공식적인 성가책 등도 포함돼 있습니다.

6. 이성

성공회는 하느님의 마음과 뜻을 아는 데에 이성의 역할을 강조합니다. 이는 인간이 경험하고 경험한 것을 성찰하는 이성의 능력이 성경과 전통을 형성하는 기초가 되기 때문입니다. 성경도, 전통도 모두 이성을 통해 이뤄진 것입니다. 인간의 이성적 능력 없이는 성경도 전통도 형성될 수 없기 때문입니다. 인간의 이성은 하느님의 계시를 수용할 때 사용됩니다. 하느님께서 자기를 계시한 후 인간이 하느님에 대해 아는 지식은 인간의 정신구조나 활동을 간과하거나 파괴하지 않고 인간의 이성을 통해 축적됩니다. 또한 성경과 그리스도교 신학의 역사 속 계시에 대한 증언과 해석을 분석하고 성찰할 때 이성을 통해 이뤄집니다. 이성은 하느님께서 하느님의 뜻, 계시, 마음을 알 수 있도록 인간에게 심어주신 정신능력입니다. 웨스트호프는 다음과 같이 이성을 정의합니다.

"성공회가 이해하는 이성의 의미는 인간이 현실의 실체를 조사하고 조종할 수 있는 단순히 논리적이고 지적인 것만을 의미하는 것은 아니다. 이성은 진리를 분별하는 인간의 능력으로서 이는 논리적이고 지적인 사고와 인식, 직관적인 사고와 인식을 말한다. 나아가 인간의 경험과 지식을 성경과 전통에 비추어 기도하고 묵상하는 것도 말한다. 그러므로 이성은 교회 안에서 일하시는 성령께서 하느님의 마음과 뜻을 알 수 있도록 이끄는 수단이 되는 것이다."[24]

리처드 후커는 "인간을 포함하여 하느님이 창조한 모든 것은 하느님의 마음에 어느 정도 참여하고 있다"고 말하였습니다. 하느님은 이성적 창조자이시고 그래서 그가 창조한 모든 것에는 하느님의 이성이 있다는 것입니다.[25] 즉 그분의 보이지 않는 본질, 영원한 신적인 능력과 신성을 세계 창조 이후로 지어진 만물을 통해 분명히 알 수 있다는 믿음입니다.(시편 19편, 로마 1:18절 이하, 28-32절, 2장 4,5절, 요한복음 1:4-5, 9절 이하, 사도 14:17, 17:26절 이하, 히브 1:1 이하, 1고린 2:9) 뿐만 아니라 하느님의 자기 계시는 인간들의 도덕의식(양심) 속에서도 나타납니다.(로마 1:32,12:17, 13:1-4, 1베드 2:12-14) 이성을 통해 이교도 이방인들도 하느님의 법을 알고 있으며 잘잘못을 올바르게 구별할 수 있습니다.(로마 2:14-16)

물론 인간이 이성을 통해 구원에 이를 수 있다고 주장하는 것은 아닙니다. 인간 이성을 통해 완전한 신인식(神認識)에 이를 수 있다고 주장하는 것도 아닙니다. 하느님과의 관계는 하느님께서 먼저 주도적인 관계를 취하시려는 것에 의하여 이뤄지는 것이지 결코 인간의 노력으로 이뤄지는 것이 아닙니다. 하지만 인간의 이성을 통해 하느님의 마음과 뜻을 이해하고 그것에 참여하고 있다고 보는 것입니다. 성공회는 자연적인 세계와 초자연적인 세계의 연속성을 믿기 때문입니다. 계시는 필수적으로 우리가 볼 수 있는 어떤 것, 인식할 수 있는 어떤 것입니다. 성공회가 생각하는 자연세계는 신적인 세계를 거부하지 않습니다. 하느님과 그의 창조세계 사이의 근본적인 불연속성을 거부합니다. 이러한 이해는 개신교 종교개혁자들의 이해와 다른 것입니다. 개신교 종교개혁자들은 인간과 하느님, 이성과 계시는 전적으로 분리돼 있다고 봅니다. 종교개혁자들은 인간이 타락한 이후 하느님을 알 수 있는 능력을 완전히 상실했다고 믿습니다. 그러나 성공회는 하느님이 이 세계를 창조하신 분이고 이 세계는 하느님의 존재를 어느 정도 계시하고 있으며 하느님의 존재자체에 참여하고 있다고 믿습니다. 이성도 하느님이 창조하신 것이며, 하느님은 이성을 통해서도 계시하시고 인식될 수 있다고 믿는 것입니다.

예수님께서 소년시절에 예루살렘 성전에서 모세의 율법을 학자들에게 듣고 묻기도 했습니다. 이때 예수의 말을 듣고 있던 사람들은 모두 '그의 지능과 대답하는 품에 경탄' 하고 있었습니다.(루가 2:48) 바로 예수님은 성경을 배울 때에 지식, 이해 등의 이성을 사용한 것입니다. [26] 그리고 예수님께서는 '네 생각을 다하여' (루가 10:27) 하느님을 사랑하라고 계명을 반복하여 말씀하셨습니다. [27] 예수님께서 이성을 사용해 성경을 이해했던 것처럼, 이성을 사용해 하느님을 사랑하라고 명령하셨던 것처럼, 우리들은 이성을 사용해 성경을 해석하고 하느님을 사랑해야 합니다. 왜냐하면 그것은 하느님의 선물이며 동시에 예수 그리스도의 명령이기 때문입니다. [28]

그런데 이성은 성경과 전통을 필요로 합니다. 이성은 성경과 전통에 대해 우월하지 않습니다. 이성만을 통해서는 하느님을 인식할 수 없습니다. 성공회는 이성만을 지나치게 강조하는 합리주의를 거부합니다. 이성은 성경과 전통을 이해하고 하느님의 영이 현재 일하고 계신 바를 분별할 수 있도록 하느님께서 주신 수단일 뿐입니다. 성공회는 이성의 한계를 인식합니다. 그래서 이성은 반드시 성령의 인도하심을 의지해야 합니다. 사도 바울로가 고백하는 것처럼(1고린 13:12) 그리고 4세기 니사의 그레고리가 고백하는 것처럼 지금은 부분적으로 알고 있으나 성령께서 함께 하셔서 인간의 이성을 밝혀주시면 더욱 완전한 인식에 이를 수 있을 것입니다. 그리고 성령께서 성경과 교회공동체의 역사적 전통 속에서 어떻게 역사하셨는 가를 함께 인식해야 합니다. "우리의 마음은 이성이 알지 못하는 어떤 것을 가지고 있다"는 파스칼의 말처럼 이성의 한계를 인식하면서 성경과 전통 안에서 하느님을 인식하고 성찰하는 길을 이성과 찾아야 합니다. 성경과 전통의 빛 안에서만 이성은 하느님의 계시를 인식할 수 있고 성경과 전통의 빛 안에서 인식되지 않는 이성은 단지 하나의 기계적인 지식에 불과할 뿐입니다.

또한 이성을 동반하지 않는 신앙은 맹목적인 신앙 내지 광신이 되기 쉬운 것입니다. 성공회는 합리주의가 이단에 빠질 위험이 있다고 경고하는 것처럼 반지성주의를 거부하며 경고합니다. 17세기 영국 케임브리지대학교를 중심으로 한 성공회 자유주의자들은 "반이성적(反理性的)인 것은 반신적(返神的)것이다"고 주장했습니다.[29] 그래서 이성은 성경과 전통 안에서 그 역할을 감당해야 하는 것입니다. 결론적으로 성공회 안에서 '이성은 성경과 전통을 해석하도록 돕는 정신적 기능이며 성령의 역사하심과 영향을 통하여 교회가 지금도 경험하는 하느님의 계속되는 계시를 분별하도록 돕는 수단'으로 이해합니다.[30]

미국성공회에서 1979년 공도문 성령강림절의 본기도는 다음과 같습니다. 이 기도는 바로 성공회가 믿는 이성과 성령의 조화로운 관계를 보여준다 하겠습니다.

"주 하느님, 이날에 성령의 빛을 보내사, 신실한 당신 백성의 마음을 깨우쳐 주소서. 같은 성령을 보내 주셔서 모든 일을 올바로 판단하고, 거룩한 위로자이신 성령 안에서 항상 기뻐하게 하소서."[31]

이렇게 이성의 역할을 강조하는 성공회는 현대의 과학적 학문인 생물학,

지리학, 심리학, 사회학, 인류학 등을 하느님의 지식의 근원으로서 부인하지 않습니다. 종교개혁의 전통과는 다르게 우리들은 하느님이 창조한 세계 안에 하느님은 초월적으로 존재하시는 것뿐만 아니라 내재적으로 존재하신다고 믿습니다. 이것은 다음과 같이 고백한 사람의 마음을 통해서도 드러납니다. "내가 심리학을 이성적이고 합리적으로 공부하면 할수록, 그것은 나를 하느님을 더욱 깊이 아는 지식으로 인도합니다." 이것이 성공회가 이성을 하느님 인식의 원천으로서 이해하는 이유입니다. 이러한 이유 때문에 성공회는 교육에 관심을 갖고 학교를 세우고 공교육에 헌신했으며 교회 안에서도 교회교육을 장려하고 있는 것입니다.

7. 권위와 교회공동체

그렇다면 이 세 가지 권위인 성경, 전통, 이성이 어떻게 함께 조화를 이뤄 하느님의 뜻을 알 수 있도록 한단 말입니까? 성공회는 그것을 '교회의 공의회 안에서'라고 말합니다.[32] 교회가 공의회로 함께 모여 성경을 해석할 때에 교회의 전통의 빛 안에서 그리고 오늘 이 시대에 이성적으로 어떤 결론을 내릴 수 있는가를 결정하는 것입니다. 성공회 신자들은 계속 공의회로 모입니다. 전 세계의 모든 주교들은 10년에 한번씩 모입니다. 이 람베스 협의회를 통해 전 세계 주교들이 모여 성공회의 신앙을 재해석하고 안내합니다. 그리고 세계성공회협의회(Anglican Consultative Council, ACC)와 미국성공회는 3년마다 전국총회로 모여서 교회의 신앙을 결정합니다. 성공회는 천주교의 제2차 바티칸공의회 결정을 대부분 권위적인 것으로 받아들입니다. 성공회의 전통은 동방정교회, 천주교, 개신교 전통의 여러 부분을 다 함께 수용하면서도 자체만의 독특한 요소를 갖고 있습니다.

성공회의 이런 세 가지 권위는 역사 속에서 서로 강조하는 것이 무엇이

었느냐에 따라 독특한 모습을 보여 왔습니다.[33] 역사 속에서 성공회는 세 권위인 성경, 이성, 전통을 공히 인정합니다. 그러나 세 가지 권위 중에 강조하는 부분에 따라 다른 모습을 보여 온 것도 사실입니다. 17세기에 영국 성공회는 서로 다른 신앙의 권위를 강조하는 모습을 보여 줍니다. 캘빈주의자와 청교도주의자들은 성경의 권위를 강조했고 로드 캔터베리 대주교는 교회의 전통을 강조했습니다. 케임브리지대학의 플라톤주의자들은 '하느님의 촛불'로서 이성을 강조했습니다. 각기 강조하는 바가 달랐지만 그들은 모든 요소를 서로 인정했습니다.

18세기에 요한 웨슬리를 중심으로 한 복음주의운동은 전통과 이성의 영역에 묶여 있는 성경의 권위를 강조하고 회복했습니다. 복음주의자들은 성경의 우위성을 주장하면서 성경을 전통과 이성의 관계 속에서 해석했습니다. 성공회 복음주의자들은 성경학자나 성경신학자, 설교가들로부터 탄생했고 성경의 중심성과 개신교 종교개혁자들의 복음적 진리를 강조합니다. 이들은 저교회파(Low Church)로 불립니다.

19세기에 앵글로 가톨릭주의자들(Anglo-Catholic)인, 옥스퍼드운동을 주도한 사람들은 교회의 전통 특별히 초대교회의 전통을 강조했습니다. 역사적 전통을 강조하는 성공회 가톨릭파는 교회사학자, 역사신학자, 그리고 전례론자들이 그 중심을 이루고 있습니다. 이들은 세 가지 권위 중에 교회의 전통을 강조하고 천주교회, 동방정교회가 가진 장점들이 우리 성공회에도 도움이 된다고 믿습니다. 이들을 고교회파(High Church)라고 부릅니다. 하지만 뉴먼 같은 경우는 이성의 필요성을 역설했고 미국성공회 옥스퍼드운동자인 뉴욕의 주교였던 존 호바트는 '고교회주의자는 복음주의적인 신앙이 필요하다'고 했습니다.

인간의 이성과 경험을 강조하는 자유주의파(Liberal)가 있습니다. 이들은 대체로 조직신학자, 윤리학자, 사회활동가들입니다. 이들은 또한 교회 밖의 진리를 주목하고 받아들입니다. 자유주의자들인 프레데릭 템플(Frederick Temple)과 마크 패티슨(Mark Pattison)은 성경을 해석하는 데에 이성과 전통의 사용이 결정적이라고 말했습니다.

이 세 가지 중 어느 한쪽에 치우치면 이단적으로 나간다고 믿으며 균형을 유지하려는 광교회파(廣敎會派 Broad Church)가 있습니다. 광교회파는 교회분열을 넘어 일치를 이루고자 에큐메니컬운동에 앞장섰습니다. 윌리엄 템플 캔터베리 대주교와 미국성공회의 윌리엄 헌팅턴 등이 여기에 속합니다. 교회 실천신학자, 교회 주교들이 이들의 주류를 이루고 있습니다.

성공회 안에 있는 어느 흐름이든지, 어느 것을 강조하든지 하느님을 인식하는 데에 나름대로 공헌합니다. 어느 분파이든지 성령의 역사에 자신을 늘 열고 공동체가 전체의 인식에 도달할 수 있도록 교회의 하나됨을 견지하도록 노력하는 것이 중요합니다. 각각 어떤 성향에 기울어져 있다고 해서 문제될 것은 없습니다. 다만 한가지만을 주장할 때 교회는 위험에 처하게 됩니다. 그러므로 성공회는 성서, 전통, 이성을 서로의 상관관계 속에서 해석하고 이해해야 합니다. 서로의 차이를 인정하면서, 혹은 차이를 좁혀나가면서 일치를 이루거나, 혹은 하느님 안에서 화해를 이루기까지 평화롭고 건설적인 방법으로 차이들을 다뤄야 합니다. 사도 바울로가 말했듯이 그리스도의 몸은 여러 지체로 이뤄져 있고 또 건강하고 온전한 지체가 되려면 각각의 지체가 필요하다는 사실을 기억하는 것이 좋습니다.(1고린토 3장, 12장) 그리고 사도 바울로가 세웠던 교회들이 비록 신학적인 견해가 달랐음에도 불구하고 예루살렘의 교회를 위하여 헌금했던 사실을 항상 기억하는 것이 좋을 것입니다.(2고린토 8-9장)

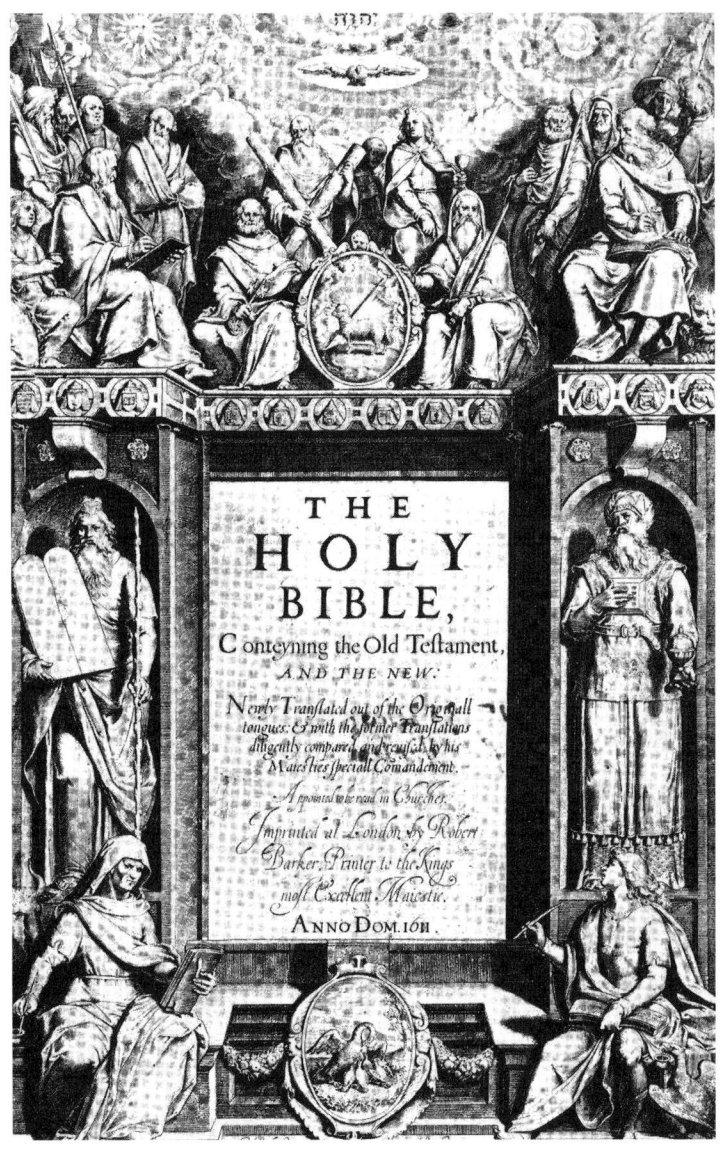

6-1. 흠정역성서 표지(King James version, 1611).
성공회는 성서적인 예배를 드리고, 성서를 성공회 신앙의 일차적인 권위로 삼으며 성서적인 교회로서
성서번역에 앞장 서왔습니다. 흠정역 성서는 바로 영국성공회의 성서적 신앙고백의 한 표현입니다.
"우리가 말씀을 듣고, 읽고, 기억하고, 배우고, 마음 속으로 깨닫게 하시며…" (토마스 크랜머)

제6장 _ 성경과 성공회

"찬미하올 하느님,
우리를 가르치시기 위하여 성경을 짓게 하셨나이다.
비오니, 우리가 말씀을 듣고, 읽고, 기억하고, 배우고,
마음속으로 깨닫게 하시며, 주의 거룩하신 말씀으로
인내와 안위를 얻어 구주 예수 그리스도를 통하여 주신
영원한 복된 소망을 굳게 간직하게 하소서.
성부와 성령과 함께 영원히 사시며 다스리시는
한 하느님 우리 주 예수 그리스도를 통하여 기도하나이다. 아멘."[1]

(연중 28주일 기도문, 미국성공회 공도문, 1979)

1. 성경과 교회의 예배

만일 당신이 처음으로 성공회의 주일예배에 참례하였다면 인상적인 것들이 한두 가지가 아닐 것입니다. 그리고 당신이 성경을 잘 알고 있다면 성공회 예배에 놀라지 않을 수 없을 것입니다. 왜냐하면 성공회는 주일예배를 드리면서 많은 성경을 읽고, 성경으로부터 취한 내용들로 신앙의 고백을 하며 예배를 드리기 때문입니다.

예배 중 성경 읽기

성공회는 성경적 예배를 드리는 교회입니다. 성공회 주일예배에서는 구약, 시편, 서신과 복음 등 네 차례 성경을 읽습니다. 만일 여러분들이 대부분의 개신교 주일예배에 참례한다면 개신교는 교독문을 위한 시편과 목사님의 설교말씀을 위한 성경말씀을 듣게 됩니다. 하지만 성공회는 주일에 읽을 주일 성경정과표(主日 聖經正果標, Lectionary)를 만들어 주일예배 때에 구약, 시편, 서신과 복음성경을 읽도록 합니다. 주일 성경정과표는 3년 과정으로 나뉘어져 있어 신약성경을 거의 전부 읽도록 했고 구약성경의 중요한 부분도 거의 읽도록 편성돼 있습니다. 주일 성경정과표의 전반부 1년은 교회력을 따라서 그리스도의 생애를 중심으로 읽도록 배려됐고 후반부에는 신앙의 성장을 위한 예수님의 가르침을 중심으로 읽도록 돼 있습니다. 그래서 주일 성경정과표는 그리스도를 중심으로 편성됐고 성경 전체를 통일성 있게 읽도록 짜여졌습니다. 이런 성경 읽기는 성공회가 종교개혁을 할 당시부터 시작됐습니다. 1549년 첫 공도문은 주일에 시편, 서신, 그리고 복음성경을 하느님의 백성들이 알아들을 수 있는 영어로 읽도록 성경정과를 만들었습니다.

역시 1549년 첫 공도문은 평일에도 읽을 성경정과를 만들었습니다. 성공회 아침기도, 저녁기도 시간에 역시 성경낭독 정과표를 통해 구약성경은 2년에 한 번, 신약성경은 1년에 한 번 그리고 시편전체를 한 달에 읽을 수 있도록 했습니다. 그래서 성공회는 주일뿐만 아니라 평일에도 성경을 체계적으로, 통일성 있게 읽도록 성경정과표를 만들었습니다. 성공회 공도문의 3분의 1은 성경의 내용(시편)이거나 성경을 읽도록 안내하는 정과표입니다. 그래서 당신이 정기적으로 주일예배에 참여한다면 그리고 매일 성경정과표에 따라 성경을 읽는다면 당신은 계획적으로, 구조적으로 그리스도를 중심으로 성경을 읽게 될 것이며 성경적인 신앙을 가질 것입니다. 성공회가 종교개혁 이후로 사용한 성경정과는 그 이후 공동성경정과로 그리고 오늘날 개정공동 성경정과(Revised Common Lectionary)로 발전돼 전 세계 대부분의 교회가 사용하고 있습니다.[2]

예배 중 성경적 기도

이번에는 좀 더 주의 깊게 성공회 예배를 살펴봅니다. 주일예배 중 우리가 드리는 성가, 찬가, 기도 등은 모두가 성경에 기초한 것임을 알 수 있습니다. 성공회 공도문은 성경적 교리와 내용으로 예배하도록 만들어졌습니다. 그래서 최초의 1549년 공도문 서문에는 '순수한 하느님의 말씀인 성경 또는 성경에 근거한 것 이외에는 어떠한 것도 읽혀질 수 없다'고 했습니다. 중세교회를 거치면서 전례의 성경적 기반은 약화됐습니다. 그래서 '어떤 것은 참이 아니고 어떤 것은 불확실하고 어떤 것은 무익하고 어떤 것은 미신적인' 비성경적인 내용들이 많이 있었습니다.[3] 그래서 크랜머 대주교는 비성경적인 내용을 제거하고 성경적인 내용으로 기도서를 만들었습니다. 성공회는 전례적 예배를 드리는 교회라고 알려져 있습니다. 그러나 성공회 기도서는 철저하게 성경적인 내용으로 만들어졌습니다. 그래서 교회 사학자 도울리는 '새로운 기도서의 종교는 성경의 종교'가 됐다고 말하였습니다.[4]

성공회가 드리는 주일 성찬예배는 예수 그리스도의 최후의 만찬 이야기, 그리고 사도 바울로의 고린토 전서 11장 최후의 만찬의 내용입니다. 예수님께서는 제자들에게 '너희는 나를 기념하여 이 예를 행하라'고 명령하셨고 '주님이 다시 오실 때까지' 이 예를 행하라고 하셨습니다. 바로 성공회는 예수님의 최후의 만찬부터 시작된 초대교회 예배인 성찬예배를 드립니다.

성공회는 성찬예배를 드리면서 다음과 같이 시작기도를 드립니다.

전능하신 하느님, 주께서 모든 사람의 마음과 소원을 다 아시고, 은밀한 것이라도 주 모르시는 바 없사오니, 성령의 감화하심으로 우리 마음의 온갖 생각을 정결케 하사, 주를 진심으로 사랑하고 주의 거룩하신 이름을 공경하여 찬송케 하소서. 우리 주 예수 그리스도의 이름으로 기도하나이다.

이 기도문은 마태오 6:6, 요한복음 16:8, 13, 로마서 8:26- 27 등에서 따온 것입니다. 또한 마지막 축복의 기도는 필립보서 4:7에 근거한 것입니다. 성공회 매일기도서의 기도 내용과 예식에 쓰인 문구는 모두 성경으로부터 취한 내용들입니다. 그러므로 성공회는 성경으로서 기도하고 성경의 내용으로 예배드립니다. 성공회 공도문의 예식들은 성경을 기도로 표현하는 방식이라고 말할 수 있습니다.

예배 중 성경적 찬양

성공회는 예배 중에 성경적 찬양, 기도 그리고 신앙의 고백을 합니다. 성공회의 주요 예배인 주일성찬예배 그리고 매일기도에서는 시편을 낭송하거나 노래합니다. 성공회 공도문에는 시편 150편을 모두 수록, 시편을 예배 중에 노래하도록 했습니다. 매일기도 중에 드리는 찬가들은 성경을 찬

6-2. 천사들의 연주회. Paolo Veneziano,1333. photo by The Yorck Project. Wikimedia commons.
성서의 찬양은 성공회 예배 중 찬양이 되고 기도가 됩니다. 성공회의 예배는 성서적 찬양의 예배입니다.

가로 부르는 것입니다. 몇 가지를 열거하면 다음과 같습니다. 찬양시
(Venite 시편 95), 감사의 노래(Jubilate 시편100), 찬양의 노래(Benedictus
es Domine 세 젊은이의 노래 29-34), 마리아의 노래(Magnificat 루가 1:46-
55), 즈가리아의 노래(Benedictus Dominus Deus 루가 1:68-79) 등이 그것
입니다. 성찬예배 중에 '거룩하시다' 찬가는 이사야 6장과 요한묵시록 4
장에 나오는 천사들의 찬가에서 따왔습니다. '하느님의 어린 양'의 노래
는 요한복음 1:29의 '이 세상의 죄를 없애시는 하느님의 어린 양'과 요한
묵시록에 27회나 표현된 찬가에서 만든 것입니다. 이렇게 성경의 문구를
그대로 찬가로, 찬양으로 드리는 것은 성경 그 자체가 기도가 되고 찬양이
되기 때문입니다. 그리고 혼자서 드리는 찬양이 아니라 교회의 찬양이 되
며, 그 때에 우리 영의 세계가 확장되고 찬양 안에서 함께 사귐을 경험하며
하느님을 만나게 됩니다.

성공회의 예배는 성경적 예배입니다. 예배를 통해 성경적 신앙을 표현하기 때문입니다. 성경은 성공회 안에서 성공회 예배의 형식과 틀 그리고 내용을 만들고 있습니다.[5] 예배 안에서 성경은 단순히 하느님께서 우리에게 말씀하시고 가르치시는 것뿐만 아니라 우리들이 하느님께 말씀드리는 언어, 찬송, 기도가 되고 있는 것입니다. 성공회는 전례를 중심으로 교회생활을 하지만 전례적 예배는 성경에 기초한 성경적 내용과 형식으로 이뤄진 것입니다. 성공회보다 더 예배에서 성경말씀의 온전성을 선포하는 교회는 없고 성공회보다 더 예배 가운데 성경을 읽고, 성경으로 기도하고, 성경으로 찬양하는 교회는 없습니다.[6]

2. 성경에 대한 성공회의 교리

성경의 충족성

종교개혁시대 성공회의 신앙과 신학을 가장 잘 나타내 주는 39개 조항은 교회를 '하느님의 말씀이 선포되고 성사가 집행되는 곳'으로 이해합니다.

"가시적인 그리스도의 교회는 신실한 사람들의 모임으로서, 하느님의 순수한 말씀이 선포되고 그리스도께서 제정하신 바에 따라 성사가 올바르게 집행되는 곳입니다."(제 19조: 교회에 관하여)[7]

성공회 39개 조항은 성경의 권위에 대해 다음과 같이 말합니다.

"성경은 구원에 필요한 모든 것을 포함하고 있습니다. 그러므로 성경 안에 기록돼 있지 않은 것과 성경에 의해서 증명되지 않는 것을 구원조항으로 믿거나 또한 구원을 위하여 필요한 것으로 생각할 필요가 없습니다."(제6조: 구원을 위한 성경의 충족성에 관

하여)⁸⁾

영국성공회는 캔터베리 대주교 토마스 크랜머의 지도 아래 영어 성경을 번역 출간하고 공도문을 만들고 신앙의 개요(Articles of Religion)를 채택했습니다. 그는 이 과정에서 루터, 캘빈과 마찬가지로 비성경적인 요소를 제거했고 구원에 필요한 모든 것이 성경에 있다는 성경의 중요성을 강조했습니다.⁹⁾ 성공회는 '성경은 구원에 필요한 모든 것을 포함하고 있다' 고 고백합니다. 이런 성공회의 고백은 성직서품 예식문에도 나타납니다. 전통적인 성공회 성직서품 예식문은 성경의 중요성을 강조했습니다. 사제서품 예식문 일부를 살펴보면 다음과 같습니다.

(주교) :
우리 주 예수 그리스도를 믿음으로 영원한 구원을 얻기 위하여 필요한 도리가 성경에 넉넉히 포함된 줄 확실히 믿으며, 또한 네게 맡긴 교인을 성경으로 훈계하고 성경에 있는 도리를 구원하는 도리로 가르치겠습니까?

(사제서품 후보자) : 내가 그런 줄 아옵고 하느님의 은혜를 힘입어 이대로 행하기를 작정합니다.¹⁰⁾

한 사람의 사제가 갖춰야 할 신앙의 기본은 구원을 얻기 위한 도리가 성경에 넉넉히 포함돼 있음을 확실히 믿는 믿음입니다. 그리고 이 믿음을 가지고 성경에 나타나 있는 구원의 길과 진리를 가르치는 것이 바로 사제의 직분입니다. 그러므로 신자를 하느님의 구원으로 인도하기 위해 성경을 가르치는 것이 사제의 임무이며, 또한 동시에 사제의 가르침을 통해 성경의 도리를 배우고, 성경 안에서 구원의 길과 진리를 찾아 애쓰는 것이 모든 믿는 자들의 의무가 되는 것입니다.

성경의 영감

성공회의 예배에서 성경낭독이 끝나면 성경을 낭독한 사람이 '이것은 주님의 말씀입니다' 하고 끝을 맺습니다. 그러면 신자들은 '하느님께 감사드립니다' 하고 응답합니다. 이 사실만을 볼 때에 성공회 신자들은 성경말씀을 하느님의 말씀으로 믿는 근본주의자들처럼 보입니다. 성공회는 성경을 하느님의 자기 계시로 이해합니다. '성경은 하느님의 말씀이요 하느님께서는 성경을 통하여 우리들에게 친히 말씀하신다' 고 믿습니다. 사도 바울로는 디모데후서 3:16에서 '성경은 전부가 하느님의 계시로 이루어진 것으로서 진리를 가르치고 잘못을 책망하고 허물을 고쳐주고 올바르게 사는 훈련을 시키는데 유익한 책입니다' 고 고백합니다. 그는 또한 다른 사람들에게 하느님의 말씀을 전할 때에 '인간이 가르쳐주는 지혜로운 말로 하지 않고 성령께서 가르쳐주시는 말씀으로 합니다' (1고린 2:13)고 말합니다. 성공회는 성경은 하느님의 계시로 이루어진 말씀이란 유대교의 전통을 받아들입니다. 그런데 여기서 성령의 감동하심으로 또는 하느님의 계시를 어떻게 보느냐에 따라 다른 해석이 가능합니다. 어떤 교회에서는 '하느님께서 기계적으로 글자 하나하나를 성경의 저자로 하여금 기록하도록 하셨다' 고 믿습니다. 그러나 성공회는 이렇게 믿지 않습니다. 성공회는 하느님께서 궁극적으로 성경 저자에게 성령의 감동하심으로 함께 하여 성경의 저자가 인격적으로 성경을 기록했다고 고백합니다. 이 사실은 토마스 크랜머 대주교가 대림 제 둘째 주일을 위해 쓴 본기도에서 드러납니다.

"찬미하올 하느님, 우리를 가르치시기 위하여 성경을 짓게 하셨나이다. 비오니, 우리가 말씀을 듣고, 읽고, 기억하고, 배우고, 마음속으로 깨닫게 하시며, 주의 거룩하신 말씀으로 인내와 안위를 얻어 구주 예수 그리스도를 통하여 주신 영원한 복된 소망을 굳게 간직하게 하소서. 성부와 성령과 함께 영원히 사시며 다스리시는 한 하느님 우리 주 예수 그리스도를 통하여 기도하나이다. 아멘."(미국성공회 공도문, 연중 28주일 기도문)[11]

이런 고백은 또한 교리문답에도 드러납니다.

"문: 구약성경이란 무엇입니까?
답: 구약성경은 옛 계약의 사람들이 성령의 감화를 받아서 쓴 책들로서…"

"문: 신약성경란 무엇입니까?
답: 신약성경은 새 계약의 사람들이 성령의 감화를 받아서 쓴 책들로서…"[12]

성공회는 성경을 죽어 있는 문자가 아닌, 오늘도 살아 역사하시는 하느님의 말씀으로 이해하며 성경을 통해 복된 소망을 간직한다고 믿습니다. 이러한 성공회의 신앙고백은 연중 8주일 본기도에 표현되어 있습니다.

"전능하신 하느님, 주의 교회를 사도들과 예언자의 터전 위에 세우시고, 성자 그리스도께서는 친히 그 머릿돌이 되셨나이다. 비오니, 우리로 하여금 저들의 가르친 것을 통하여 성령 안에서 하나가 되어, 주께서 받으실 거룩한 산 성전이 되게 하소서."
(미국성공회 공도문, 연중 8주일 기도문)[13]

6-3. 4복음사가. 유리화, 호주 시드니, St Andrew's Cathedral, Hardman and Co. photo by TTaylor, 2006, Wikimedia Commons.
성공회는 성령의 감동하심으로 성서가 기록되었음을 믿습니다.

그리스도께서 선포되고 그에 대한 믿음이 고백되는 곳에 성령의 함께 하심이 있다고 믿습니다. 성경은 성령의 감동하심으로 기록된 것이란 믿음은 유일한 것이며, 이는 성경이 성경 이후의 모든 증언에 대한 규범적인 증언이 되기 때문입니다. 성령 없이는 말씀이 있을 수 없으며, 말씀 없이는 성령도 또한 있을 수 없습니다. 성경은 신앙의 눈으로 읽을 때에 하느님의 말씀이 되는 것입니다. 성경은 객관적으로 하느님의 말씀임을 증명할 수는 없습니다. 성경은 성령의 감동하심을 받은 사람이 쓴 책이기 때문에 성령으로 감동을 받고 인도함을 받을 때만이 바르게 이해될 수 있는 것입니다.

성경의 우위성

성경이 하느님의 영감으로 된 것이라고 받아들인다면 성경은 신앙의 권위로서 최우위를 차지하게 됩니다. 하느님의 실체와 세상을 향한 하느님의 뜻을 알 수 있는 것은 오직 하느님의 계시를 통해서입니다.[14] 마이클 램지(Michael Ramsey) 캔터베리 대주교는 성공회는 '성경을 그리스도교 교리의 최우위의 권위로서 항상 인정해 왔고 지금도 그것을 인정하고 있다'고 말했습니다.[15] 성경의 우위성은 성경이 믿음의 규범이 되고 또한 다른 규범(신경들, 전통들, 신앙고백들)의 규범이 되기 때문에 성경은 제일차적 권위의 원천이라는 사실에서 비롯됩니다. 성경은 모든 '신조와 행위'의 규범이 돼야 합니다. 우리가 이미 보았듯이 '성경은 전부가 하느님의 계시로 이루어진 것으로서 진리를 가르치고 잘못을 책망하고 허물을 고쳐주고 올바르게 사는 훈련을 시키는데 유익한 책'(2디모 3:16)입니다. 성경은 먼저 믿는 것(신조: 진리)의 규범이 됩니다. 그리스도교 교리의 판단 기준, 즉 무엇이 그리스도교 신앙의 타당한 부분인가, 무엇이 타당하지 않은 부분인가를 결정하는 기준은 성경에 나타난 하느님의 계시입니다. 성경은 모든 신조의 근거가 됩니다. 하느님에 대하여, 예수님에 대하여, 성령에 대하여, 그 밖의 것들에 대하여 우리는 성경안에서 그 해답을 찾습니다. 그 어떤 교리적, 신학적 제안도 부차적인 것이며 반드시 성경에 나타난 하느님의 계시를 먼저 확인해야 합니다. 이의 대표적인 예가 사도 바울로가 로마인들에게 보낸 편지(특히 로마 3:21-11:36)와 그리스도의 부활을 설명하는 고린토전서 15장입니다.

성경은 신조의 규범일 뿐만 아니라 윤리적 행동의 규범이 됩니다. 사도 바울로가 말한 '허물을 고쳐주고 올바르게 사는 훈련'을 위한 규범이 됩니다. 하느님의 눈에 무엇이 옳으며, 어떻게 하면 의로운 삶을 살 수 있는 지를 발견할 수 있는 곳은 바로 성경입니다.

성경해석의 문제

16세기 영국성공회의 신학자인 리처드 후커는 '성경은 제일차적인 권위이나 성경이 이성이나 전통과 고립되어서 존재할 수 없다'고 주장했습니다.[16] 왜 그렇습니까? 성공회는 분명 성경이 하느님의 영감으로 쓰인 것이라는 사실을 믿습니다. 하지만 하느님께서 글자 하나하나를 직접 기록하게 했다고는 믿지 않습니다. 성경은 처음에는 수세기 동안 구전으로 내려오기도 했고, 그 후 편집의 과정을 거쳤습니다. 성경은 한 권의 책이 아닙니다. 성경은 여러 권의 책을 묶어 놓은 총서와 같습니다. 성경은 오랜 세월을 걸쳐 기록되고 집성된 책입니다. 구약성경은 기원전 1000년부터 100년에 이르는 동안에 쓰여졌습니다. 신약성경은 기원 후 40년부터 100년 사이에 쓰여졌습니다. 성경의 저자들 또한 40여 명에 달하며 그들의 시대와 역사적 배경도 다 다릅니다.

또한 성경은 하느님의 계시의 말씀을 역사의 특정한 시대를 살고 있는 특정한 무리들을 향해 그들의 특정한 필요를 염두에 두고 기록됐기 때문에 성경을 기록한 사람의 역사적 상황과 문화적 배경 그리고 기록 목적 등을 확인해야 합니다. 성경에는 같은 사건에 대해 여러 가지 다른 기사가 있습니다. 예를 들면 창세기의 1장부터 2장 4절 그리고 2장 4절 하반절부터 3장에 나오는 창조의 기사는 서로 다른 모습을 보여줍니다. 성경에 나오는 한 대목을 다른 대목이 부정하는 수가 있습니다. 가령 신약에는 구약의 율법을 부정하는 대목이 있습니다. 그리고 다른 문화적 배경 속에서 다른 관점에서 해석되는 경우도 있습니다. 예를 들면 네 복음서 안에서 예수 그리스도를 팔레스타인 유대인의 관점에서, 헬라세계의 유대인의 관점에서 그리고 이방인의 관점에서 각기 다르게 해석한 것을 확인할 수 있습니다. 이러한 여러 가지 문제들 때문에 성경은 해석의 과정을 필요로 합니다.

성공회에서는 성경에 위배되는 어떠한 것도 교회에서 가르쳐서는 안 된다고 말합니다. 성경에 위배되는 그 어떤 것도 가르쳐서는 안 된다는 말은 성경에 있는 것만 가르쳐야 한다는 것과는 확연히 다릅니다.[17] 종교개혁시대에 개신교는 성경에 직접적으로 있는 것만 가르치고 행해야 한다고 믿었습니다. 다른 한편으로 성경에 금지된 것을 제외하고 어떤 것도 할 수 있다고 해석하였습니다. 성공회는 전자의 해석을 받아들이지 않습니다. 성경적 근본주의를 받아들이지 않습니다. 근본주의는 성경에는 절대 오류가 있을 수 없으며 글자 하나하나가 틀림이 없이 진리라고 믿습니다. 그러나 성공회는 근본주의 또는 축자영감설을 믿지 않습니다. 성경적 근본주의는 실제적인 문제에 봉착하게 됩니다. 예를 들면 '뱀을 만지거나 독을 마셔도 아무런 해를 입지 않을 것이며' (16:18)라는 마르코 복음서의 말씀을 따라 일상생활에서 이를 실천한다면 어떤 일이 일어나겠습니까? 또 한 예를 들면 출애굽기에는 '돈을 꾸어 주게 되거든 그에게 채권자 행세를 하거나 이자를 받지 말라' (출애 22:25)는 구절이 있습니다. 나는 개인적으로 돈을 꾸어주고 이자를 받지 않는 은행이 있었으면 좋겠습니다. 만일 성경을 글자 그대로 믿는 근본주의자들은 은행에서 일을 할 수 없을 것이고 이자를 계산하는 은행을 이용할 수 없을 것입니다. 그런데 정말 그렇게 사는 근본주의자들이 얼마나 있을까요? 더 나아가 아침에 침대에서 일어나 칫솔로 이를 닦는 것 자체가 어려워 질 수 있습니다. 성경에는 그 사실이 없기 때문입니다. 또한 성경에는 파이프 오르간에 관한 언급이 없기 때문에 교회의 예배에서는 파이프 오르간을 사용할 수 없다고 교회역사 속에서 주장하기도 했습니다. 성경적 근본주의자들은 결혼식에서 반지를 주고받는 것이 불가능합니다. 왜냐하면 성경에는 그 근거가 없기 때문입니다.

성공회는 성경을 제일차적인 권위로 인정하지만 성경이 모든 문제의 궁극적 권위를 갖는다고 말하지 않습니다. 예를 들면 세상이 어떻게 창조되었는가하는 것은 과학에 의존합니다. 또한 성경이 모든 것의 해답을 주고 구속력을 갖는다고 믿지도 않습니다. 예를 들면 구약의 음식규정 등은 따르지 않습니다. 더 나아가 성경이 모든 도덕적, 신학적 문제나 의문에 구체적이고도 최종적인 답을 준다고 믿지도 않습니다. 예를 들면 성경은 오늘날 우리가 부딪치는 유전자 조작의 가능성 등은 알지 못하기 때문입니다. 성경은 믿음의 책입니다. 성경은 과학적 질문에 관한 답을 주는 과학적 진술의 책이 아니라 신앙의 책이고 특별히 예수 그리스도의 인격과 사역에 관한 책입니다. 성경의 근본적인 목적은 예수 그리스도를 통해 구원을 얻는 데에 있습니다. 사도 바울로는 이렇게 말합니다. "성경은 그리스도 예수를 믿음으로써 구원을 얻는 지혜를 가져다 줄 수 있습니다."(2디모테오 3:15) 성경의 목적은 예수 그리스도를 믿음으로 구원을 얻는 것입니다. 요한복음은 이를 다음과 같이 표현하고 있습니다. "이 책을 쓴 목적은 다만 사람들이 예수는 그리스도이시며 하느님의 아들이심을 믿고, 또 그렇게 믿어서 주님의 이름으로 생명을 얻게 하려는 것이다."(요한 20:31) 사도 바울로가 말하는 구원이나 요한복음이 말하는 생명은 같은 의미로 해석할 수 있습니다. 그러므로 성경해석은 예수 그리스도를 중심으로 해석되어져야 하며, 그것은 예수 그리스도를 통한 구원(생명)을 얻기 위한 것으로 해석돼야 합니다.[18]

성공회 교리문답은 다음과 같이 성경해석의 문제를 답합니다.

문: 우리는 성경의 의미를 어떻게 이해할 수 있습니까?
답: 교회가 성경을 옳게 해석하도록 인도해주는 성령의 도우심으로 성경의 뜻을 이해할 수 있습니다.[19]

성경을 해석하도록 돕는 것은 성령이십니다. 그런데 그 성령은 교회공동체 안에서 성경을 옳게 해석하도록 인도합니다. 그러므로 성경을 옳게 해석하기 위해서는 교회공동체가 성령의 인도하심에 따라 해석해야 한다고 믿는 것입니다.

성공회는 성경을 해석하는 데에 성경 자체와 교회의 전통(교회공동체의 지혜)과 이성을 사용합니다.[20] 성경을 성경으로 결정지은 것은 성령의 인도하심 아래 교회의 지도자들, 교회의 공의회가 결정한 것입니다. 전통(교회공동체)이 성경을 형성했으며 또한 역사 내내 성경을 해석해 온 것 역시 교회 안의 전통입니다. 그러므로 성경은 교회공동체의 전통 안에서 해석돼야 합니다. 전통은 교회공동체가 역사를 통해 쌓아온 하느님을 아는 지혜를 의미합니다. 물론 성경을 개인적으로 읽고 해석하며 묵상할 수 있습니다. 하지만 성경해석의 권위는 교회 안에 있습니다. 그리고 전통은 부단히 재해석되고 개혁에 늘 열려 있어야 합니다. 다시 말해 현대의 성경해석의 연구와 방법을 이성적으로 수용합니다. 이성은 성령께서 교회로 하여금 하느님의 뜻과 마음을 알 수 있도록 이끄는 수단입니다. 이성은 성경과 전통을 잘 해석할 수 있도록 돕는 정신의 한 기능입니다. 그래서 성공회 안에서는 성경을 이성을 통해 문학적으로나 역사적으로 비평하고 해석해야 한다고 믿습니다. 사실상 성경이 기록되고 있는 동안에도 온갖 다양한 논쟁과 해석이 있었다는 것을 기억하기 때문입니다. 성공회 안에서는 성경지상주의나 문자주의, 축자영감설을 주장하지 않습니다. 성공회 안에서는 온갖 성경연구를 장려하고 또한 다양한 견해들을 수용합니다.

성공회는 성경을 통일성 있게 전체로서 이해하고 해석하고자 노력합니다. 그래서 어느 한 부분도 다른 부분의 연관성을 무시하고 읽어서는 안 되며, 다른 사건과 다른 주제를 고려해 읽어야 합니다. 이런 이유 때문에 성공회에서는 성경을 통일성 있게 전체적으로 읽기 위해 성경정과표를 만들어 주일과 평일에 성경을 읽도록 배려한 것입니다.

성경해석은 간단한 문제가 아닙니다. 개신교가 주장하는 것처럼 성령의 인도하심 아래 개개인들이 성경을 읽고 해석할 수 있지만 개신교 역사 안에는 많은 오류를 낳았고 성경해석으로 인한 교회의 분열을 거듭하고 있습니다. 성공회는 성경을 근본적이고 일차적인 신앙의 권위로 인정하지만 성경은 교회의 전통과 이성의 빛 안에서 해석되어져야 한다고 믿습니다. 그래서 웨스터 호프는 다음과 같이 말합니다.

"성공회 신자들은 성경을 읽을 때에 신앙을 예배하는 공동체가 성령께서 새로운 진리로 이끌어 주실 가능성에 대해 열린 마음으로 오늘날의 지식과 경험의 빛을 통해 해석해야 하는 책으로 믿습니다."[21]

성경의 정경, 외경

성공회는 구약성경 39권과 신약성경 27권 등 총 66권을 성경으로 인정합니다. 초대교회나 구약시대에 만들어진 성경적인 문헌은 단지 66권만 있었던 것은 아니었습니다. 그러나 성공회는 그리스도교 교리 전통에 의해 형성된 성경 66권을 정경(政經 cannon)으로 인정합니다. 정경이란 '기독교의 모든 선포에 있어서 규범이 되는 것 혹은 기독교 진리의 규범'을 말합니다.[22] 구약성경 39권은 기원 후 90년경 얌니아회의(Jamnia)에서, 신약성경 27권은 397년 북아프리카의 카르타고(Carthage)에서 열린 공의회에서 최종적인 정경으로 인정받았습니다. 이 책들이 성경의 정경으로 인정된 것은 책들의 질적인 본질 때문이 아니라 교회가 그렇게 정했기 때문입니다. 구약성경 39권을 정경으로 인정하는 견해에는 교회 간에 의견이 없습니다.

그런데 성경에 외경(外經 Apocrypha)이라는 것이 있습니다. 구약 외경은 구약과 신약의 중간시대인 기원전 200백년부터 기원 후 30년경 동안 희랍어를 사용하는 유대인이 쓴 문서의 수록집입니다. 구약외경은 역사, 시, 속담, 도덕 사항 및 유대교의 과거 이야기를 포함하고 지혜문학이나 묵시문학에 속하는 것도 있습니다. 70인역 헬라어 구약성경(Septuagint, LXX)은 기원전 3세기경에 헬라어로 번역된 구약성경입니다. 이 성경은 헬라세계에 사는, 히브리어를 모르는 유대인들을 위하여 번역됐습니다. 이 성경은 외경을 포함하고 있습니다. 유대인들이 최종적으로 구약성경의 정경화 작업(Canonization)을 진행할 때인 기원 후 90년경 얌니아 회의에서는 이 외경을 제외했습니다. 70인역 구약성경(헬라어 구약성경)과 벌게이트(Vulgate) 라틴어 구약성경(390-405년 완역)에는 분명히 들어가 있는데 희브리 정경에는 들어가 있지 않은 성경문헌들을 외경이라고 합니다.

성경외경은 다음과 같습니다.
토비트, 유딧, 에스더(추가분), 솔로몬의 지혜서, 시락의 아들 예수의 지혜서, 바룩서, 예레미야의 편지, 다니엘서 추가분(아자리야의 기도와 세 젊은 이의 노래, 수산나, 벨과 용), 1마카베오, 2 마카베오, 1에스라, 2에스라, 므낫세의 기도 (15권)

영국성공회는 흠정역 성경(King James Version, 1611)에 위의 외경 15권을 구약과 신약 사이에 넣었습니다. 오늘날 영어권에서는 외경을 포함한 영어 성경과 정경만이 있는 영어 성경 등 두 가지가 인쇄돼 나오고 있습니다.

한글 성경번역인 공동번역에는 외경으로서 토비트, 유딧, 에스더(추가분), 솔로몬의 지혜서, 집회서, 시락의 아들 예수의 지혜서, 바룩서, 다니엘 추가분(젊은 이의 노래, 수산나, 벨과 용), 마카베오 상ㆍ하 등 12권을 포함시키고 있습니다.

내용적으로 본다면 외경은 여러 가지 가치를 지니고 있습니다. 특히 외경은 신구약 중간기의 이스라엘 역사에 나타난 하느님의 활동과 계시를 알려줍니다. 그래서 구약과 신약시대의 공간을 메우는 교량 역할을 담당하고 있으며 예수 탄생시대의 상황을 더욱 깊이 이해하는데 중요한 자료가 됩니다. 뿐만 아니라 신약복음서의 기자들은 분명히 구약외경의 한 부분을 이해하고 있었으며 이런 관점에서 외경들은 신약의 문헌들을 이해하는 데 빛을 더해주고 있습니다. 비록 성공회가 외경을 정경으로서 인정하지 않지만 교회 역사 속의 4분의 3에 이르는 기간 동안 정경으로 인정돼 왔다는 사실이 외경의 가치를 말해주고 있습니다.

그런데 외경에 대해서는 교파에 따라 다른 견해를 가지고 있습니다.[23] 천주교((Roman Catholic Church)는 트리엔트공의회(1546-1563)와 바티칸회의(1870)에서 그리고 동방정교회는 예루살렘회의(1672)에서 70인역 헬라어 구약성경이나 벌게이트 라틴어 구약성경의 전통에 따라 문서들 중 일부를 성경의 한 부분, 즉 정경으로 인정했습니다. 이를 제2의 경전(Deutero Canonical)이라고 부릅니다. 대부분의 개신교는 히브리 성경의 전통을 따라 외경의 문헌들을 구약성경에서 제외했습니다. 성공회는 루터교와 마찬가지로 두 극단의 입장에서 중간입장을 취하고 있습니다. 마르틴 루터의 독일어 성경(1534)에는 외경을 별도의 '외경' 이란 제목으로 처리하고, '성경과 동등하게 여길 수 없지만 신앙에 유익하다' 는 주를 달아놓았습니다. 성공회는 구약외경을 '신앙훈련을 위하여 참고로 사용할 수 있으나 교리의 기초로 삼지 않는다' 고 말합니다. 성공회 39개 조항은 외경에 대해 다음과 같이 선언합니다.(제6조)

"…그리고 교회는 외경을 그리스도교인들의 생활에 대한 모범과 태도에 대해 교훈을 주는 것으로 읽으나 교리를 수집하는 데는 사용하지않는다…"[24]

성공회 39개 조항의 6, 7, 20, 22조에 의하면 정경은 교회의 '교리를 세우거나' 교회의 '증거'로 제시되는 근거입니다. 그러나 외경은 분명히 비정경이라고 선언합니다. 성공회에서는 주일 성경정과에 외경을 낭독하는 주일이 있습니다. 하지만 교리의 근거로는 사용하지 않습니다. 그래서 두 극단적 교회의 입장에서 중간입장을 취하면서 양자를 포용하며, 양자를 배제하는 중간 입장에 섭니다.

3. 성경번역에 대한 성공회의 역사

성공회는 그동안 성경번역에 심혈을 기울였습니다. 왜냐하면 성공회는 성경적인 교회이기 때문입니다. 그래서 성공회는 하느님의 뜻을 신자들로 하여금 자기들이 알아들을 수 있는 말로 이해할 수 있도록 하는 일에 앞장서 왔습니다.

종교개혁의 가장 중요한 논쟁은 성경의 권위에 관한 것이었습니다. 많은 사람들은 종교개혁 이전의 교회는 '교회의 성직 권위', 또는 '교회전통의 권위'를 '성경의 권위'보다 우위에 두었다고 생각합니다. 그래서 이 성직 권위가 타락하면서 하느님 말씀의 권위를 무시했기 때문에 종교개혁이 일어나 성경의 권위를 회복하게 됐다고 생각합니다. 그런데 영국교회는 16세기까지 이어지는 종교개혁의 선구적 역할을 한 교회라고 자부할 수 있습니다. 이미 종교개혁이 시작되기 이전부터 영국에서는 일반인들이 읽기가 힘들었던 라틴어 성경을 영어로 번역하고자 하는 노력이 있어 왔습니다. 종교개혁의 찬란한 샛별, 요한 위클리프(John Wycliffe)는 교황과 성직의 권위에 대항해 성경이 종교적 믿음의 유일한 권위라고 주장했습니다.[25] 그래서 모든 종교적 가르침의 기초는 교회 제도의 권위에 있는 것이 아니라 성경에 있는 것이라고 하면서 1382년에 라틴어 성경을 영어로 번역 출간했습니다. 그는 평신도들에게 성경을 나눠 주고 직접 성경을 가르쳤습니다. 그 이후 대륙의 종교개혁 선구자들인 마르틴 루터(Martin Luther)나 요한 캘빈(John Calvin)은 영국교회가 배출한 위클리프의 전통을 이어받았습니다.

종교개혁기에 영국에서는 루터의 독일어 성경번역(1534)보다도 먼저 성경의 영어 번역인 윌리엄 틴데일의 성경번역(1525년), 마일즈 커버데일(Miles Coverdale)의 성경번역(1535)이 있었고 이는 종교개혁의 선구자적인 역할을 감당했습니다. 그리고 캔터베리 대주교의 요청으로 커버데일이 만든 대성경(Great Bible: 1539), '피의 메리'라 불리는 메리왕을 피해 요한 캘빈의 도시, 제네바로 간 영국교회 개혁파들이 번역한 제네바 성경(Geneva Bible: 1560), 주교의 성경(Bishop's Bible: 1568) 등이 잇달아 번역 출간됐습니다. 그 후 영국성공회는 영어 성경의 꽃이라고 불리는 흠정역 성경(King James Version: KJV, 1611)을 번역했습니다. 이 성경은 '제임스왕의 번역판'이라고도 불리는데. 그 이유는 영국왕으로 부임한 제임스가 청교도들과 논쟁을 하게 됐고 이를 계기로 이 성경이 만들어졌기 때문입니다. 당시 청교도들은 영국교회의 기도서에 성경이 정확하게 번역돼 있지 않다고 생각해 기도서를 거부하고 있습니다. 그래서 왕은 모든 사람들이 믿고 받아들일 수 있는 정확한 성경의 번역이 필요하다고 판단, 새로운 성경번역을 시도했는데 이것이 바로 흠정역 성경입니다. 이 영어 성경은 21세기에 이른 오늘날에도 '개역 표준판 성경'(RSV)과 함께 영어권 지역에서는 가장 많이 사용되는 성경입니다. 현대의 영어 번역 성경 가운데 가장 중요한 의미와 가치를 지니는 것은 '개역 표준판 성경'(Revised Standard Version, RSV. 1946년 신약성경, 1952년 구약성경이 나옴)이라 할 수 있습니다. 이 영역 성경은 1611년에 나왔던 '흠정역' 영어 성경 이후 가장 권위 있는 영역 성경으로 인정받고 있으며 영국성공회의 오랜 경험과 노력의 소산으로 평가받고 있습니다. 영어 성경번역 역사에 있어서 성공회의 공헌은 거의 절대적입니다.

미국성공회는 10월 15일 새뮤얼 쉐레쉐프스키(Samuel I.J. Schereschewsky) 주교를 성인으로서 기념합니다. 그는 미국성공회에서 중국 선교사로 1859년 파송돼 1877년에 상하이 주교에 올랐습니다. 그는 본래 리투아니아 유대인으로 태어나서 성공회 주교가 됐고 1862년부터 1875년 사이에 북경에 살면서 성경과 공도문을 중국어(Mandarin)로 번역했습니다. 그 후 1883년 뇌졸중으로 주교직에서 물러났지만 결국 그는 성경을 중국어(Wenli)로 번역해 냈습니다. 그는 손가락이 마비된 불구의 몸이었지만 25년 동안 오직 가운데 손가락으로 2000쪽이 넘는 성경을 직접 타이핑해 1894년 번역을 마쳤습니다. 쉐레쉐프스키는 성공회의 성경적 전통의 신앙속에서 성경을 가르치고 성경적인 삶을 살고자 애를 쓰는 모든 사람들에게 성인으로서 기념되고 있는 것입니다.[26]

영국성공회의 성경번역 전통은 한국성공회에도 그대로 전해졌습니다. 한국성공회는 초창기 선교 역사 속에서 조선성경공회를 설립과 한글 성경 번역에 참여했습니다. 그리고 전례용 발췌성경으로 『조만민광(照萬民光 1891)』을 인쇄해 각 민족의 고유의 말과 글로 성경을 읽게 하는 성공회 정신을 실천했습니다. 대한성공회에서는 공식예배 중에 공동번역성경(1971)를 사용합니다. 이 공동번역성경은 1968년부터 신·구교의 성경학자들이 당시 70%의 인구를 차지하고 있는 청년들이 쉽게 읽고 이해할 수 있도록 하는데 초점을 두고 번역한 성경입니다. 성공회는 이 성경을 교회의 공식 성경번역본으로 사용하면서 교회의 분열 극복을 위한 신앙의 기초를 다지고 있습니다. 그리고 또 이 번역본을 통해 하느님 백성들이 이해를 우선시 하는 성공회 성경번역의 전통을 이어가고 있습니다.

제7장 _ 교회의 믿음: 신경과 조항

"전능하신 하느님, 주를 아는 것이 곧 영생이오니,
오직 성자 그리스도께서 길이요, 진리요,
생명이심을 온전히 앎으로써
우리를 영원한 생명의 길로 인도하시는
주의 발자취를 확고히 따르게 하소서.
성부와 성령과 함께 지금과 영원히 사시며 다스리시는
한 하느님, 우리 주 예수 그리스도를 통하여 기도하나이다.
아멘.

(부활 후 5주일 본기도, 미국성공회 공도문, 1979)

7-1. 십자고상. Diego Velázquez(1559-1660) ,St. Plácido in Madrid, Photo Source: Wikimedia Commons.

성공회 신앙의 핵심은 우리의 구원을 위하여 오신 그리스도에 대한 고백입니다. 성공회의 신앙고백은 이를 표현하기 위한 과정입니다. 그래서 우리는 성찬예배 중에 신앙의 신비를 반복해서 고백합니다.

"그리스도는 죽으셨고, 부활하셨고 다시 오십니다."

신경보다 믿음이 먼저

교회에는 믿음을 고백하는 신경(또는 조항)이 있습니다. 신경(creed)은 라틴어 '크레도'(credo 믿는다)라는 동사에서 파생된 단어입니다. 그리스도교 신경은 그리스도교 신앙을 요약한 것이며 초대교회는 아주 초기부터 신경을 만들기 시작했습니다. 특히 초대교회는 세례 받을 자들을 위한 교육을 위해 신경을 만들었습니다. 신약성경에는 짧은 신경의 흔적을 발견할 수 있습니다.(1디모 3:16) 역사적인 그리스도교 신경으로 사도신경과 니케아신경이 보편적으로 공인받고 있습니다. 여기에 초대교회의 3대 신경 중 하나인 아타나시우스신경을 성공회는 또한 받아들입니다. 역사 속에서 신경은 교회가 이단에 대처해 고백한 믿음의 내용들이기도 합니다. 성공회는 교회가 분열되기 이전의 에큐메니컬공의회의 신경과 교리적인 결정을 중요하게 여깁니다.

그런데 성공회가 사도신경과 니케아신경을 믿음으로 고백하지만 그것이 성공회의 신앙고백은 아닙니다. 또한 성공회에서 세례를 받는 자들은 하느님의 계명을 지킬 것을 약속하며 도덕적으로 바른 삶을 살기 위해 노력하지만 도덕규범이 성공회의 신앙고백은 아닙니다. 성공회가 전례(예식)를 통해 하느님에게 예배를 드리지만 그것 역시 성공회의 신앙은 아닙니다. 신경, 행동규범, 전례 모두가 중요하고 성공회의 신앙 내용들을 담고 있지만 그것이 성공회의 신앙은 아닙니다.

성공회의 신앙은 그리스도교의 본질을 추구하는 것입니다. 그것은 다름 아닌 예수 그리스도입니다. 성공회의 신앙은 예수 그리스도와의 인격적인 관계 위에 형성되는 것입니다.[1] 그것은 예수 그리스도를 알고 그를 신뢰하며 그와 개인적인 관계를 맺는 것입니다. 그래서 엄밀한 의미에서 성공회의 신앙은 곧 그리스도교의 신앙이고 그리스도교의 신앙은 예수 그리스도를 믿는 믿음 안에서, 그와 인격적인 관계를 맺는 가운데서, 그를 구세주로 예배하는 가운데서만 이해할 수 있고 인식되는 신앙입니다. 영국성공회의 세례와 견진을 받을 사람들을 위하여 안내서를 집필한 존 스토트(John Stott)는 다음과 같이 말했습니다. "그리스도가 없는 그리스도교는 그림이 없는 액자와 같고 숨이 끊어진 육체와 같습니다."[2] 그래서 신경은 '나는 믿나이다' 또는 '우리는 믿나이다' 라고 한국어로 단순히 번역돼 있지만 영어로는 'I believe in God' 라고 고백합니다. 여기서 in을 사용한 것은 인격적인 관계 속에서 믿는 하느님을 언급하는 것입니다. 영어로 'I believe that there is God who…('하느님은 이런 분이다' 라고 나는 믿는다) 라고 고백하지 않습니다. 만약 이렇게 고백한다면 그것은 지적이고 비인격적인 고백이 됩니다. 역사 속에서 초대교회로부터 내려오는 보편적인 신앙고백인 사도신경, 니케아신경은 그리스도와의 인격적인 관계 속에서 믿음을 고백한 교회공동체가 정리한 내용이라는 사실을 이해하는 것이 중요합니다. 그것은 그리스도와 인격적인 관계를 맺었던 교회공동체의 공동의 고백이지 개인의 사변적 고백이 아닙니다. 비록 세례를 받으면서 '나는 믿나이다' 라고 고백하지만 그것은 교회공동체의 고백임을 이해하는 것이 중요합니다. 따라서 우리가 교회공동체 안에서 그리스도와 인격적인 관계를 통한 믿음을 고백할 때에 사도신경, 니케아신경은 비로소 우리의 신앙고백, '우리 인간을 위하여, 우리의 구원을 위하여' 오신 그리스도에 대한 고백이 되는 것입니다.[3]

역사 속에서 교회공동체는 그리스도에 대한 교회공동체의 고백을 중요하게 여겼고 에큐메니컬공의회에서도 바로 그리스도에 대한 공동체의 고백을 주로 다뤘습니다. 에큐메니컬공의회에서 결정한 기독론의 과정을 보면 다음과 같습니다[4] 첫 에큐규메니컬공의회인 니케아공의회(325)에서 성자 예수를 피조물이라고 생각하는 아리우스(Arius)주의에 대해 '예수는 참 하느님' 이심을 선언했습니다. 두 번째 콘스탄티노플공의회(381)에서는 예수의 인성(人性)을 부인하는 아폴리나리안(Apollinarian)의 이단을 물리치고 예수의 인성, 즉 '예수님은 참 인간이시다'와 성부, 성자, 성령의 동일본질을 고백했습니다. 그리고 니케아신경을 재확인했습니다. 세번째 에페소공의회(431)에서는 한 분 예수 그리스도를 신·인 양성의 두 인격으로 보는 네스토리안(Nestorian)의 이단에 대해 '그리스도의 인격은 하나이다'고 선언했습니다. 451년 갈케돈공의회에서는 그리스도가 성육신 이전에는 양성, 즉 신·인성을 가졌으나 성육신하신 뒤에는 한 본성을 가졌다는 에우티케스(Eutyches)의 주장에 반대해 '그리스도의 본성은 둘이다'고 선언했습니다. 그러므로 그리스도교의 교리는 그리스도에 대한 고백, 특별히 성육신하신 그리스도에 대한 믿음으로부터 시작되는 것입니다.

'교회의 믿음: 신경과 조항'으로 명명된 이번 장에서는 초대교회의 세 가지 신경들과 성공회의 39개 조항과 람베스-시카고 4개 조항 그리고 믿음의 개요를 간단히 살펴보고자 합니다.

1. 초대교회 세 신경들

사도신경

오늘날 우리들이 외우는 사도신경(Apostle's Creed)은 원래 2세기경 로마에서 세례받기 전 학습하는 사람들에게 가르치던 신앙의 요약이었습니다. 이것이 점차 서유럽으로 전파돼 8세기경에 이르러 고치고 다시 써져 오늘날의 사도신경에 이르고 있습니다. 사도신경이라 부른 것은 사도들이 기록했기 때문이 아닙니다. 사도신경은 사도들의 가르침을 요약한 것입니다. 사도신경은 세례받을 사람이 신앙을 고백하는 내용으로서 세례를 받을 때에 그리고 매일기도 중에 사용합니다. 사도신경은 '나는 믿나이다'

로 시작합니다. 사도신경은 12절로 나뉘어 있는데 이는 다시 크게 세 부분으로 구분됩니다. 삼위일체이신 성부 하느님, 성자 하느님, 성령 하느님에 대해 고백합니다.

니케아신경

서기 325년에 니케아에서 열렸던 공의회에서 합의를 보아 탄생한 니케아신경(Nicene Creed)입니다. 이것이 다시 381년 콘스탄틴노플공의회를 거쳐 수정되고 끝 구절에 몇 구절을 첨가해 오늘에 이르고 있습니다. 니케아회의가 있기 약 100년 전에 아리우스(Arius)라는 신부가 이단적인 교리를 가르치기 시작했습니다. 그는 그리스도를 반신 반인간(半神 半人間)이라고 가르쳤습니다. 이에 대해 325년 콘스탄틴은 최초의 세계적 공의회를 개최했는데 318명의 주교들과 그들의 수행원이 참여했습니다. 여기에서 니케아신경을 고백하며 삼위일체 하느님, 신성과 인성을 지닌 예수 그리스도를 고백하게 됐습니다. 특별히 니케아신경에서는 사도신경의 고백 중에서 예수 그리스도의 신성과 성령의 사역에 강조를 두었습니다. 사도신경보다 니케아신경은 내용이 조금 길지만 내용은 비슷한 것입니다. 니케아신경은 교회공동체의 신앙고백으로서 '우리는 믿나이다'로 고백합니다. 성공회에서는 니케아신경을 성찬예배 때에 공동의 고백으로 사용합니다.

성 아타나시우스신경

성 아타나시우스신경(The Creed of Saint Athanasius)[5]은 신경이라기보다 찬송에 가깝습니다. 이 신경은 약 5세기경에 성교회의 교리, 특별히 삼위일체의 교리를 가르치기 위해 지어졌다고 합니다. 그러나 지은이의 이름은 분명하지 않습니다. 그럼에도 이 신경 내용이 성 아타나시우스 대주교가 가르치던 믿음과 같기 때문에 그의 이름이 제목으로 붙여졌습니다. 성 아타나시우스는 알렉산드리아의 유명한 대주교였으며 니케아공의회

때에 참다운 믿음을 증거한 사람입니다. 그는 아리우스주의를 거부하고 그리스도는 구속자로서 하느님이시고, 하느님의 존재는 하나로서, 성부, 성자, 성령의 삼위(三位)라고 주장했습니다. 아타나시우스신경은 영국성공회에서 삼위일체 주일 및 기타 다른 때에 고백되지만 다른 성공회에서는 역사적 문서로 취급합니다.

2. 성공회 신앙고백적 문서들

성공회는 공식적으로 사도신경, 니케아신경을 믿음의 고백으로 인정하고 받아들입니다. 아타나시우스신경을 특별히 삼위일체에 대한 신앙의 고백으로서 역사적 문서로 받아들입니다. 그리고 성공회에는 종교개혁을 할 때에 성공회의 믿음을 정리한 39개 조항이 있고 1888년 전 세계 주교회의에서 성공회 신앙을 요약한 람베스-시카고 4개 조항이 있습니다. 또 세계 성공회의 공도문 안에는 신앙의 요약(an Outline of Faith)으로 교리문답(Catechism)이 있습니다.

성공회 39개 조항

성공회 39개 조항(Thirty-Nine Articles)은 루터교회의 고백인 아우구스부르크 신앙고백(Augsburg Confession), 장로교회의 웨스트민스터 신앙고백(Westminster Confession)과 같은 역할을 합니다. 이 39개 조항은 당시 천주교(Roman Catholic Church)와 개신교의 양 극단에 휘말려 영국교회가 시끄러워지는 것을 원치 않았던 엘리자베스 1세 여왕의 주도로 1571년 영국성공회 성직자회의에서 최종 승인됐습니다. 성공회의 39개 조항은 성공회의 교리를 모두 다루고 있지는 않습니다. 39개 조항은 16세기의 서로 상반된 교리적 논쟁에서 성공회의 입장을 밝히기 위해 짧은 교리적 해석을 시도한 것이며 이것이 성공회의 최종적이고 종합적인 신학체계와 신앙고백을 이루는 것은 절대로 아닙니다.[6] 다시 말해 이 39개 조항은 신앙의 통일성을 위한 신앙적 견해이지 구원에 필수불가결한 사항으로 인정해야 하는 것이 아닙니다. 그래서 이 조항에는 트리엔트공의회의 신학적 선언과 동시에 제네바의 캘빈주의 그리고 쯔빙글리의 어떤 교리와 비슷한 점이 있습니다. 교회의 전통적인 신앙고백, 특별히 초대교회의 신앙고백을 볼수 있으며 루터나 캘빈의 영향도 엿볼 수 있습니다. 하지만 어느 경우에도 신, 구교 양쪽에 치우치지 않고 성공회 신앙의 권위인 성경, 전통, 이성에 기초하여 포용적인 신앙, 중도의 신앙(Via media)을 잘 보여 주고 있습니다.[7] 비록 39개 조항이 공도문에 수록될 정도로 중요하다고 할지라도 그 조항을 따라야 하는 것은 아닙니다. 오늘날 39개 조항은 역사적 문헌으로서 세계성공회에서 취급되며 신학적, 교리적 선언으로서 강한 구속력을 갖지 않습니다. 그럼에도 성공회의 교리적 선언과 신학을 이해하기 위해서 39개 조항은 역사적 문헌으로서 가치가 있으며 안내자로서의 역할을 합니다.

람베스-시카고 4개 조항

세계성공회는 '모든 세계의 그리스도교가 재일치해야 한다' 는 계속적인 관심 아래 람베스-시카고 4개 조항(The Lambeth-Chicago Quardrilateral, 1888)의 신앙고백을 제정했습니다. 이는 시카고에 모인 미국성공회 총회(1886)에서 채택되고 1888년 전 세계 주교들이 모인 람베스회의에서 승인됐습니다. 그래서 이것을 람베스-시카고 4개 조항이라고 부릅니다. 이것은 그리스도교의 재일치를 위한 초기의 제안이었고 세계성공회의 교회일치를 위한 관심을 보여주는 것이었습니다. 4개 조항은 다음과 같습니다.[8]

1. 구약과 신약성경. 이는 "구원에 필요한 모든 것을 담고 있으며" 신앙

의 표준이며 궁극적 기준이다.

2. 사도신경은 세례의 상징이며, 니케아신경은 그리스도교 신앙의 충분한 선언이다.

3. 그리스도께서 손수 제정하신 두 가지 성사인 세례와 주의 성찬은 그리스도의 제정하신 말씀과 그분이 제정하신 질료들을 오용하지 않고 집행하여야 한다.

4. 역사적 주교직. 이는 하느님으로부터 교회의 일치에로 부름을 받은 민족들과 백성들의 다양한 요구에 따라 지역적으로 적용되는 행정적인 치리방법이다.

7-2. 2008년 람베스회의. Photo by www.anglicancommunion.org
1988년도에 전 세계 성공회 주교들의 회의인 람베스회의는 교회일치를 위한 신앙으로 람베스-시카고 4개 조항을 재확인하였습니다.

세계성공회 주교들은 교회의 재일치를 위한 근본요소로서 1988년 람베스 회의의 4개 조항을 다시 확인했습니다. 그리고 4개 조항을 인정하는 교회에는 성직을 서로 인정하며 상통할 수 있다고 했습니다. 세계성공회는 이 람베스 시카고 4개 조항은 전 세계의 교회를 하나의 믿음을 가진 공동체로 이뤄 가는데 필수적인 요소로서 이해하고 받아들입니다.

신앙의 개요 또는 교리문답

성공회 공도문에는 신앙의 개요(an Outline Of Faith)가 들어 있습니다. 이 신앙의 개요를 교리문답(Catechism)이라고 부르기도 합니다. 신앙의 개요는 성직자 또는 평신도 교리 교사가 교리 학습교재로 사용할 수 있도록 만든 것으로서 신경의 주석과도 같은 것입니다. 그러나 이 신앙의 개요가 교회의 믿음과 실천에 대한 완전한 진술은 아닙니다. 단지 교리의 출발점이며 전통적인 문답식으로 이해하기 위한 것입니다. 이 신앙의 요약은 또한 교회 가르침의 요약이기도 합니다. 그래서 성공회 신앙을 알고자 하는 사람에게 이 신앙의 요약을 제시해 줄 수 있습니다. 또한 전통적인 문답 형식을 빌어 주제별로 나뉘어 있기 때문에 예배 중에 신경 대신 필요한 부분을 인도자와 회중이 낭독하며 사용할 수 있습니다. 여기서는 신앙의 개요 중에서 신경에서 고백되는 주요 내용을 살펴보고자 합니다.

3. 창조주이신 성부 하느님에 대한 신앙

"나는 믿나이다. 전능하신 하느님 성부, 천지의 창조주를 믿나이다."
(사도신경)

"한 분이신 전능하신 하느님, 하늘과 땅과 유형무형한 만물의 창조주 성부를 믿나이다."(니케아신경)

사도신경과 니케아신경은 크게 세 부분으로 나뉘어 있습니다. 성부 하느님, 성자 하느님, 성령 하느님에 대한 것입니다. 여기서 우리는 세계성공회가 보편적으로 고백하는 신경의 내용을 살펴보고자 합니다.

7-3. 아담의 창조, 미켈란젤로의 천지창조 중 부분. photo by Wikimedia Commons.
성부 하느님은 세상을 창조하시고 통치하시고 보존하십니다.

우리들은 신경을 통해 성부 하느님을 창조주이신 하느님, 통치자이신 하느님, 아버지이신 하느님으로 고백합니다.[9] 성경은 하느님께서 만물의 창조주이심을 다음과 같이 명백하게 말합니다. "한 처음에 하느님께서 하늘과 땅을 지어 내셨다."(창세 1:1) "야훼께서 …하늘과 땅과 바다와 그 안에 있는 모든 것을 만드시고…"(출애 20:11) "그분은 만물을 창조하신 분이시며."(1고린 8:6) 하지만 성경에는 그분이 만물을 어떻게 만들었는지에 대한 언급이 없습니다. 과학은 이 세상이 '어떻게' 작용하는가를 다루지만 성경은 "왜"라는 질문을 하고 있습니다. 우리가 하느님을 창조주로서 믿는다는 것은 왜 우주가 시작되었는가? 왜 인간이 그토록 놀랍게 생겼는가에 대한 해답을 얻는 것입니다. 그것은 하느님이 사랑하셔서 우주와 인간을 창조하셨다는 고백입니다. 이 세상의 창조의 방법에 대해선 과학자들에게 질문을 합니다. 아니 과학자들도 모든 해답을 줄 수는 없습니다.

하느님은 전능하신 하느님으로서 당신이 창조하신 세계를 통치하시고 보존하십니다. 성공회 39개 조항의 제 1조항은 하느님은 '가시적인 것과 불가시적인 모든 만물의 창조자요 보존자이시다'고 고백합니다.[10] 성경은 살아있는 모든 피조물의 호흡이 그분 손안에 있음을 고백하고 있습니다. 하느님이 통치자라는 고백은 또한 비록 이 세상에 악이 존재함에도 궁극적으로는 하느님의 뜻과 목적이 승리하리라는 것을 믿는 것입니다.

창조주이신 하느님을 우리들은 아버지로서 고백합니다. 아버지께서는 위엄이 있는 동시에 자비로운 분이며, 전능하신 분임과 동시에 인자하신 분이십니다. 하느님은 하늘에 계시지만 우리와 함께 가까이 계십니다. 우리는 한 아버지 아래 범우주적으로 한 형제자매가 되며 하느님의 자녀로서 그분께서 돌보아 주시는 특권을 경험합니다.

4. 구원자이신 예수 그리스도에 대한 신앙

신경은 예수 그리스도의 신성과 인성 그리고 그분의 구원사역을 기술하고 있습니다.

"그 외아들 우리 주 예수 그리스도,
성령으로 동정녀 마리아께 잉태되어 나시고,
본디오 빌라도 치하에서 고난을 받으시고,
십자가에 못 박혀 죽으시고 묻히셨으며,
음간에 내리시어 사흘 만에
죽은 이들 가운데서 부활하시고,
하늘에 올라 전능하신 하느님 우편에 앉으시며,
그리로 산 이와 죽은 이를 심판하러 다시 오시리라 믿나이다."
(사도신경)

예수 그리스도의 위격 - 그분은 누구신가?

신경은 먼저 '예수 그리스도는 어떤 분이신가?'를 고백합니다. 신경은 '예수께서 인간이셨다'고 고백합니다. "성령으로 동정녀 마리아께 잉태되어 나시고."(사도신경) "성령으로 동정녀 마리아께 혈육을 취하시고 사람 되심을 믿으며."(니케아신경) 복음서는 예수 그리스도께서 완전한 인간이 었음을 분명하게 밝힙니다. 그는 인간의 몸을 가지셨습니다. 그는 동정녀 마리아에게 태어나셨고 피곤을 느끼고 배고픔으로 고생했습니다. 그는 인간의 감정을 가지셨습니다. 그는 화내고 슬퍼했고 사랑했습니다. 그는 인간의 경험을 했습니다. 그는 시험 당했으며 지혜를 배웠고 노동했고 부모에게 순종했습니다. 그는 완전한 사람이신 그리스도였습니다.(1디모 2:5) 예수께서 동정녀로부터 탄생했다는 것은 인간의 모친 마리아로부터 인간의 몸으로 태어났다는 고백입니다.

사도신경은 예수 그리스도가 '하느님의 외아들이시며'라고 고백합니다. 니케아신경은 이보다 더 자세하게 예수 그리스도의 신성을 묘사합니다. "오직 한 분이신 주 예수 그리스도, 모든 세계에 앞서 성부께 나신 하느님의 외아들이시며 하느님으로부터 나신 하느님이시오, 빛으로부터 나신 빛이시오, 참 하느님으로부터 나신 참 하느님으로서 창조되지 않고 나시어." 아타나시우스신경에서는 이러한 진리를 좀 더 명확히 밝히는데 '성자는 만들어지거나 창조되지 않았으며 다만 나오셨다'고 고백합니다.[11] 이런 고백은 복음서를 통해 확증됩니다. 어떻게 나사렛의 한 인간, 목수가 담대하게 하느님과 자신의 관계를 밝힐 수가 있겠습니까? 그는 비정상적으로 자기를 주장하며 하느님이라고 선언합니다.(요한 10:33) 자기를 본 사람은 하느님을 본 것이라고 주장합니다.(요한 14:9) 그분은 지극히 자기중심의 주장을 하셨지만 그의 행동은 이타적이었고 사람들을 사랑하셨습니다. 그 이유는 나사렛 예수가 하느님의 아들이셨다는 사실로밖에 설명할 수가 없습니다. 성경은 예수가 다윗의 후손인 한 인간인 동시에 하느님의 아들임을 확정합니다.(로마 1:3-4, 참조: 1요한 4:2, 필립 2:6-8) 아타나시우스신경은 다음과 같이 예수의 신성과 인성을 고백합니다.

> "우리 주 예수 그리스도, 하느님의 아들은 하느님이시며 인간이시다. 즉 성부와 동일한 본질이시며, 세계가 창조되기 전에 나셨다는 점에서 하느님이시다. 또한 모친과 동일한 본질이시며, 세상에 나셨다는 점에서 인간이시다. 따라서 그는 완전한 하느님이시며 완전한 인간이시다." [12]

결론적으로 성공회는 39개 조항 제 2항에서 그리스도의 위격을 다음과 같이 고백합니다. 그는 '온전하고 완전한 두 가지 본성, 즉 신성과 인성이 한 위격 안에 함께 참여하며, 결코 나뉘어 질 수 없다. 그러므로 한 분이신 그리스도는 참 하느님이시며 참 인간이시다.' [13]

초대교회의 교부들은 예수 그리스도의 하느님 되심을 중요시 여겼습니다. 그 결과 예수님의 인간되심을 약화시켰습니다. 그것이 제2, 3차 공의회의 고백을 가져오게 한 것입니다. 그런데 근대의 인간학적인 사고는 예수의 사람되심을 중요시 한 나머지 예수의 하느님되심을 약화시켰습니다. 그러나 성공회는 성경이 말하며 니케아공의회, 칼케돈공의회가 고백하는 것처럼 그리스도는 '참 하느님이시오 참 사람임'을 고백합니다. 참 사람과 동시에 참 하느님이신 그리스도는 삼위일체의 위격 가운데, 성령의 교제 가운데 고백되는 신앙입니다.

예수 그리스도의 사역 - 그분은 무엇을 하셨는가?

1. 예수님의 죽으심
교회의 신경(신조)은 그의 탄생에서 곧장 그의 죽으심으로 관심을 돌립니다.

"본디오 빌라도 치하에서 고난을 받으시고,
십자가에 못 박혀 죽으시고 묻히셨으며."(사도신경)

"본디오 빌라도 치하에서 우리를 위하여 고난을 받으시고,
십자가에 못 박히시고 묻히심을 믿으며."(니케아신경)

예수님은 왜 죽으셨는가? 신경은 이에 대해 아무 것도 말해 주지 않습니다. 니케아신경은 다만 '우리 인간을 위하여, 우리의 구원을 위하여… 고난받으시고 십자가에 못 박히시고 묻히셨다' 고 고백합니다. 성공회 교리문답은 "예수께서는 수난당하고 죽기까지 성부께 순종하여, 우리가 드릴 수 있는 희생제물을 바치셨습니다. 그래서 그분 안에서 우리는 죄의 권세를 벗어나 하느님과 화해하게 되는 것입니다"고 구체적으로 대답합니다.[14) 우리는 신약성경의 많은 언급을 통해 그분이 속죄제물이 되시고 우리를 죄에서 용서하시고 하느님과 화해시키셨다는 것을 확인할 수 있습니다. 인간은 모두가 죄인입니다.(로마 3:23) 죄의 근원은 하느님과의 깨어진 관계이며 그 결과 우리는 하느님으로부터, 사람으로부터, 그리고 자연세계로부터 분리된 삶을 살게 됐습니다.(창세 3장) 인간은 죄 가운데 육체적으로 죽을 수밖에(로마 6:23) 없을 뿐만 아니라 영적으로도 죽음을 경험합니다.(이사 59:1-2) 이러한 인간들을 죄에서 구원하기 위해 예수 그리스도께서 십자가에서 죽으신 것입니다. 예수님께서는 속죄의 어린양으로서 당신 자신을 바쳐 희생되셨습니다.(2고린 5:21) 최후의 만찬에서 '이것(잔)은 죄를 용서하여 주려고 너희들과 많은 사람들을 위하여 내가 흘리는 새로운 계약의 피니' (마태 26:29, 마르 14:22-25, 루가 22:19-20, 1고린 11:23-26)라고 하셨습니다. 예수 그리스도는 과월절의 어린 양(1베드 1:19, 요한 1:29, 묵시 5:6)으로서 인류의 죄를 속죄하기 위한 희생이 되셨습니다.(1베드 1:18-19, 묵

시 5:9-10, 히브 9:12-15) 그럼으로써 하느님과 인간, 인간과 인간을, 그리고
나 자신과 화해케 하셨습니다.(골로 1:19-20, 2고린 5:19, 요한 3:16) 그래서
사도 바울로는 이 사실을 이렇게 증언합니다. "우리는 그리스도의 죽음으
로 말미암아 죄를 용서받고 죄에서 구출되었습니다."(에페 1:7)

　성공회 39개 조항의 제31조항은 그리스도의 죄의 용서하심을 이렇게 선
언합니다. "단 한 번 이루어진 그리스도 자신의 봉헌은 원죄와 실범죄(實
犯罪)를 포함하여 세계의 모든 죄를 위하여 행하신 완전한 보속이며, 화해
이고 변상이다."[15] 성공회는 단 한 번에 완전한 속죄의 구속을 고백합니다.
이는 천주교의 '죄를 위한 계속되는 희생제사' 로서의 미사의 개념을 거부
합니다.[16] 천주교는 개인이 범한 계속되는 죄는 정기적인 죄의 고백과 희
생의 제사를 통해 용서받는다고 주장합니다. 천주교의 이론에 의하면 죄
의 용서는 조건적으로 개인의 죄의 고백과 사제의 죄사함 그리고 미사의
참여를 통해 이뤄집니다. 그러나 성공회는 "이른 바 미사를 희생제의로 보
고 사제가 살아 있는 사람과 죽은 사람의 고통과 죄를 덜기 위해 그리스도
를 봉헌했던 것은 불경하게 지어낸 이야기이며 위험한 기만이었다"고 성
공회 39개 조항 제31조항에서 고백하고 있습니다.

2. 예수님의 강하, 부활 그리고 승천
　신경은 십자가에서 죽으신 그리스도의 죽음으로 끝내지 않고 이어진 다
섯 가지의 사건, 사역에 대해 연속적으로 언급합니다.

　첫째 사도신경은 예수님이 '음간에 내리시어' 라고 고백합니다. 성공회
사도신경에는 이 고백이 분명하게 있지만 한국 개신교 사도신경에는 이
고백이 누락돼 있습니다. 누락된 이유는 연옥설을 배격하기 위한 것입니
다.[17] 영어로는 'He descended into hell' 또는 'He descended to the
dead' 로 돼 있습니다. 이 고백은 여러 가지 뜻을 지니고 있습니다. 첫째

그리스도께서 참으로 죽으셨다는 것입니다. 둘째 음간으로 표현되는 용어는 영어로 'hell'로 표현도 되는데 이는 죽은 뒤에 형벌을 받는 장소인 게헤나(gehenna)가 아니라 죽은 자들의 처소인 헬라어 하데스(hades)입니다. 그래서 그리스도는 모든 죽은 사람들이 가는 곳으로 가셨다는 것입니다. 셋째로 에페소 4:9-10에 기록된 것처럼 그리스도는 하늘과 땅 위의 모든 것의 주님이실 뿐만 아니라 땅 아래, 사망의 어둠의 세력까지 정복하신 주님이심을 말하는 것입니다. 그리고 넷째로 그리스도 부활 이전에 이 세상의 복음의 기회를 듣지 못한 사람들에게도 구세주의 손길이 뻗쳤다는 점입니다.(1베드 3:19, 4:6) 교리문답은 '죽은 자에게로 가서서 그들에게도 구원의 은총을 주셨다'고 돼 있습니다.[18]

둘째 '사흘 만에 죽은 자 가운데서 부활하시고'라고 고백합니다. 예수님은 부활하셨습니다. '사흘 만에'라는 구절은 부활의 역사성을 증거하는 것입니다. 부활은 역사 속에서 구체적으로 일어난 사건입니다. 우리가 어떻게 예수의 부활을 증거할 수 있겠습니까? 영국성공회의 신부이며 알파 프로그램의 개발자인 니키 검블 신부는 다음과 같이 네 가지 근거로 부활의 실제를 증명합니다[19]. ① '무덤이 비워 있었다'고 복음서는 증거합니다. 예수님은 마치 나비고치가 빈 번데기 집을 벗어나듯이 세마포 수의를 놓으시고, 빈 무덤을 남기시고 부활하셨습니다. ② 사도시대의 전승이 '예수님은 죽으셨다는 것과 무덤에 묻히셨다는 것과… 사흘 만에 다시 살아나셨다는 것과…나타나셨다는 사실입니다'(1고린 15:2-8)고 분명히 증거합니다. 부활하신 주님은 제자들에게 나타나셨습니다. 제자들은 예수님 죽음 이후 절망에 빠졌는데 부활체험 이후 담대하게 복음을 전파하게 됐습니다. ③ 교회가 탄생해 무서운 속도로 성장했습니다. 예수님의 제자들뿐만 아니라 박해와 죽음 가운데서도 부활을 경험한 신도들은 교회에 참여했습니다. 그래서 교회는 부활절의 빈 무덤에서 태어나 온 누리에 퍼져 나갔습니다. ④ 셀 수 없는 많은 사람들이 오랜 세월을 거쳐 부활하신 예수 그리스도를 경험했습니다. 오늘도 전 세계 수백만의 그리스도인들은 부활하신 예수 그리스도와의 관계를 경험하고 있습니다.

7-4 그리스도 왕. Evangelistar von Speyer, um 1220, Photo source:http://www.blb-karlsruhe.de, Wikimedia Commons. 성공회 신자들은 신앙의 신비를 고백합니다. "그리스도는 죽으셨고, 그리스도는 부활하셨고, 그리스도는 다시 오십니다" 이것이 성공회 신앙의 핵심입니다.

그리스도께서 부활하셨다는 것은 사망과 죄악의 권세를 멸하시고 우리로 하여금 영생을 얻게 하신 것입니다.[20] 예수께서는 부활하심으로써 죽음을 이기셨습니다.(로마 6:9-10, 1고린 15:25,54-56, 히브 2:14-15) 그리고 부활의 첫 사람으로서 우리에게 영생의 소망을 주셨습니다. 예수님의 부활은 그가 죄의 권세도 이기셨음을 말해 줍니다. 그는 부활로써 죄를 이기시고 악을 선으로, 사랑으로 이기셨습니다. 사랑의 승리를 보여 주셨습니다. 뿐만 아니라 부활을 통해 하느님의 나라가 앞당겨 실현되었음을 알렸습니다. 그래서 초대교회 신도들은 하느님 나라를 선포하며 하느님 나라가 그 속에서 앞당겨 나타나는 공동체 안에서, 공동체를 위해 살아갔습니다.

셋째 예수님은 '하늘에 오르셨다' 고 고백합니다. 예수님의 승천을 말합니다. 예수님은 부활 후 40일 만에 하늘로 승천하셨습니다. 루가복음은 그것이 역사적 사실임을 기록합니다. 그분은 부활 후 40일 동안 여러 차례 나타났다가 사라지곤 하셨습니다. 그런데 이제는 눈으로 볼 수 있게 공개적으로 승천하셨습니다. 그것은 제자들에게 더 이상 그분을 기다릴 필요가 없게 됐고 그 이후에 성령이 오실 것을 기다려야 한다는 것을 의미했습니다. 그분이 올라가신 하늘은 물리적으로 하늘을 의미하기보다는 시공간을 초월한, 하느님이 임재하시는 곳을 의미한다고 보아야 합니다.

3. 예수님의 안식과 재림

넷째 예수님은 '하늘에 오르사 전능하신 하느님 우편에 앉으시며' 라고 고백합니다. 오른편에 앉으셨다는 표현은 회화적(繪畵的) 표현으로써 그리스도께서 하느님의 가장 가까운 곳에 앉으셨다는 뜻입니다. 주님께서 '죄를 위하여 영원한 제사를 드리시고 하느님 우편에 앉으시어' 구속사업을 완성하시고 범우주적 승리로 안식하고 계심을 의미합니다.(히브 10:11-12) 그 자리는 그리스도께서 왕으로서 옥좌(玉座)에 계시면서 모든 것을 지배하시는 것을 뜻합니다.(시편 110:1) 주님은 "하늘과 땅의 모든 권세를 내게 주셨다"(마태 28:18)고 하셨고 사도 바울로는 같은 내용을 다르게 표현하고 있습니다.(필립 2:9-10)

다섯째 예수님은 '그리로부터 산 이와 죽은 이를 심판하러 다시 오시리라 믿나이다' 고 사도신경은 고백합니다. 니케아신경은 '산 이와 죽은 이를 심판하러, 영광 속에 다시 오시리라 믿나니, 그의 나라는 끝이 없으리이다' 고 고백합니다. 주님의 재림을 믿는 것입니다. 그리스도인들은 주님께서 재림하실 것을 믿습니다. 그 이유는 주님께서 말씀하셨기 때문입니다.(마르 14:62) 초대교회 신자들도 믿었습니다. 그러면 언제 다시 오시는 가요? 그것은 주님도 '모른다' 고 하셨습니다.(마르 13:32) 다만 자신을 따르는 자에게 '깨어 있으라' 고 설득하기 위해 긴박하게 말씀하셨다고 해석합니다. 그분의 재림의 주된 목적은 구원의 축복을 자기 백성들에게 주기 위함입니다. 그리고 두 번째 목적은 심판입니다.(요한 5:22,27, 사도 10:42, 17:31) 이 심판은 모든 서신의 중심을 이루기도 합니다.(2디모 4:1, 2데살 1:6-10, 로마 2:5-10, 묵시 2:23, 22:12) 그러므로 믿기를 거부한 자에게는 영원한 멸망의 형벌을 내리지만(2데살 1:9) 믿는 자들은 영원한 그분 나라의 상속자가 될 것입니다. 의로운 재판관이신 그리스도 왕께서는 우리 모든 사람을 믿음과 삶에 따라 심판하신다는 뜻입니다.(마태 25:31-46, 2디모 4:1 묵시 20:12)

5. 생명을 주시는 성령 하느님

'성령을 믿으며' (사도신경)

"주님이시며 생명을 주시는 성령을 믿나니, 성령은 성부와 성자로부터 나오시며, 성부와 성자와 더불어, 같은 경배와 영광을 받으시며, 예언자들을 통하여 말씀하셨나이다." (니케아신경)

성령은 누구신가?

사도 바울로는 고린토인들에게 보내는 둘째 편지를 이렇게 맺습니다. "주 예수 그리스도의 은총과 하느님의 사랑과 성령께서 이루어 주시는 친교를 여러분들이 누리기를 빕니다."(2고린 13:13) 놀라운 말입니다. 왜냐하면 초대교회 교우들이 일찍이 삼위일체 하느님을 체험하고 고백했기 때문입니다. 성경에서 하느님의 현존, 하느님이 하시는 일이 종종 불과 물로 표현됩니다. 하느님이 하시는 일은 어둔 밤에 불을 보는 것 같고 혹은 사막에서 물을 발견하는 것과 같습니다. 그런데 불과 물은 하느님 삼위일체의 현존 방식을 이해할 수 있도록 도와줍니다. 불은 온기를 주고, 불은 빛을 주고, 불은 타오릅니다. 물은 갈증을 해결해 주고(또는 생명을 주며), 물은 씻어 주며, 물은 증기를 주는데 이 증기는 에너지를 제공해 줍니다. 하나이면서 세 가지 다른 방식은 삼위일체이신 하느님의 존재방식이기도 합니다. 성령께서는 삼위일체이신 하느님이십니다.

니케아신경은 성령을 '생명을 주시는 하느님' 이라고 고백했습니다. 성령은 하느님의 창조의 영으로서 창조에 함께 하셨습니다.(창세 1:1-2, 2:7) 성령의 힘으로 '우리는… 숨쉬고 움직이며 살아' (사도 17:28)갑니다. 성령은 창조의 영, 육체적 생물학적 생명뿐만 아니라 영적인 생명을 주십니다.(로마 8:13-17) 성령은 구원의 역사 속에서 특별한 일을 위하여 특별한 때에 특별한 사람에게 찾아 오셔서 구원의 능력으로 역사하셨습니다. 성령은 판관들에게, 왕에게, 예언자들에게, 예술가들에게 임하셔서 하느님의 구원의 역사를 수행하셨습니다. 성령은 새로운 창조를 일으키는 능력으로서 사람들의 마음을 바꿔 새 마음을 주고 회개하게 하고 공동체의 삶의 힘이 됐습니다.

'성령은 성부와 성자로부터 나온다' 고 고백합니다. 성령은 성부와 성자에 의하여 보냄을 받았고(요한 14:16, 16:17) 하느님의 영, 그리스도의 영으로 불리고 있습니다. 성령은 예수님의 탄생, 등장, 활동 그리고 부활의 모든 과정 속에 새로운 창조를 일으키는 하느님의 능력입니다. 예수님께서는 성령의 신성이 영원히 성부로부터 나온다고 언급하셨습니다.(요한 15:26) 니케아신경은 그분이 또한 '성자로부터 나온다' 고 덧붙였습니다. 일명 필리오케(Filioque, '아들로부터' 라는 뜻의 라틴어)라 불리는 이 구절은 오랫동안 논란이 돼 왔는데, 1054년 동방교회(Eastern Orthodox Church)와 서방교회(Roman Catholic Church)가 분리되는 결정적 원인이기도 했습니다. 이 구절이 확실하게 성경적으로 뒷받침 받지 못한다는 것도 사실입니다. 그렇지만 성령은 '주' 이시며 '성부와 성자와 더불어 경배와 영광을 받으시는' 분이라는 니케아신경의 진술에는 동의합니다. 성 아타나시우스신경은 이 점을 다음과 같이 선언합니다. "성부와 성자와 성령의 신격이 모두 하나이시다. 영광도 동일하시고, 위엄도 동일하시다… 따라서 성부도 전능하시고, 성자도 전능하시고, 성령도 전능하시나, 전능하신 이가 셋이 아니요 다만 하나이시며 성부도 하느님이요, 성자도 하느님이시요, 성령도 하느님이시다. 성부, 성자, 성령은 세 하느님이 아니라 한 하느님이시다." [21]

성령은 인격적 존재로서 예수님은 살아 있는 인격체로서 성령을 언급합니다.(요한 14:26, 15:26, 16:8,13,14) 성령은 지성, 감정과 의지를 소유한 것으로 예수님과 사도들은 언급하는데 이 세 가지는 인격을 구성하는 3대 요소로 인식됩니다.[22]

성령의 사역

신경은 성령께서 어떤 일을 하시는지에 대해 언급하지 않습니다. 하지만 우리들은 성경을 통해 성령의 사역을 다음과 같이 살펴 볼 수 있습니다. 성령의 사역 중에 가장 중요한 것은 그리스도의 진리를 증거하는 것입니다.(요한 14:26, 15:26) 성령은 그리스도의 진리를 밝히고 교회를 그 진리로 인도합니다. 성령의 사역을 존 스토트 신부는 영국성공회 세례와 견진를 준비하는 사람들을 위해 쓴 책『그리스도인의 기본(Christian Basic)』에서 일곱 가지 분야로 언급합니다.[23] ① 성령은 그리스도인들이 회심하도록 합니다. ② 성령은 그리스도인에게 확신을 갖도록 합니다.(2 고린 1:22, 에페 1:13, 4:30, 로마 8:9) ③ 성령은 그리스도인들이 거룩한 삶을 살도록 인도합니다. (1데살 4:7-8, 갈라 5:16,18,25) ④ 성령은 진리의 영으로서 하느님, 그리스도, 그리고 하느님의 말씀을 이해하도록 돕습니다.(요한 14:26, 16:23) ⑤ 성령께서는 그리스도인들이 교제하고 가족으로서 하나되게 합니다. ⑥ 성령은 다양한 선물(은사)을 주셔서 교회를 세우고 세상에서 섬기도록 합니다. 성령은 선교에로 인도합니다. 성령은 담대하게 그⑦ 스도를 전하게 하고 가정, 직장, 친구, 이웃 그리고 세계 속에서 그리스도를 전하도록 이끄십니다. 성령께서는 그리스도의 영으로서 우리와 함께 계시며(에페 3:16-17), 우리의 믿음으로 말미암아 변화를 일으키는 하느님의 능력입니다. 성령은 때때로 집행자로 불리는데 이 말은 성부와 성자께서 오늘날 세계와 교회 안에서 행하고자 하는 바를 성령을 통해 시행하시기 때문입니다. 이 사실을 성공회 교리문답은 "성령은 삼위일체의 제삼위의 하

느님이시고, 세상과 교회 안에서 오늘날까지 활동하시는 하느님이시다"고 대답합니다.[24]

6. 거룩하고 공번된 교회

"거룩하고 공번된 교회와"(사도신경)

"하나이요, 거룩하고, 공번되고 사도로부터 이어오는 교회와"
(니케아신경)

신경은 성삼위일체에 관한 고백을 한 뒤에 교회에 관한 고백을 합니다. '교회'라는 말, 희랍어 '에클레시아'는 그리스도를 위해 세상에서 그리스도인의 대리인이 돼 그리스도의 뜻을 실행하며 지상과 천국에서 영원히 예수님과 함께 하고자 부름을 받고 모임 사람들을 뜻합니다. 보통 교회라는 말은 교회의 건물, 특별한 지역교회, 교파의 뜻으로 사용되지만 신경에서 말하는 교회는 모든 장소, 모든 시대에 있어서 그리스도인을 총칭하는 말입니다.

'교회는 하나이다'고 고백하는데 실상 이 세상에는 많은 교파가 존재합니다. 그럼에도 '교회가 하나이다'고 하는 것은 교회는 언제나 그리스도의 주권 아래, 그리스도 한 분을 머리로 하는 몸이기 때문입니다.

"교회는 거룩합니다." 교회가 거룩하다고 하는 고백은 "성령께서 교회 안에 계시고, 교인들을 거룩하게 해 주시고, 하느님의 사업을 하도록 인도하기 때문입니다."[25] 비록 교회에 죄인들인 인간이 모여 완전하고 인간적인 오류가 없는 모습을 보이지 못한다 할지라도 성령께서 교회 안에 계셔서 교인들을 거룩하게 인도하십니다. 교회는 죄인들의 모임이지만 성령께서 하느님의 사업을 하는 가운데 거룩하도록 인도하십니다.

'공번된 교회' 라는 것은 보편적 교회라는 뜻입니다. 단어 'catholic' 도 '공교회적인, 공번된, 보편적인' 등의 뜻을 가지고 있습니다. 교회는 이 세상 끝 날까지, 모든 사람에게 온전한 신앙을 선포하기 때문에 공교회, 즉 보편된 교회입니다. 교회는 모든 시대, 지역, 계층, 연령, 성별에 관계없이 열려 있고 차별이 없기 때문입니다. 그런데 이 '보편적인 교회' 의 고백은 초대교회 당시 변혁적인 고백입니다. 왜냐하면 당시에는 차별이 있었기 때문입니다. 한국에서 천주교를 가톨릭이라고 부르지만 엄밀한 의미에선 세상 모든 교회가 가톨릭교회입니다. 천주교를 가톨릭이라고 할 때는 로마가톨릭교회라고 하여야 합니다. 세계천주교회는 로마가톨릭교회(Roman Catholic Church)로 표현합니다.

교회는 '사도로부터 이어져왔다' 는 고백은 '교회가 사도들의 가르침과 친교를 전승해 왔고, 세상 모든 사람들에게 그리스도의 사명을 수행하도록 보내어졌기 때문에 사도적입니다.'[26]

우리 교회의 이름, 성공회는 거룩(聖)하고 공번(公)된 교회(會)라는 신경의 고백을 옮긴 것입니다.

7. 마지막 날의 소망

신경은 마지막 날들에 대한 소망으로 끝을 맺습니다.

"죄사하심과 육신의 부활을 믿으며 영원히 삶을 믿나이다."(사도신경)

"죄를 사하는 하나의 세례를 믿으며

죽은 이들의 부활과 후세 영생을 기다리나이다. 아멘."(니케아신경)

'죄사함과 세례에 관한 내용'은 성사와 성공회 부분에서 언급할 예정이 므로 여기서는 생략합니다. 여기서는 마지막 날들에 대한 우리의 소망을 언급합니다.

그리스도는 영광 중에 다시 오실 것입니다. 그는 '다시 오셔서 모든 사물 을 새롭게 해' 주시고, '산 이와 죽은 이를 다시 심판하시리라고 믿습니 다.'[27] 우리 그리스도인들에게 있어서 죽음은 모든 것의 끝이 아닙니다. 성 령의 힘에 의해 그리스도께서 승리하심으로써 우리 자신도 부활을 기대할 수 있고 영원한 생명을 기다릴 수 있습니다. 그러나 동시에 그리스도는 우 리의 생활과 신앙에 따라 심판하신다고 경고하십니다. 그러므로 우리들은 그리스도와 영광 속에 주와 함께 있기를 원한다면, 영원한 생명의 새로운 존재, '우리는 하느님과 서로를 완전히 아는 기쁨을 맛보면서 하느님의 모 든 백성들이 연합되는 것'을 바라보기 원한다면, 지금 이 세상에서 예수 그 리스도를 구세주로 믿고 그의 말씀대로 살아야 하는 사명을 완수해야 합니 다. 그때 우리에게 육신의 부활과 영생이 있을 것입니다.

예수 그리스도는 부활하심으로써 죽음을 정복하시고 부활의 첫 열매가 되셨습니다. 그리고 우리에게 부활의 희망을 약속해 주셨습니다. 우리가 육신의 부활이라고 할 때 그 육신은 우리가 지상에서 가지고 있는 자연적 육체가 아니라 우리의 인격을 형성하는 모든 것을 갖춘 전인격적인 자아로 서, 새로운 몸을 말하는 것입니다. 이 새로운 몸은 추상적으로 육체에서 벗 어난 비인격적인 영혼만이 부활한다는 것이 아닙니다. 그것은 이 세상에서 경험하지 못한 새로운 몸이고 새 생명입니다.(1고린 15:35-44, 1요한 3:2)

영원한 생명은 '그리스도께서 지배하고 다스리는 나라'(요한17:3, 로마

6:23, 묵시 21:6-7)이며 '하느님과 백성들이 서로를 완전히 아는 기쁨을 맛보면서, 하느님의 모든 백성들과 연합하는 것입니다.'[28]

우리는 지금까지 신경을 살펴보았습니다. 세계성공회는 신경, 교리에서 특정 교리를 내세우지 않고 역사 이래로 중용의 길(a Via Media)을 실천하여 왔습니다. 이 길은 어떤 사람들에게는 너무 개방적이어서 불편하게 여겨지기도 합니다. 또 한편 어떤 사람들에게는 니케아신경에 요약된 것처럼 신앙의 실천이 너무 제한적인 것처럼 느껴지기도 합니다. 그럼에도 불구하고 성공회는 니케아신경이 그리스도교 신앙의 기본적인 신경이라고 가르치고 신자는 그것을 따라야 한다고 가르칩니다. 니케아신경은 성찬예배 때에 고백됩니다. 그리고 세례성사 때의 신경인 사도신경은 매일기도 시간에 외우게 됩니다. 성공회는 신경의 문장에 대해 완고한 해석을 가지고 있지 않으며 이해의 증진에 따라 재해석할 수 있는 여지를 남겨둡니다. 그래서 성공회 안에서는 성경을 문자적으로 해석하는 근본주의자들이 있고 이들은 신경에 대한 문자적인 해석을 시도합니다. 다른 한편에서는 성경에 대한 문자적 해석이나 초자연적인 해석을 거부하는 부류도 있습니다. 하지만 성공회 신자들은 신경을 전체적으로 이해하며 외우고 신앙의 고백으로 받아들입니다. 신경에서 국제 영어 번역은 '나는' 대신에 '우리는 믿나이다'로 바꾼 것을 천주교, 성공회, 루터교 그리고 다른 교회가 인정합니다. 이는 교회의 신경을 개인적인 신앙고백이기보다는 공동체의 고백으로서 받아들이기 때문입니다. 신경의 구절 중에 문자적으로는 개인이 도저히 납득할 수 없는 것도 교회공동체의 신앙을 표현한 것으로 존재할 수 있습니다. 이는 신학적인 이해와 해석에서 개인적인 차이를 인정하는 것입니다.

신앙은 신경을 이해하고 그것을 받아들이는 것으로 충분하지 않습니다. 믿음은 이미 처음 시작할 때에 언급한 것처럼 예수 그리스도와의 인격적

관계입니다. 신경은 우리에게 삼위일체 하느님에 대한 교회공동체의 믿음을 이해하는 데에 도움이 됩니다. 그러나 하느님을 알고 신뢰하는 것은 머리로만 아는 것이 아니라 마음을 다하고 뜻을 다하고 정성을 다하고 힘과 생각을 다하여 그리스도와 인격적 관계를 깊이 맺어나가는 과정입니다. 기도와 성경을 읽음으로써 그리고 교회에서 이끌어 주는 여러 가지 신앙지도를 통해서 우리들은 점차 하느님을 알아가게 됩니다. 또 오직 하느님의 은혜 가운데만 그분을 믿을 수 있고 사랑할 수 있고 신뢰할 수 있습니다.(요한 15:16, 1요한 4:10) 우리는 '내(예수) 말대로 살면 참 내 제자가 되어 진리를 알게 될 것이며 그 진리가 너희를 자유롭게 할 것이다'(요한 8:31)는 예수님의 말씀을 체험하게 될 것입니다. 그러므로 그리스도교의 믿음은 예수 그리스도를 믿는 믿음 안에서만 이해될 수 있는 것입니다.

8-1. 칠성사 제대화. Rigier van Weyden,c 1399-1464, Koninkilijk Museum, Belgium,
source: Wikimedia Commons.
성사는 하느님의 은총을 경험하는 통로입니다.
성공회는 성사를 통하여 인간이 태어나서 죽기까지,
삶의 전 과정을 통해 하느님의 은총을 경험하도록 합니다.

제8장 _ 성사와 성공회

"그리스도여,

당신이 나의 얼굴을 마주 대고 만나 주시나이까?

내가 당신을 뵈는 것은 성사 안에서입니다"

(성 암브로스)

"전능하신 하느님,

성자 우리 주 예수 그리스도는 세상의 빛이시오니,

주의 백성들을 말씀과 성사로써 밝혀 주시고,

그리스도의 영광으로 빛나게 하시고,

세상 끝까지 주를 알고 경배 드리며 순종하게 하소서.

지금과 영원히 사시며 다스리시는 한 하느님,

우리 주 그리스도를 통하여 기도하나이다. 아멘."

(공현 후 제2주일 본기도, 미국성공회 공도문, 1979)

1. 성사란?

많은 사람들이 뮤지컬 레미제라블(Les Miserables)를 통해 용서의 드라마를 보았습니다. 뮤지컬 레미제라블은 빅토르 위고의 소설을 줄거리로 합니다. 죄수 장발장은 빵을 훔친 죄로 19년의 중노동을 선고받고, 점점 사나운 죄수로 변해 갑니다. 드디어 출소했지만 그는 당시 죄수들의 신분증을 가지고 다녀야만 했습니다. 그 어느 누구도 그에게 빵을 주지 않고 따뜻한 잠자리를 허락하지 않습니다. 뮤지컬 배우는 '하루저녁 끝에' 라는 곡에서 "하루 끝날 무렵이지만 얻은 것은 아무 것도 없네. 빵을 살 수가 없고 그저 맨 땅에 주저앉았네!" 라고 노래합니다.[1] 이것은 당시 가난한 사람들의 모습을 노래한 것이지만 장발장의 모습이기도 했습니다. 그렇게 나흘을 헤맨 끝에 마침내 어느 시골에서 친절을 베푸는 주교를 만납니다. 그날 밤 장발장은 편안한 침대에 누워 있다가 주교가 잠자리에 들자 침대에서 일어나 찬장을 뒤져 은제 집기를 훔쳐 어둠 속으로 달아납니다. 이튿날 아침 경찰이 장발장을 끌고 와서 주교의 문을 두드립니다. 물건을 훔친 도둑을 붙잡은 것입니다. 경찰은 이 악당을 평생 감옥에 집어넣을 태세였습니다. 그러나 주교의 반응은 누구도 예상치 못한 것이었습니다. "다시 오셨군요!" 주교는 장발장에게 큰 소리로 외칩니다. "참 다행입니다. 제가 드린 촛대를 잃어버리고 안 가져가셨군요. 그것을 팔면 200프랑은 될 것입니다." 장발장은 눈이 휘둥그레졌습니다. 그저 말로 표현할 수 없는 심정을 눈빛에 담아 주교를 쳐다볼 뿐이었습니다. 주교는 경찰에게 장발장은 도둑이 아니라고 설명합니다. 주교는 할 말을 잊고 있는 장발장에게 촛대까지 내어 주면서 정직한 사람이 되는데 돈을 쓰라고 말합니다. 주교의 조건 없는 용서에 장발장의 삶이 완전히 달라집니다. 대리석처럼 차가운 그의 마음은 녹아내리고 새사람이 됩니다. 그는 나중에 '나는 누구인가'에서 이렇게 노래합니다. "내 영혼은 하느님께 속하네. 나는 오래 전에 이 사실을 갈구했네. 그(하느님)는 희망이 사라졌을 때 나에게 희망을 주었네. 그 (하느님)는 나에게 새 삶의 힘을 주었네."[2] 그는 촛대를 팔지 않고 소중한 상징물로 간직하며 여생을 어려운 사람들을 돕습니다. 장발장은 주교를 통해 용서를 경험하고 새로운 삶을 살게 되었습니다. 장발장은 촛대를 팔 수가 없었습니다. 왜냐하면 장발장에게 촛대는 은혜와 용서의 상징이기 때문입니다.

교회에는 성사(聖事)가 있습니다. 개신교에서는 성례전(聖禮典)이라고 합니다. 라틴어로는 사크라멘툼(sacramentum)이라고 하고 영어로는 새크 러먼트(sacrament)라고 합니다. 이 용어들은 어떤 숨겨진 의미를 가지고 있는 표징에 사용됩니다. 우리들은 일상생활 속에서 외적이고 가시적인 표지들을 찾아보고 확인할 수 있습니다. 우리는 악수를 하면서 우정을 나누고, 연인 사이에 키스를 하면서 사랑을 나누고, 국기에 대하여 경례를 하며 충성을 다짐합니다. 교회에서 성사는 하느님께서 우리에게 주시는 내적이고 영적인 은총을 말하는데 그 은총은 외적인 형태를 지녀 볼 수 있습니다. 다시 말해 눈으로 볼 수 있는 외적인 물건, 표징이 단순한 외적인 형태를 넘어서 내적이고 영적인 은총을 품고 있을 때 그것을 성사라고 합니다.

성사는 눈으로 볼 수 있는 외적인, 상징적인 부분(표지)과 내적인 은혜의 두 부분으로 구성됩니다. 외적이고 눈으로 볼 수 있는 표지를 질료(matter) 라고 하며 내적이고 영적인 은총을 형상(form)이라고 합니다. 성사에서 질료는 세례의 경우엔 물, 성찬예배의 경우엔 빵과 포도주 등 물질적인 실체를 말합니다. 그리고 형상은 예식의 행위와 공식적인 말들을 의미합니다. 성사는 그리스도께서 거저 주시는 것입니다. 우리가 노력해서 얻는 것이 아닙니다. 그리스도께서 우리를 위해 베풀어주시는 은총을 말합니다. 교리문답은 "성사란… 내면적이며, 영적인 은총을 외적, 가시적으로 보여주는 증표로서, 그리스도께서 우리가 그 은총을 받을 것을 보증해 주시는 확실하고 분명한 수단입니다"고 합니다.[3] 2세기에 살았던 성 이레니우스 (St. Irenaeus)는 성사는 '몸과 영의 조화로운 일치를 선언'한다고 말했습니다.[4] 간단하게 말해서 성사란 그리스도의 은총을 간직한 외적인 표지라고 이해할 수 있습니다.

왜 하느님은 우리에게 성사를 주시는가? 그것은 우리 믿음의 연약함 때문입니다. 그래서 하느님께서는 눈에 보이고 손으로 만질 수 있고 외적인 표징을 통해 우리에게 은총을 내려주시는 것입니다. 다시 말해 성사의 주된 목적 가운데 하나는 우리의 신앙을 이끌어내어 교육시키고 나아가 우리의 믿음을 강화하기 위한 것입니다. 우리가 성사를 받는다고 해서 하느님의 은총을 모두 경험하는 것은 아닙니다. 성공회는 성사를 하느님의 현존, 하느님의 은총의 약속으로 이해하고 받아들입니다. 그러나 동시에 성사를 받는 사람의 신앙의 조건을 중요하게 여깁니다.[5]

2. 성사의 수

'성사가 몇 개인가?'하는 논쟁이 세계성공회공동체 안에 있지만 이는 쓸모없는 것입니다.[6] 2개인가? 아니면 7개인가를 정하는 것이 중요하지 않습니다. 숫자를 정함으로써 성사를 분명히 이해할 수 있지만 이는 동시에 포괄적인 성사적인 삶과 이해를 막아버리는 오류를 범하도록 합니다.

성공회, 루터교, 개신교는 세례와 성찬의 두 가지 성사만을 인정합니다. 일부 성공회가톨릭(Anglo-Catholic)교회, 천주교에서는 7성사(七聖事)를 인정합니다. 그것은 세례, 성체, 견진, 조병, 죄의 고백, 혼배, 성직서품 등입니다. 대부분 성공회에서 세례와 성찬을 복음적 성사라고 하고 나머지 다섯 가지는 성사적 예식으로 인정합니다. 성공회 39개 조항 제25조항에서도 특히 두 개의 성사를 그리스도께서 직접 세우신 복음적 성사라고 인정합니다. [7] 그러나 나머지 다섯 가지를 성사로서 부정하지는 않습니다. 다만 두 개의 성사는 '일반적으로 또는 보편적으로' '구원에 필요한' 성사로서 이해합니다. 천주교에서도 7성사를 인정하지만 2개의 성사와 나머지 5개의 성사를 모두가 같은 정도의 의무로 부과하는 것은 아닌 것으로 이해합니다. [8]

교회의 역사를 거슬러 올라가면 어거스틴은 304개 종류의 성사를 언급했고 12세기의 빅톨 휴는 적어도 30개가 넘는 것으로 정리한 때도 있습니다. 저는 개인적으로 하느님의 성사를 어찌 인간이 '몇 개다' 라고 제한할 수 있냐고 질문하고 싶습니다. 하느님의 역사하시는 은총은 인간의 한계를 넘어, 인간적으로 제한할 수가 없기 때문입니다. 하느님께서는 특별한 방법으로 우리에게 은총을 주실 수가 있습니다. 모든 것 속에 하느님의 구원하시는 뜻이 임재하고 그 신성성이 내재되었다는 것을 열린 마음으로 받아들일 때 성사적 은총을 발견할 수 있습니다. 그 은총은 만질 수 있고, 볼 수 있고, 경험할 수 있습니다. 때로는 냄새를 통해서도 전달됩니다. 그 성사적 은총은 교회 안에 있습니다. 그리고 교회밖에도 있습니다. 하느님의 성사적인 은총은 우리들의 삶 속에서 호흡과도 같이 우리들의 삶을 이뤄 나가고, 우리들의 삶을 감싸고 우리들의 삶을 지탱해 나갑니다. 우리들은 여기서 그리스도교의 가장 근원적인 성사를 발견하게 됩니다. [9] 그것은 예수 그리스도이십니다. 하느님은 예수 그리스도 안에서 하느님의 실제, 의지와 목적을 분명하게 그리고 충분히 표현하셨습니다. 그리고 그것을 실행하고 달성하셨습니다. 그래서 예수 그리스도는 하느님의 완전한 성사입니다.(2고린 4:4, 골로 1:15, 2:9, 요한 1:14, 히브 1:13)

또한 교회는 최초의 성사입니다. 교회는 그리스도의 몸으로서 하느님과 하느님의 통치의 의지와 목적을 가시적으로 표현하기 때문입니다. 그래서 제2차 바티칸공의회에서는 교회를 '최초의 성사'라고 했고 영국성공회 캔터베리 대주교인 윌리엄 템플은 "교회는 그 자체가 영원한 성사이다"고 말했습니다. 좁은 의미에서 성공회는 하느님의 은총을 경험할 수 있는, 그리스도에 의해 직접 제정된 성사는 세례와 주의 성찬(성체)이라고 이해합니다. 이 성공회의 선언은 교회일치를 위한 성공회의 신학적 이해라 할 수 있고, 이는 모든 교회가 이의(異意)없이 받아들이는 것입니다. 2개의 성사를 인정하는 기준은 그리스도께서 직접 세우신 예식이어야 하고 구원을 위해 반드시 받아야할 예식을 말합니다. 세례의 경우, "물과 성령으로 새로 나지 않으면 아무도 하늘나라에 들어갈 수 없다"는 말씀(요한 3:5, 마르 16:16)과 성찬의 경우, "사람의 살과 피를 먹고 마시지 않으면 생명을 간직하지 못할 것이다"(요한 6:53)에 근거합니다. 하지만 나머지 다섯 가지 성사적 예식은 개인의 필요에 따라 받을 수 있는 것으로 모든 사람들이 반드시 받아야 하는 것은 아니기에 성사적 예식으로 받아들여지고 있습니다.

3. 복음적 성사

세례성사

세례(洗禮 baptism)란 물로 씻는 예식을 말합니다. 물로 몸을 씻어 깨끗하게 하는 것처럼 죄에 물든 영혼을 씻어 하느님의 은총으로 새롭게 태어나는 예식입니다. 그것은 영적인 탄생, 신앙의 새로운 출발입니다. 그래서 세례성사는 그리스도교에 입문하는 성사입니다. 세례성사는 주님께서 친히 세우신 성사(성례전)입니다. 주님께서 친히 세례자 요한에게 세례를 받으셨고, 물과 성령으로 세례를 베풀라고 명령하셨으며, 초대교회에서는 이에 따라 세례를 베풀었습니다. 예수님께서는 "믿고 세례를 받는 사람은 구

8-2. 예수님의 세례 부분. Piero Della Francesca, 1450, National Gallery, London, Photo by Wikimedia Commons. 그리스도인들은 세례를 통하여 그리스도의 죽음과 부활에 참여합니다.

원을 얻는다"(마르 16:15-16)고 말씀하셨습니다. 그러므로 이 세례성사는 구원을 얻기 위해 예수 그리스도를 공개적으로 고백하는 것이며 새로운 이스라엘인 교회공동체로 들어가는 신앙의 입문성사입니다.[10]

세례의 외적 표지는 물입니다. 물은 깨끗이 씻어내는데 사용합니다. 물에 빠지면 죽습니다 그리고 물은 새 생명을 줍니다. 우리는 세례의 물을 통해 죄를 씻어냅니다. 세례의 물을 통해 물속에 들어가서 옛 자아, 죄된 자아에 대해 죽습니다. 물을 통해 새로운 생명을 얻습니다. 세례예식은 이마에 물을 붓거나 온몸에 물을 붓거나(관수 冠水), 물에 잠기는 예식(침수 浸水)을 통해 물에 들어가서 죽고 다시 물위로 나와서 새롭게 사는 것을 상징하는 것입니다.(사도 2:38, 1베드 3:21, 마태 28:18-19, 로마 6:4, 골로 2:12, 2고린 5:17) 그리고 우리가 죄로부터 씻음을 받는 것을 상징합니다. 세례는 죽고 다시 태어나는 예식입니다. 이를 사도 바울로는 다음과 같이 말합니다.

"세례를 받고 그리스도 예수와 하나가 된 우리는 이미 예수와 함께 죽었다는 것을 모르십니까? 과연 우리는 세례를 받고 죽어서 그분과 함께 묻혔습니다. 그래서 그리스도께서 아버지의 영광스러운 능력으로 죽은 자들 가운데서 다시 살아난 것처럼 우리도 새 생명을 얻어 살아가게 된 것입니다. 우리는 그리스도와 같이 죽어서 그분과 하나가 되었으니 그리스도와 같이 살아나서 또한 그분과 하나가 될 것입니다. …우리가 그리스도와 함께 죽었으니 또한 그리스도와 함께 살리라고 믿습니다."(로마 6:3-8)

세례의 의미 중 가장 중요한 것은 세례를 통해 그리스도의 죽음과 부활에 참여하는 것입니다.[11] 그래서 성공회는 물로 축복하면서 다음과 같이 기도합니다.

"물 안에서 우리는 죽어서 그리스도와 함께 묻히고 물에 의해서 우리는 그리스도의 부활에 참여하며 우리는 성령의 힘으로 거듭나나이다."[12]

이 입문예식을 통해 세례를 받은 자는 세 가지 특권을 누리게 됩니다. "세례를 통하여 하느님이 우리를 당신의 자녀로 삼으시고, 그리스도의 몸인 교회의 지체로 만들어 주시고, 하느님 나라의 상속자로 세워 주십니다."[13] 우리는 세례를 통해 하느님께서 죄를 용서하여 주시고 하느님의 자녀가 됩니다.(갈라 4:4-5, 로마 8:15-17, 갈라 3:26-27, 에페 1:5) 세례를 통해 그리스도의 한 지체가 되고 교회공동체의 일원이 됩니다.(1고린 12:13, 갈라 3:27, 1고린 6:15, 15:22, 에페 1:3, 2:6) 또한 세례를 통해 하느님 나라의 시민이 되며 하느님 나라의 상속자가 됩니다.

세례 받기를 원하는 자는 버릴 것, 믿을 것, 지킬 것 등 세 가지 약속을 합니다.[14] 이를 우리는 세례성사의 언약(the baptismal covenant)이라고 합니다. 이 약속은 하느님과 하느님의 백성들 앞에서 새 신자가 약속하는 고백이며, 신앙의 출발이며 그리고 세례 이후에 계속돼야 할 신앙생활의 약속입니다. 첫째는 거절입니다. 마귀와 세속과 정욕을 거절할 것을 약속합니다. '하느님을 거역하는 마귀와 악령의 일… 하느님이 지으신 만물을 타락하게 하며 파괴하는 이 세상의 악한 세력… 하느님의 사랑으로부터 떼어

놓는 모든 죄스러운 욕망을 거절' 하기로 약속합니다. 둘째는 믿을 것입니다. '예수 그리스도를 믿고 그분을 구세주'로 받아들이는 믿음, 성부, 성자, 성령의 삼위일체를 믿는 믿음입니다. 셋째는 지킬 것입니다. 예수 그리스도를 따르고 그의 계명을 지키는 것입니다. 우리는 다음과 같이 세례 언약식에서 약속합니다. "당신은 그리스도의 몸인 성체를 뗄 때와 기도할 때에, 사도들의 가르침과 친교를 계속하겠습니까?… 당신은 그리스도 안에서 말과 행위로 하느님의 복음을 전파하겠습니까?… 당신은 이웃을 내 몸같이 사랑하고, 모든 사람을 그리스도처럼 섬기겠습니까?… 당신은 모든 민족간에 정의와 평화를 위해 힘쓰며 모든 인간의 존엄성을 존중하겠습니까?" 이 약속은 세례 후보자 자신의 힘으로 이룰 수 없는 것입니다. 그러므로 세례를 받을 자는 '하느님의 도우심으로 그렇게 하겠습니다'고 고백합니다. 뿐만 아니라 하느님의 백성들은 '서로 힘을 다해 이 신자(새신자)들이 그리스도 안에서 성실한 믿음의 생활을 하도록 도와' 줄 것을 약속합니다. 그리고 세례를 받은 신자에게 성령의 도우심으로 함께 할 것을 간구합니다. 이제 세례를 받은 자는 하느님께서 주시는 은총 가운데, 성령의 인도하심 가운데 그리고 그리스도의 사람으로서 표적을 가지고 살게 됐습니다. "당신은 세례로써 성령의 날인을 받았고 영원히 그리스도의 사람으로서 표적을 받았습니다."[15] (참조: 2고린 1:22, 에페 1:13, 4:30)

성공회에서는 유아세례를 인정하고 베풉니다.[16] 그러나 침례교파(재세례파, 침례교회)나 다른 교파에서는 어린이 세례를 인정하지 않습니다. 그들은 그리스도께 대한 신앙의 고백을 스스로 할 수 있는 자만이 세례를 받을 수 있다고 믿기 때문입니다. 하지만 성공회는 유아의 세례를 인정하고 실천합니다. 왜냐하면 예수님은 어린아이를 축복하셨고(마르 10:14), 예수님은 태어난 지 8일만에 할례를 받았고, 사십일 뒤에 성전에 봉헌되셨습니다. 이 성경적 사실들은 어린이를 향한 하느님의 축복과 하느님을 향한 부모의 계약을 말해 줍니다. 그래서 성공회에서는 어린이는 유아의 양친 또는 보호자의 신앙에 의해 하느님과의 계약에 참여할 수 있고 하느님의 은총을 받는 자가 된다고 믿습니다. 그리고 신약성경은 어린아이를 포함한 한 가족 전체가 세례를 받은 기록(사도 16:15,33, 10:47, 1고린 1:16)을 보여 줍니다. 더욱이 중요한 것은 세례에 있어서 주도권은 인간이 아니고 하느님이며, 세례의 은총은 하느님의 자유로운 선물이지 인간의 신앙에 대한 보상이 아니며, 성령에 힘입어 세례받은 자들이 변한다는 믿음입니다. 그리고 초대교회 특히 2세기의 문헌에 보면 유아세례가 당시 보편적으로 행해졌음을 알 수 있습니다. 그러므로 어린이의 세례는 성경적이며 초대교회의 역사적 전통인 것입니다. 성공회에서 세례는 보통 사제(또는 부제)와 주교에 의해서 주일에, 회중들이 참여한 공적인 예배에서 행해집니다. 하지만 위급 시에는 천주교나 성공회에서는 평신도들도 세례를 베풀 수 있도록 허락하고 있습니다.

오늘날 많은 교회에서는 세례를 주기 위한 특별한 주일을 따로 정하기도 합니다. 그러나 어떤 교회에서는 전통적으로 부활절 그리고 성령강림절에 세례를 주기도 합니다. 오늘날에는 세례의 공동체적인 성격을 인정해 가능한 사적인 세례식을 행하지 않으려 합니다. 교회공동체는 가족으로서 새로 세례를 받은 생명을 환영합니다. 사적인 세례는 교회공동체를 배제시키는 것이고 사적인 집단으로 발전하는 서곡처럼 변질됐던 적도 있습니다. 세례는 새신자의 신앙을 성숙시키는데 책임을 지는 교회공동체에서 공개적으로 행하는 것이 바람직합니다. 단지 병중에 있는 것 같은 극한 상황에서의 개인적인 세례는 예외입니다.

성체성사

나를 기억하여 이 예를 행하라
예수님은 제자들과 최후의 만찬을 드셨습니다. 그리고 최후의 만찬을 통해 새로운 계약을 세우시고 성체성사(성찬예식)를 정하셨습니다. 예수께서는 식사 중에 빵을 들어 감사의 기도를 드리신 다음 이것을 떼어서 제자들에게 주시면서 말씀하셨습니다. "이것은 너희를 위하여 내어주는 내 몸이다. 나를 기념하여 이 예식을 행하여라." 또 식사 후에 잔을 들어 감사의 기도를 드리신 다음 그들에게 주시며 말씀하셨습니다. "너희는 모두 이 잔을 받아 마시라. 이것은 죄를 용서하여 주려고 너희들과 많은 사람들을 위하여 내가 흘리는 새로운 계약의 피니, 마실 때마다 나를 기억하여 이 예를 행하라."(마태 26:29, 마르 14:22-25, 루가 22:19-20, 1고린 11:23-26) 빵과 포도주는 예수님이 십자가 위에서 상처받은 몸과 흘리신 피를 말합니다. 예수님께서는 당신 자신을 십자가에 달리셔서 희생제물이 되시고 우리의 죄를 용서하시고 하느님과 인간을 화해시키셨습니다.(골로 1:19-20) 주님은 십자가에 달려 돌아가심으로써 새 계약을 맺으셨습니다. 그리고 주님께서는 우리가 이 예식을 반복해서 기념하도록 요청하셨습니다. 우리는 그리스도께서 명하신 대로 그리스도의 생애와 죽음과 부활을 끊임없이 기념하여 그리스도께서 다시 오실 때까지 이 예식을 반복합니다. 우리는 이것을 성체성사(The Holy Eucharist)라고 합니다.

성체성사의 여러 이름들

이 성체성사는 거룩한 희생의 제사(holy sacrifice)라고도 부릅니다. 이는 그리스도께서 우리들의 죄를 용서하기 위해 자신을 희생하셔서 십자가에 달려 돌아가신 것을 기억하기 위한 것입니다. 또 십자가에서 거룩한 사랑의 희생을 이루신 그리스도를 기억하기 위한 것입니다. 이와 함께 그리스도의 사랑의 희생으로 우리 모두는 하느님과 화해를 이루고 새로운 신적인 생명을 가지게 되었음을 드러내기 위한 것이기도 합니다. 그런데 여기서 거룩한 희생의 제사라고 표현할 때에 천주교와 성공회가 의미하는 것이 다릅니다. 천주교는 그리스도의 거룩한 희생의 제사를 미사를 드릴 때마다 반복해서 드린다고 생각합니다. 하지만 성공회에서는 거룩한 희생의 제사는 십자가상에서 단 한 번, 완전히 이루셨고 그 이후 교회는 그 거룩한 희생의 제사를 기념하는 것으로 이해합니다. 이런 성공회의 이해는 또한 대부분의 개신교회의 이해이기도 합니다.

성체성사는 여러 이름으로 불려 왔습니다.[17] 사도 바울로는 주님의 만찬 (The Lord's Super, 1고린 11:20)이라고 했습니다. 주님의 만찬은 그리스도 께서 수난하시기 전날 밤에 빵과 포도주를 제자들에게 주신 최후의 만찬 을 기념하기 위한 것입니다. 또한 주님의 만찬은 우리를 초대하신 분 역시 그리스도이시고 그 만찬의 주인으로서 주재하시는 분도 그리스도이시고, 이 만찬을 통하여 우리에게 영적인 양식을 공급하는 분도 그리스도라는 것을 상기시킵니다. 그것은 우리들이 참여하는 '주님의 식탁'이라고도 불 립니다. 사도행전에서는 빵을 나눔이라고 했습니다. 빵을 나눈다는 것은 그리스도의 몸이 십자가상에서 못 박혀 찢겨진 그 희생의 죽음을 상기시 키고자 함입니다.

또한 그리스도교인들은 이 성찬예배를 유카리스트(Eucharist)라고 불렀 습니다. 유카리스트는 '감사한다, 축사(祝謝)한다, 축복한다'는 의미의 그 리스어 동사입니다. 초대교회에서 이 말을 사용할 때에는 주님의 모든 은 혜에 대해, 창조에 대해(빵과 포도주는 하느님의 창조물의 한 상징임), 그 리스도의 구속사업에 대해(그리스도의 몸과 피) 그리고 하느님께 감사한 다는 점들이 강조됐습니다. 우리가 드리는 성체성사는 하느님의 창조와 구원의 역사 그리고 이 역사를 완성해 가시는 모든 행위에 대한 찬양과 감 사입니다. 대한성공회는 2004년도 성공회 기도서를 편찬하면서 '감사성 찬례'라는 이름으로 이를 번역해 종전의 미사라는 이름을 대신했습니다. 영어권 성공회에서는 대부분 'The Eucharist 또는 Holy Communion'으로 표현합니다. 초대 교회 때에 불려진 또 다른 이름은 거룩한 신비였습니다.

동방교회에서는 최종적으로 전례라는 용어를 사용했습니다. 동방교회의 중심예배를 '신적인 전례(the Divine Liturgy)' 라고 부릅니다. 전례 (Liturgy)는 구약에서는 유대인 성전에서 하는 하느님의 백성들의 일, 예배를 지칭한 말이었고, 신약에서는 그리스도인들의 예배행위를 일컫는 말이었습니다. 오늘날은 그리스도를 예배하기 위해 하느님의 백성들이 모여서 하는 일을 리터지(Liturgy)라고 부릅니다. 한국 동방정교회에서는 이 신적인 전례를 '성찬예배' 란 말로 번역했습니다. 서방의 천주교에서는 라틴어인 미사(Missa)를 처음에는 전례의 제한된 의미로 사용하다가 점차적으로 일반적인 용어로 사용했습니다. 미사라는 말은 문학적으로 의식의 끝 부분인 '파견' 을 말합니다. 라틴어로 '미사가 끝났으니 평안히 가십시오' (Ite missa est)라는 말에서 나왔습니다. 이런 이유 때문에 '파견' (missio) 을 말하는 것이 '의식 전부' 를 의미하는 것으로 일반화됐습니다. 성공회에서는 종교개혁 이후부터 거룩한 상통(Holy Communion, 보통 성체성사라고 번역합니다)이라는 용어를 일반적으로 사용하고 있습니다. 이는 주님의 식탁에서 함께 하는 '만남의 식사' 이며, 하나의 빵으로부터 그리스도와 하나 되고 또한 형제자매들과 하나가 되는 공동체성과 일치를 표현하는 것입니다. 이와 같은 모든 역사적인 제목들은 성찬예배의 의미와 중요한 면들을 강조하는 것으로서 그것 나름대로 가치가 있습니다. 그러나 그 어느 것도 성찬예배의 완전한 의미를 표현하지는 못합니다.

빵과 포도주

교회는 주님의 만찬을 거행하는 데에 항상 빵과 포도주를 사용해 왔습니다. 성찬예배에서 빵과 포도주는 그리스도의 몸과 피를 상징합니다. 예수님은 여러번 자신을 '생명의 빵' 으로(요한 6:35,51), '참된 음료' (요한 6:56)라고 말씀하셨습니다. 쪼개어진 빵과 부어진 포도주는 십자가상에서 죽으신 그리스도의 죽음을 상징합니다. 빵과 포도주는 하느님의 창조세계의 결실이며 인간 노동의 상징입니다. 이를 제대에 봉헌하는 것은 하느님의 창조세계의 결실을 감사로서 그리고 인간 노동 전체, 인간의 삶 전체를 봉헌하는 것과 같습니다. 이 원료, 빵과 포도주는 영적인 자양분을 공급합니다. 그래서 우리가 받아먹고 마시는 빵과 포도주를 '하늘의 빵'과 '구원의 잔'이라

8-3. **빵과 포도주.** photo by 이성훈.
성찬예배에서 빵과 포도주는 그리스도의 몸과 피를 상징합니다. 그리고 이는 하늘의 빵, 구원의 잔을 의미합니다.

고 표현합니다. 우리의 영적인 생활은 그리스도의 생명과 영으로 유지되고 성숙해지는 것입니다.

성찬의 은총

우리가 성찬예배를 드릴 때마다 하느님께서 우리에게 주시는 은총은 이루 말할 수 없습니다.[18] 먼저 성찬예배는 예수님께서 속죄의 희생제물이 되신 것을 기념하는 것입니다.(2고린 5:21) 우리가 그리스도의 살과 피를 먹고 마실 때마다 우리의 죄가 용서받았음을 확증합니다.(에페 1:7) 둘째로 성찬예배를 통해 우리는 예수님과 하나가 됩니다. 예수님께서는 이렇게 말씀하십니다. "내 살을 먹고 내 피를 마시는 사람은 내 안에서 살고 나도 그 안에서 산다."(요한 6:56, 참조: 요한 6:53, 묵시 3장 20절, 마태 18:20) 그러므로 성찬을 받으면서 우리는 예수님과 하나가 됩니다.(참조: 1고린 1:9, 2고린 13:3, 요한 15장) 셋째로 성찬예배를 통하여 한 덩어리의 빵을 먹고 한 잔의 포도주를 마시는 우리는 그리스도 안에서 하나가 됩니다. 사도 바울로는 "빵은 하나이고 우리 모두가 그 한 덩어리의 빵을 나누어 먹는 사람들이니 비록 우리가 여럿이지만 모두 한 몸인 것입니다"(1고

린 10:17)고 했습니다. 성찬 안에서의 형제적 일치와 친교는 비단 그 시간, 그 현장을 넘어서 모든 그리스도교 신자들과 역사적으로, 공간적으로 하나가 되게 합니다. 넷째로 우리가 지금 행하는 성찬은 과거의 그리스도께서 제자들과 나눈 성찬을 기념하며 또한 종말에 있을 하느님 나라의 잔치에 미리 참여하는 것입니다.(루가 22:16, 1고린 11:26) 주님께서는 마지막 만찬에서 '아버지의 나라에서도 이것을 행할 것'이며 '하느님 나라에서 함께 먹고 마실 것'을 약속하셨습니다.(루가 22:30, 참조: 루가 13:29, 2고린 5:21, 묵시 19:9)

성찬에 대한 신학적 이해

우리가 성찬예배 중에 먹고 마시는 빵과 포도주는 실제로 그리스도의 살과 피가 될까요? 이에 대한 신학적 입장이 교파마다 다릅니다.[19] 천주교에서는 빵과 포도주가 사제의 축성기도를 통해 완전하게 그리고 실제적으로 예수 그리스도의 살과 피로 변화된다고 믿습니다. 이를 거룩한 변화라 하여 교리적으로 화체설(化體設 Transubstantiation)이라고 말합니다. 루터교회는 천주교의 견해와 비슷하게 공재설(公在說 consubstantiation)을 말합니다.[20] 루터교회는 '성찬 집례시 빵은 빵으로, 포도주는 포도주로 남아 있다가 성찬을 받는 순간에만 빵과 포도주 안에, 빵과 포도주와 함께 그리스도의 살과 피가 동시적으로 실재한다'고 믿습니다. 대부분의 개신교회는 빵과 포도주는 단지 상징일 뿐이라고 믿습니다. 빵과 포도주는 예수님의 살과 피로 절대로 변할 수 없는 것이며 그것은 단지 예수님의 살과 피를 상징(sign)하는 물체에 지나지 않는다고 믿습니다. 그리스도는 그를 회상하는 영(靈)에서 현존하고, 빵과 포도주는 외적 표식에 불과하고 그리스도의 현존과는 전혀 관계가 없다고 이해합니다. 이런 교리를 우리는 상징설(象徵說 Symbolism), 또는 기념설(記念設 Memorialism)이라고 말하고 그레고리 딕슨은 이를 실제적 부재(實在的 不在 Real Absence)라고 불렀습

니다.[21]

　성공회는 분명하게 천주교의 화체설 교리를 부인합니다. 성공회는 빵과 포도주는 믿음으로 받아들일 때만 그리스도의 살과 피가 된다고 믿습니다. 16세기의 유명한 성공회 신학자인 리처드 후커(Richard Hooker)는 "그리스도의 가장 축복된 몸과 피의 실제적인 임재는 성찬에 의해서가 아니라 성찬을 가치있게 받아들이는 사람에게서 발견된다"고 말했습니다.[22] 성공회의 이런 신학적 입장을 수찬설(受餐設 Rreceptionism)이라고 말하며, '우리가 믿음으로 빵과 포도주를 받아들일 때에 그리스도께서 살과 피로서 실제적으로 임재한다' 는 뜻에서 임재설(臨在說 Real Presence)로 표현합니다. 우리의 믿음은 상징을 넘어서 성체가 대변하는 실재를 바라봅니다. 그리고 빵과 포도주를 취해 우리의 입 속에 넣고 마시는 것처럼, 우리들을 위해 십자가에 못 박히시고 자신의 살과 피를 주신 주님을 믿음으로 받아들입니다. 성공회의 신학적 견해는 천주교나 개신교회의 견해와는 분명히 다릅니다. 천주교는 성찬을 받는 신자들의 신앙을, 반대로 개신교회는 하느님께서 신비한 방법으로 역사하시는 능력을 간과했다고 볼 수 있습니다. 그러나 성공회의 견해는 이 두 가지 면을 간과하지 않습니다. 그리고 두 가지 면을 다 포용합니다. 성공회의 신학은 하느님의 신비한 능력과 동시에 믿는 이들의 신앙을 강조합니다. 그러나 성공회 안에서는 화체설을 받아들이는 사람도, 기념설을 받아들이는 사람도 있습니다. 성공회 신자들은 여러 가지 신학적 이론 중에 단지 어느 것 하나를 반드시 믿어야 할 필요가 없습니다. 본인의 이해에 따라 그리고 신앙에 따라 받아들일 수 있습니다. 그리고 이들의 신앙이 잘못됐다고 말하거나 배제하지 않습니다. 그 이유는 성찬은 하느님께서 우리에게 주시는 신비한 선물이며 동시에 받는 사람의 신앙이 중요하기 때문입니다. 이 모든 신학적 이론은 성찬에 임하시는 그리스도의 현존을 이해하기 위한, '신앙적인 이해를 돕기 위한 시도'입니다.[23] '신앙적 이해를 돕기 위한 시도'는 성 안셈(St. Anselm)에 의해 최초로 정의됐는데 모든 이론은 성찬을 이해하기 위한 목적으로 표현된 것이라는 것입니다.

4. 성사적 예식들

성공회에서는 한 사람의 생애에서 중요한 사건마다 하느님의 축복을 구합니다. 그래서 우리의 전 인생을 통해 하느님의 은총을 구하고 우리들의 인생이 성화(聖化)돼 가도록 기도합니다. 우리들의 탄생에서부터 성장, 결혼, 질병, 범죄, 죽음 그리고 특별한 부르심에 이르기까지 인간이 경험하는 개인적인 그리고 공동체적인 중대한 순간에 성사를 통해 하느님의 구원의 현존, 축복을 요청하고 그 현존에 인격적으로 응답하는 과정이 7성사(七聖事)입니다. 그래서 성사적 예식을 통해 하느님께서 우리들 삶 속에 현존하시며 은총으로 함께 하시고, 우리들의 삶을 만지시고 다듬으시고 축복으로 인도하시는 것을 경험합니다. 그러므로 교회의 성사와 성사적인 예식들은 밀접하게 인간의 생활과 관련돼 있고 매 단계마다 하느님의 현존에 의해 거듭 성화되고 강화되는 과정입니다.[24] 그리고 이 7성사를 통하여 우리들은 하느님께서 우리들을 사랑하시는 사랑과 교회공동체의 사랑을 동시에 경험합니다.[25]

견진예식

견진예식의 서문에는 다음과 같은 문장이 있습니다. "그리스도교 신자로 성장하는 과정에서 유아세례를 받은 사람들은 적당히 준비되었을 때에 그들의 세례언약에 대한 믿음과 헌신을 공적으로 확인하는 뜻에서 주교의 안수를 받아야 한다. 성인으로서 세례받은 사람이 세례 때에 주교로부터 안수를 받지 않았으면 이것 또한 주교 앞에서 세례언약에 대한 믿음과 헌신을 공적으로 확인하는 뜻에서 주교의 안수를 받아야 한다."[26] 세례성사를 통해 우리는 그리스도의 지체가 됩니다. 그리고 견진을 통해 세례 때에 한 믿음의 약속을 다시 확인하고 신앙 안에서 살기 위해 성령을 통해 새로운 힘을 받습니다. 유아세례를 받은 사람은 견진예식을 통해 그리스도교 신앙과 생활에 대해 배우고 유아영세 때에 부모나 대부모에 의해서 약속한 세례언약을 자주적 결심에 의해 자아의식으로 책임적으로 고백합니다. 성인이 세례받았을 경우에는 견진은 세례성사의 완성으로써 세례언약에 대한 믿음과 헌신을 공개적으로 고백하는 것이며 교회의 신앙적 훈련을 받고 신앙을 성숙한 단계로 이끄는 통과의식(a rite of passage)입니다. 존 웨스트호프 3세는 견진예식은 정체성의 의식(a rite of identity)이라고 표현했습니다.[27] 다시 말해 그리스도인으로서 정체성을 가지면서 영적으로 성장하도록 결단하는, 책임을 지는 예식이라는 것입니다.

견진예식의 외적 표지는 주교의 안수와 기름부음입니다. 주교는 견진예식을 할 때에 사람들의 머리에 손을 얹고 기도합니다. "주여, 주의 종을 주의 성령으로 굳세게 하시어 주님을 섬길 능력을 주시고, 일생토록 그를 붙들어 주소서."[28] 그리고 이마에 기름을 바릅니다. 초대교회에서는 성령을 받기 위해 안수했던 기록이 있습니다.(사도 19:1-6) 안수하는 행위는 축복을 전달하고 하느님의 능력을 전달하는 방법이었습니다. 이는 구약성경과 신약성경에서 계속적으로 반복되는 영적 능력을 전달하는 방법이었습니다. 구약시대에 기름을 바르는 관습은 신약시대에 그대로 전해졌습니다.(2고린 1:21-22, 1요한 2:20,27) 구약시대에 임금, 제사장, 예언자들은 기름을 바르고 그 직책에 올랐습니다. '그리스도'란 말도 '기름부음 받은 자'란 뜻이고 그리스도인이란 말은 '기름부음 받은 예수를 믿는 사람'을 안디옥 지역에서 부르기 시작한 것에서 연유합니다. 견진예식에서 기름을 바르는 것은 견진을 받은 신자는 그리스도의 복음을 전하는 그리스도의

종이라는 선언입니다. 이와 함
께 견진의식은 기름부음을 받
은 자 입장에선 선교사로 파견
을 받는 예식입니다. 그것은
마치 성직자들이 주교로부터
의 안수를 통해 성직의 직무에
부르심을 받는 것과도 같습니
다. 평신도들은 견진예식을 통
해 평신도 사제직의 안수를 받
고 확고히 합니다. 그래서 견
진 축복기도에 "성령의 크신
능력을 이들에게 주시어 당신
께서 이들에게 주신 봉사를 감
당하게 하소서" 라고 기도하고
안수를 한 뒤에는 "주여, 이 종

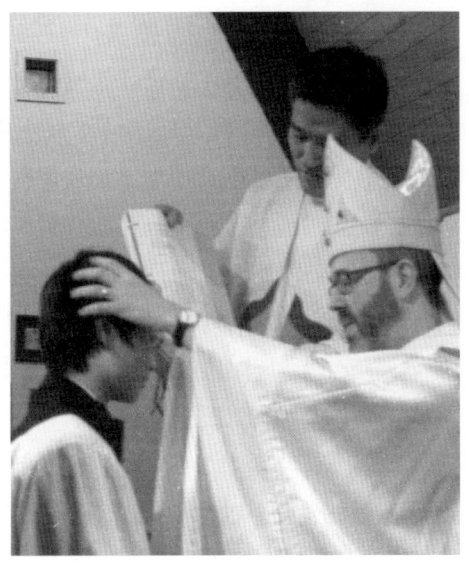

8-4. 안수. photo by David Skidmore, Diocese of Chicago.
안수는 축복의 전달과 성령의 함께 하심의 상징입니다.
안수는 기독교 예배에서 중요한 외적인 표지입니다.

(   )에게 성령을 내리소서. 믿음을 강건하게 하시고 일생동안 주님을 섬
기게 하소서" 라고 기도합니다.[29]

혼배예식

성공회에서는 결혼을 축복합니다. '혼배는 혼인할 남녀 서로가 하느님
앞에서 행하는 엄숙하고도 공개적인 서약' 입니다[30]. 혼배는 하느님께서 남
녀를 창조하시고 하나 되게 하신 최초의 인간제도입니다. 예수님께서는 가
나의 혼인잔치에 참여하시어 첫 이적을 베푸셨습니다. 교회가 혼배를 축복
하는 것은 신앙의 성육신적인 본성을 실현하고 인간관계 한 가운데서 하느
님의 은총을 희구하는 것이며, 남녀의 창조, 성, 자녀의 출생과 양육이 하느
님의 훌륭한 계획임을 확인하는 것이며 하느님의 계속되는 창조에 참여하

는 것입니다.[31] 이 혼배예식을 교회에서 교우들과 함께 하는 데는 두 가지 목적이 있습니다.[32] 첫째는 남녀의 서약에 증인이 필요하기 때문입니다. 그래서 교우들은 "죽음이 그들을 나눌 때까지" 그들이 약속한 서약을 지켜나가도록 증인이 됩니다. 둘째는 당사자들을 축복하기 위한 것입니다.

혼배예식의 본질은 남녀 두 당사자가 자유롭게 동의하는 하나의 계약입니다. 그 계약은 '당신을 사랑하며 소중히 여길 것을' 약속하는 것입니다[33]. 혼배예식의 외적 표지는 서로 손을 합하고 서약하는 것입니다. 서약을 하고 난 뒤 그 서약의 상징으로 반지를 서로 주고 받습니다. 반지의 둥근 것은 결혼생활의 완전성과 영원성을 상징합니다. 재료인 금은 결혼의 신성성과 불변성을 의미합니다. 또한 사랑의 순결을 표시하기 위해 가장 쓰지 않는 네 번째 손가락에 반지를 끼웁니다. 이 반지를 끼워줌으로써 남편(아내)은 '나의 모든 것과, 내가 가진 모든 것을 바쳐 당신을 존중할 것을' 맹세합니다.[34] 그리고 난 뒤에 사제는 두 사람의 손을 합하게 하고 영대로 감아 부부됨을 선언합니다. 결혼한 부부들은 하느님의 선물이며 유산인 자녀를 낳고 자녀들이 '하느님을 알도록 양육하여 주를 사랑하고 섬기게' 할 책임을 갖습니다.[35] 결혼의 서약은 당사자들의 자유로운 결단이지만 어떻게 남자와 여자가 평생을 온전히 헌신하는 관계 속에서 살아갈 수 있을까요? 그것은 하느님의 은혜로 가능한 것입니다. 그래서 우리는 "성령의 힘으로 이 두 사람에게 풍성한 은혜를 베풀어 주소서", "하느님 성부, 하느님 성자, 하느님 성령께서 이들에게 복을 주시고 보전하시고 보호하소서"라고 기도하는 것입니다.[36]

죄의 고백과 화해의 예식

예수 그리스도는 당신 자신이 십자가에 달려 죽으심으로써 우리의 죄를 용서하시고 하느님과 화해를 이루게 하셨습니다. 그러나 인간은 자유의지로 인해 다시 죄를 짓습니다. 이런 죄를 지으며 살아가는 인간들에게는 '함께 죄에 대하여 이야기하고, 우리에게 값없이 주는 은혜를 제공하는 공동체… 자신을 용서하도록 하는 공동체가 필요' 합니다.[37] 다시 말해 인간은 세례 후에도 계속 죄를 짓고 그 죄를 공동체 안에서 용서받을 필요가 있기에 교회는 죄의 고백과 화해의 예식을 발전시켰던 것입니다.

예수님께서는 본인에게 죄를 용서하는 권한이 있음을 말씀하셨습니다.(마태 9:27, 28:18) 그리고 이 권한을 부활 후에 제자들에게 주셨습니다. "성령을 받으라. 누구의 죄든지 너희가 용서해 주면 그들의 죄는 용서받을 것이요. 용서해 주지 않으면 용서받지 못한 채 남아 있을 것이다."(요한 20:23) 사도들은 이 권한을 계속적으로 교회에 물려주어 사제들에게 준 것입니다. 그러므로 사제들의 용서의 권한은 그리스도에게서 오는 것이지 사제에게서 오는 것이 아니며, 사제는 "나에게 주신 주님의 권능으로 내가 당신의 죄를 성부와 성자와 성령의 이름으로 사합니다"고 선언하는 것입니다. 사제의 선언은 죄의 고백의 외적인 표지입니다. 사적 고백에서 사제는 공동체의 대표로서 행동하며 공동체가 죄인을 용서해야 함을 보여주는 것입니다.[38] 하느님께서는 죄를 고백하는 자를 용서하시기로 약속하셨습니다. 마치 루가복음 15장에서 죄를 뉘우치고 돌아온 아들을 아버지께서 보시고 달려나가 그를 맞으며, 그를 돌보고, 그를 회복시키고, 잔치를 베푸는 것과 같습니다. 그래서 죄의 고백을 통해 우리들은 죄를 용서받고 하느님과 공동체와 평화를 이루며 하느님의 생명으로 살 수 있는 새로운 기회를 얻는 것입니다.(2고린 4:10)

성공회는 죄의 고백에서 공동체를 강조합니다.[39] 초대교회는 죄를 공개적으로 고백했습니다. "여러분은 죄를 서로 고백하고 서로 남을 위하여 기도하십시오. 그러면 모두 온전하여 질 것입니다."(야보 5:16) 이런 죄의 고백은 구약성경(레위 4-5장, 민수 5:6-7, 여호 7:19, 1사무 14:33), 신약성경

(마르 1:5,44, 사도 19:18)에서 발견되는 것입니다. 이런 죄의 고백을 통해 교회공동체로 돌아오는 것이고 교회공동체에서 분리된 상태에서 화해를 이루는 것이었습니다. 그런데 죄의 공개적 고백이 초대교회로부터 교회가 커지면서 다른 문제를 가져오자 대안적 방법으로 교회공동체의 대표인 사제에게 고백하도록 했습니다.

천주교는 성체를 받기 전에 사제에게 죄를 고백해야 한다고 규정, 사적인 죄의 고백(private confession)을 권장했습니다. 성공회에서는 개인의 필요에 따라 개인적인 죄를 고백할 수도 있고, 공적인 예배에서 일반적인 죄를 고백할 수도 있습니다.[40] 죄의 고백에서 강조할 사항 중 하나는 하느님의 끊임없는 용서입니다. 성공회는 종교개혁을 하면서 죄를 회개하는 사람들을 향한 하느님의 용서의 은총을 선언했습니다. 그래서 매일기도와 성찬예배 중에 일반적인 죄의 고백을 통해 개인의 죄는 교회공동체의 관심사며 하느님께서는 끊임없는 자비를 주시는 분이심을 확증하였습니다.[41]

모든 교회가 죄의 고백의 형식과 사죄의 약속이 필요하다는 것을 인정합니다. 천주교에서는 죄의 고백을 성사(성례전)로 인정합니다. 그러나 성공회는 죄의 고백은 성사가 아닌 성사적인 예식으로 인정합니다. 천주교 교리에 의하면 사죄의 선언은 원칙적으로 서품된 사제만 할 수 있습니다.[42] 성공회는 사제가 개인적인 죄의 고백의 경우 사죄선언을 하지만 매일기도에서 사죄의 선언은 평신도들도 할 수 있도록 했습니다.

결론적으로 죄의 고백에 관한 성공회의 일반적인 견해를 우르반 홈즈(Urban Holmes)는 다음과 같이 말했습니다.[43] "모든 사람이 죄를 고백할 수 있다. 모든 사람이 반드시 해야하는 것은 아니다. 하지만 어떤 사람은 반드시 해야한다." 그리고 그는 "나의 문제는 죄의 고백을 필요로 하지 않는 사람을 단 한 사람도 만나지 못했다는 사실입니다"고 덧붙였습니다.

조병예식

사람들은 건강하기를 원합니다. 하지만 인간들은 육체적, 정신적, 영적 질병을 앓을 때가 있습니다. 성공회는 하느님께서는 인간이 건강한 삶을 살기 원하셨다고 보고 인간을 전인적으로 돌보기 원합니다. 그래서 아픈 이들을 돕는 예식으로 병자를 방문하고 축복하는 예식인 조병예식(조병성사)을 하고 있습니다. 조병성사는 '환자에게 기름을 붓거나, 안수를 통해서 육체, 정신 그리고 영을 치유하는 하느님의 은총을 받는 예식' 입니다.[44] 예수님은 친히 병자를 고치셨습니다. 그리고 제자들에게 치유의 사명과 은사를 주시고 파견하셨습니다.(마태 10:8, 마르 16:18) 사도행전은 치유에 관한 많은 기사를 보여주고 있습니다. 병든 자를 위한 활동은 초대교회의 중요한 봉사 중 하나였습니다. 조병성사의 외적인 표지는 안수와 기름바름입니다.

성공회에서 병자를 위한 예식은 세 부분으로 구성돼 있습니다.[45] 첫째는 말씀의 전례입니다. 성경말씀을 통해 환자를 신앙으로 부르고 치유의 믿음을 확인하는 것입니다. 이때에 환자가 원하면 죄의 고백과 사죄의 선언을 할 수 있습니다. 둘째는 안수와 성유(聖油)바름입니다. 안수하고 기름을 바르는 것은 하느님께서 환자를 다스리시도록, 사랑으로 치유하시는 능력으로 함께 하도록 하기 위한 것입니다. 사도들은 병자에게 기름을 바름으로 병을 고쳐주었습니다.(마르 6:13, 야고 5:14-15) 기름은 하느님의 은혜와 인간의 돌봄을 감각적으로, 시각적으로 전달하는 수단입니다. 역사적으로 기름은 정결함과 의학적 목적으로 사용됐습니다. 셋째는 영성체(領聖體)입니다. 성찬을 통해 병자의 불완전성과 파괴됨을 그리스도의 현존하시므로 온전성에 이르도록 하는 것입니다. 성찬을 통한 죄의 용서, 구원의 은총과 새 생명을 경험하는 것입니다. 병자예식에서 가장 중요한 것은 환자의 상태가 어떠하든지 간에 하느님의 치유하는 사랑의 능력, 하느님의 현존에 맡기는 것입니다.[46) 그래서 하느님의 현존하심을 받아들이기 위해 말씀을 나누고, 그 은총의 통로로 안수와 기도를 하고, 그 은총을 함께 하기 위하여 성찬을 받는 것입니다.

초대교회에서는 병자를 위한 예식을 치유의 성사로서 인식했습니다. 그러나 중세에 이르러 이 병자예식은 내세를 준비시키는 최후의 예식(unction)으로 임종을 맞기 직전의 신자들에게 베풀었습니다. 하지만 병자예식은 내세를 준비하는 예식이 아닌, 병자의 현재 상태 가운데서 하느님의 은총을 구하는 예식입니다. 사랑의 공동체인 교회가 지체인 다른 이들에게 사랑과 관심으로 함께 한다면 병자에게 더 큰 힘이 될 것입니다.[47)

성직서품

모든 신자들은 세례성사를 통해 사목자가 됐습니다. 그리스도의 사제직을 나누는 사제가 됐습니다. 모든 신자들이 주님으로부터의 은사를 통해 봉사하지만 특별히 전 생애를 통해 주님과 이웃에게 봉사하는 성무(聖務), 특수한 봉사를 담당하는 사람들을 성직자라고 합니다. 성직자를 안수하는 예식을 성직서품이라고 합니다. 교리문답은 "신품성사는 하느님께서 주교와 사제와 부제가 될 사람에게 기도와 주교의 안수를 통해서 권위와 성령의 은총을 주시는 예식입니다"고 설명합니다.[48) 성직서품은 성직자에게 권위와 성령의 은총을 간구하는 예식입니다. 성직서품의 외적 표지는 기도와 안수입니다. 안수는 구약성경시대부터 능력과 권위를 주는 행위입니다. 그것은 성직자의 권위는 성직자가 되고자 하는 본인의 의지, 최고의 교육과 훈련 그리고 고귀한 인품으로부터 오는 것이 아니고 하느님으로부터 하느님의 교회로부터 오는 것임을 보여주는 것입니다.[49) 부제서품 때에는 주교만이, 사제서품 때에는 주교와 모든 사제들이, 주교서품 때에는 모든 주교들이 안수합니다.

그리고 각 성직의 직무를 상징하는 외적 표지를 줍니다. 부제에게는 신약성경을, 사제에게는 성경과 성작과 성반을, 주교에게는 반지와 성장(聖裝 croiser, pastoral staff))이 증정됩니다. 성직에 대한 이상적인 요소와 그 직무에 대한 성공회의 견해는 각 성직서품의 시문(試問 the examination)에 나타나 있지만 특별히 사제성직서품의 시문은 문장의 아름다움과 품격 그리고 진실된 내용을 담고 있습니다.[50]

성직서품과 관련된 보다 구체적인 사항은 '사목자: 평신도, 성직자, 수도자' 를 참고하시기 바랍니다.

상장예식(喪葬禮式): 매장예식

성사적 예식은 아니지만 교회의 사목적 예식으로서 상장예식은 신앙인의 죽음을 위한 예식입니다. 교회가 세례를 통해 신앙인으로 출발한 것을 축복하듯이 상장예식으로서 이 세상에서의 신앙을 마감하는 예식을 합니다. 우리는 상장예식 속에서 생명 가운데 우리를 주장하시고, 사랑하시며, 붙들어 주신 하느님께서 죽음에서도 계속해서 우리를 주장하시고, 사랑하고, 붙들어 주신다는 믿음을 고백하는 것입니다. 그래서 성공회 공도문 중에 처음부터 끝까지 환희의 승리, 한없는 영광의 정신에 넘친 예식은 상장예식 외에는 없을 것입니다.[51]

본래 초대교회 신자들은 죽음을 자주 '하늘나라의 생일' 이라고 불러서, 그리스도교인은 죽어서 영원히 태어난다고 믿었습니다. 그래서 죽은 자는 흰옷을 입고 상장예식에서 찬양의 노래, 기쁨의 예식을 드렸습니다. 그들은 믿음의 선한 싸움을 하다가 이제 하느님의 영원한 현존에 들어간 것을 기뻐했습니다. 그러나 중세기를 거치면서 연옥, 지옥, 심판의 교리는 죽음을 승리에서 두려움으로, 기쁨에서 슬픔으로 변하게 만들었습니다. 그러

8-5. **The Burial Lamentations.** Holy Monastery of Stavronikita, Mount Atho,
Middle 16th cent. photo by Theophanes the Cretan, Wikimedia Commons.
성공회에서는 태어나서 죽기까지 인간 삶의 모든 과정 속에 하느님의 은총의 함께 하심을 구합니다.

나 성공회의 상장예식은 부활에 강조점을 두며 죽은 이들이 하느님의 손
안에 있으며 하느님의 보호로부터 그들을 떼어놓을 수 없음을 믿습니다.
성공회는 인생의 출발부터 끝, 요람에서 무덤까지 하느님의 은총 가운데
우리들의 삶이 지탱되며 하느님께서 성사적 예식을 통해 우리를 사랑하시
고 인도하심을 고백합니다. 죽은 자를 묘지에 안장하며 드리는 공도문의
위탁기도는 하느님의 사랑과 부활의 소망을 기쁨으로 노래합니다.

"성부께서 내게 맡기신 사람은 누구나 나에게 올 것이며 나를 믿는 사람을 버리지 않
는다. 죽은 자들 가운데서 예수 그리스도를 다시 살리신 분께서 당신의 성령을 통해 우
리의 죽을 몸에 새 생명을 주실 것입니다. 그러므로 이 마음, 이 넋이 기쁘고 즐거워,
육신마저 희망 속에서 안식을 찾으리라. 당신만이 삶의 길을 몸소 가르쳐 주시니 당신
모시고 흡족한 기꺼움이, 당신의 오른손에 영원한 즐거움이 있습니다."[52]

5. 성사적 삶의 은총

저는 개인적으로 성공회 신자, 성공회 신부가 된 것을 감사드립니다. 그 이유 중 하나는 성공회가 성사적 신앙을 살도록 인도하기 때문입니다. 성공회는 성사와 성사적 예식을 통해 인생의 중요한 순간에 하느님의 은총으로 함께 합니다. 미국성공회 남부 오하이오교구의 주교였던 크럼(J. Krumm)은 다음과 같이 말했습니다.

"나는 성공회의 성사가 없는 그리스도인의 생활을 상상할 수가 없다. 성사는 하느님의 은총, 하느님의 선하신 목적, 하느님의 능력을 삶의 중요한 과정에서 경험토록 한다. 성사는 감각적 표지-물, 빵과 포도주, 그리고 인간의 손 등을 사용하여 보이지 않는 하느님의 은총을 인간의 실존적인 삶 속에서 경험하도록 한다. 성사를 통하여 하느님께서 삶의 근본적인 기반, 삶의 원천 그리고 의미를 신앙적으로 경험토록 하기 때문에 나는 영원히 성공회의 성사적 신앙에 감사할 수밖에 없다."[53]

성사를 통하여 그리스도 안에서, 삶의 과정 속에 함께 하시는 하느님과의 구원의 만남을 경험합니다. 그리고 이 성사적 삶의 구조는 다만 삶의 절정에서 뿐만 아니라 매일의 삶 속에서 성사적으로 임하시는 하느님의 현존을 발견하고 경험하도록 인도합니다. 그래서 성 암브로스는 "그리스도여, 당신이 나의 얼굴을 마주 대고 만나 주시나이까? 내가 당신을 뵈는 것은 성사 안에서입니다" 라고 성사적 신앙의 신비를 고백했습니다. 매일의 삶 속에서 함께 하시는 하느님을 발견하고 경험한다면 그것은 바로 성사적 삶의 실제이고 우리들의 삶 속에 성육신하셔서 현존하시는 하느님과의 만남인 것입니다. 우리를 구원하시기 위해 성육신하셔서 이 세상에 오신 그리스도께서는 오늘 우리에게 구원의 은총을 주시기 위해 성사적 방법으로 우리들의 삶 속에 함께 하십니다.

9-1. 베드로와 안드레를 부르시는 예수.
Duccio di Buoninsegna, (c. 1255 - c. 1319) photo by The Yorck Project, Wikimedia Commons.
세례받은 모든 신자들은 하느님의 일꾼으로서 부름받았습니다.
"내가 어떤 일을 하든지 당신을 위해 하게 하소서." (조지 허버트)

제9장 _ 교회의 사목자: 평신도, 성직자, 수도자

"이 거룩한 신비 속에서,
우리가 주님의 영원한 나라의 상속자이며,
그리스도의 몸의 살아있는 지체가 됨을
확신케 하셨으니 감사하나이다.
이제 우리를 그리스도의 충실한 증언자로서,
당신을 사랑하고 섬기며,
우리에게 맡기신 일을 수행할 수 있도록 보내주소서."

(성체 후 기도 B양식 중에서, 미국성공회 공도문, 1979)

하느님, 당신의 은총으로 우리를 교구로 부르사
신앙의 친교를 누리게 하셨나이다.
우리의 주교들, 성직자들 그리고 모든 신자들을 축복하소서.
당신의 말씀이 참되게 선포되고, 참되게 듣게 하시고,
당신의 성사를 성실히 거행하며, 충실히 받게 하소서.
당신의 성령에 의하여,
우리가 성자의 모범을 따라 살아가게 하시고,
우리가 함께 사는 모든 사람들에게
당신의 사랑의 힘을 드러내 보이게 하소서.
우리 주 예수 그리스도를 통하여 기도하나이다. 아멘

(교구를 위한 간구기도문, 미국성공회 공도문, 1979)

1. 모든 그리스도인은 사목자

혼히들 교회의 일은 성직자의 몫이라고 생각해 왔습니다. 그리고 신자들은 주일에 교회에 나가 주일예배를 드리면 신앙생활을 다 하는 것으로 여겼습니다. 그러나 모든 그리스도교인들은 사목자(minister)입니다. 모든 신자들은 세례를 받을 때에 '복음선포'를 약속했습니다. 세례를 받을 때에 약속한 복음선포는 다름 아닌 그리스도의 사목자(목회자)로서 직무의 약속입니다. 세례성사 때에 우리들은 다음과 같이 약속했습니다.

"질문: 당신은 그리스도 안에서 말과 행위로 하느님의 복음을 전파하겠습니까?
응답: 나는 하느님의 도우심으로 그렇게 하겠습니다."[1]

그러므로 세례성사를 받은 모든 신자들은 선교사로서, 사목자로서 이미 세례성사를 받을 때에 위임받았고 서품(안수)받은 것입니다. 모든 그리스도인들은 말과 생활을 통해서 그리스도를 전해야 합니다. 그러므로 교회의 사목과 선교는 성직자들에 의해서만 이뤄지는 것이 아니라 모든 세례받은 신자들의 삶을 통해 달성되는 것입니다. 이 사실은 성공회 교리문답을 보아도 분명히 알 수 있습니다. 교리문답의 사목 부분에서 첫 번째 질문은 다음과 같습니다.

"교회의 사목자는 누구입니까?"
"교회의 사목을 맡은 사람은 평신도들, 주교들, 사제들 그리고 부제들입니다."[2]

교리문답에서 교회의 사목을 맡은 사람으로서 첫 번째로 언급하는 사람은 평신도들입니다. 그러므로 모든 그리스도교인, 평신도와 성직자들은 사목자, 목회자라는 것입니다. 그래서 교회의 사목은 온 교회에 속한 것이며 교회의 구성원 하나하나의 소명인 것입니다. 다시 우리는 이것을 세례 성사 예식문을 통해서 확인할 수 있습니다. 세례받을 후보자들을 위한 기도에서 '이들을 세상으로 보내사 주의 사랑의 증거자가 되게 하소서' 라고 기도를 합니다.[3] '주의 사랑의 증거자' 란 다름 아닌 그리스도의 사목자를 말합니다. 그리고 물과 성령으로 세례를 받은 뒤에 예식 마지막 부분에서 사제는 세례받은 이들을 그리스도교 공동체로 환영하면서 다음과 같이 말합니다. "우리는 당신을 하느님의 가족으로 맞아들입니다. 수난하신 그리스도의 믿음을 고백하고, 예수의 부활을 선포하고, 우리와 함께 그리스도의 영원한 사제직에 참여하십시오."[4] 세례받은 신자는 그리스도의 사제직에 참여한 사람임을 선언하는 것입니다. 이는 성경을 통해서도 증명됩니다. 성 베드로는 말합니다. "여러분도 신령한 집을 짓는데 쓰일 산 돌이 되십시오. 그리고 거룩한 사제가 돼 하느님께서 기쁘게 받으실 만한 신령한 제사를 예수 그리스도를 통해 드리십시오."(1베드 2:5) "여러분은 선택된 민족이고 왕의 사제들이며 거룩한 겨레이고 하느님의 소유가 된 백성입니다."(1베드 2:9) 요한묵시록도 우리를 사제로서 부르고 있습니다. "우리를 사랑하신 나머지 당신의 피로써 우리를 죄에서 해방시켜 주시고 우리로 하여금 한 왕국을 이루게 하시고 또 당신의 하느님 아버지를 섬기는 사제가 되게 하신 그분께서 영광과 권세를 영원무궁토록 누리시기를 빕니다."(묵시 1:6) 종교개혁자 마틴 루터는 만인 사제설을 주장하였습니다. 성공회는 세례받은 모든 신자들은 사목자이며 선교사이며 그리스도의 사제직에 참여한 사람들로 고백합니다.

그렇다면 그리스도의 사제직에 참여한 평신도, 성직자, 수도자들의 사목 활동은 어떤 것들일까요? "그리스도교의 사목은 그리스도의 사목을 근본으로 삼고, 그리스도의 사목을 계속하는 것이며, 그리스도의 영에 의하여 가능하게 된다는 것"입니다.[5] 다시 말해 우리들은 그리스도께서 하셨던 일을 그리스도의 영으로 계속하는 것입니다. 그러므로 우리들은 그리스도의 대사입니다. 그리스도의 대사로서 평신도들은 교회를 넘어 세상 속에서 그리스도의 지체로서 역할을 감당해야 합니다.[6] 평신도들은 교회 밖의 세상과 깊이 있는 접촉을 하는 사람들입니다. 평신도들이야말로 전형적인 그리스도인이라고 할 수 있습니다. 왜냐하면 교회의 선교는 성직자들의 삶보다 평신도들의 삶에서 분명하게 드러나기 때문입니다. 성공회 교리문답은 이를 다음과 같이 기술합니다.

> "평신도들의 사목활동은 어떤 것입니까? 사목자로서 평신도는 그리스도와 그의 교회를 대표하고, 어디에 있든지, 그들이 받은 은사에 따라 그리스도를 증거하며, 세상에서 그리스도의 화해사업을 펴 나갑니다. 또 교회의 신앙생활과 예배와 교회운영에서 적당한 역할을 합니다."[7]

평신도들의 직업이 무엇이든 간에, 그들이 어디에서 어떤 일을 하던 간에 평신도들은 그리스도와 교회를 대표하는 대사입니다. 그리스도인들은 그들의 삶과 생애를 통하여 그리스도와 그의 사랑을 나타내는 증거가 되도록 마음을 써야 합니다. 그리스도인들의 직업과 노동은 모두 하느님께 대한 봉헌이고 사랑의 표현입니다. 뿐만 아니라 직업과 노동을 통해 사람들에 대한 봉사와 증거의 기회를 갖게 됩니다. 사도 바울로는 평신도들의 사목을 일컬어 '화해의 임무' 라고 말합니다.

> "하느님께서는 그리스도를 내세워 우리를 당신과 화해하게 해 주셨고 또 다른 사람들을 당신과 화해시키는 임무를 주셨습니다."(2고린 5:18)

평신도들은 각자의 삶의 현장에서 그리스도의 대사로서 선교적인 일을 감당하는 것뿐만 아니라 교회에서 예배와 교회의 운영에 각자의 은사에 따라 봉사하고 헌신해야 합니다. 신약성경은 교회를 일컬어 '여러분은 다 함께 그리스도의 몸을 이루고 있으며 각 사람은 그 지체를 이루고 있다' 고

표현합니다. 교회의 평신도들은 그리스도의 몸을 이루는 각 지체로서 하느님께서는 그들에게 성령의 은사, 즉 각자 나름대로 특별한 재능의 은사를 주셨고, 그 은사들을 통해 그리스도의 몸, 신령한 집을 이뤄야 하는 성스런 직분, 성직을 부여받은 것입니다.(1고린 12:4-12, 27-31, 1베드 2:5-6, 요한 15:1-17)

9-2. 평신도의 사목.
Photo source: www.anglicancommunion.org.
모든 일을 통하여 그리스도께 봉사할 때에 모든
일은 성직이며 소명입니다.

평신도들이 이렇게 본인의 삶의 현장에서 그리고 교회에서 봉사와 선교적인 삶을 살아가는 것은 다른 신자들과 함께 교회교향곡을 연주하는 것과 같습니다. 교회교향곡은 각자 맡은 은사에 따라 평신도들이 교회에서 봉사하며 역할을 감당할 때 울려 나오는 것입니다. 이런 평신도들이 있는 교회는 초대 예루살렘교회처럼 건강하게 성장 발전할 것입니다. 우리는 이것을 사도행전에서 배울 수 있습니다.

"그리고 한마음이 되어 날마다 열심히 성전에 모였으며 집집마다 돌아가며 같이 빵을 나누고 순순한 마음으로 기쁘게 음식을 함께 먹으며 하느님을 찬양하였습니다. 이것을 보고 모든 사람들이 그들을 우러러보게 되었습니다. 주께서는 구원받는 사람들을 날마다 늘려 주셔서 신도들의 모임이 커갔습니다."(사도 2:46-47)

신자들 서로 간에 사랑과 친교를 나누며 헌신하며 그리스도인의 삶을 신실하게 살아갈 때, 그리스도교 공동체는 하느님의 도우심으로 날로 발전하게 됩니다. 그러므로 교회의 사목은 성직자들뿐만 아니라 평신도들이 그들의 삶의 터전에서, 사회적인 관계 속에서, 그리고 교회 안에서 이뤄가는 것입니다. 영국성공회의 사제이며 시인인 조지 허버트(George Hurbert, 1633)는

'나를 가르치소서. 나의 하느님, 나의 왕이시여' 기도문을 통해 다음과 같이 기도 드렸습니다. 이는 그리스도인들의 사목을 나타내는 기도시입니다.

나를 가르치소서. 나의 하느님, 나의 왕이시여.
모든 것에서 당신을 볼 수 있도록
또한 내가 어떤 일을 하든지
당신을 위해 하게 하소서.

모든 것 속에 당신이 함께 하게 하소서.
"당신을 위하여"라고 말하면서도
빛을 발하지 못하고, 순결하지도 못한다면
이보다 더 비천한 일이 어디 있을까.

당신을 위하여 일하는 종은
비천한 일을 신성한 일로 변화시키며,
당신을 위하는 마음으로 방을 청소하는 사람은
방을 깨끗하게 하고 정성으로 일을 합니다.

이것이 모든 것을 금으로 바꾸어 놓는
그 유명한 돌입니다.
하느님께서 손으로 만지시고 소유로 삼으신 것은
결코 비천해질 수 없기 때문입니다.[8]

2. 세 가지 성직의 발전 과정

모든 그리스도인들이 사목자요 선교사로 부름을 받았지만 특별히 그들의 삶을 통해 그리스도교 사목으로 부름받은 사람들이 있습니다. 우리들은 이들을 일컬어 성직자라고 합니다. 성공회에서 성직자는 전문 사목활동을 담당하는 세 가지 성직(order), 즉 주교직, 사제직, 부제직을 말합니다. 주교, 사제, 부제는 모두 '성직'에 있다고 말합니다. 미국성공회 공도문(1979)의 서품예식문 서문은 다음과 같이 시작합니다.

"성경과 초대교부들은 사도시대부터 교회 안에 여러 가지 성직이 있었음을 분명히 말해 주고 있다. 특히 신약시대 이래, 세 개의 분명한 성직이 거룩하고 공변된 교회의 특징이 되어 왔다."[9]

이미 성직서품 예식문 서문에 언급된 것처럼 3성직(三聖職)은 초대교회로부터, 그리고 신약시대의 기록으로부터 내려오는 것입니다.[10] 초대교회에는 여러 형태의 성직자가 있었습니다.(1고린 12:4-11, 에페 4:11-13) 그리고 이러한 교직제도가 처음에는 분명하지 않은 것 같았으나 1세기 말경에 와서 사도들의 후계자로서 주교의 권한이 일반인들에게 인정받게 됐고 이때쯤 부제, 사제에 대한 성직도 확보하게 됐습니다. 신약의 기록을 통해 이 직제의 발전에 관한 분명한 기록을 더듬는다는 것은 어렵지만 분명한 사실은 성경에 그리고 초대교회의 역사에 주교(감독), 사제(장로), 부제(집사)의 3개 직제가 존재했다는 사실입니다

최초의 성직서품(ordination)은 예수님께서 열두 사도를 선택하시고 그들에게 권위와 임무를 주신 것에서 비롯됩니다.[11] 이러한 공식적인 권위 위임에 대한 언급은 마태오 10장 1절에 처음 나옵니다.(똑같은 사건이 마르코복음 3:14, 15에 있습니다) 이 본문을 보면 예수께서 '열 두 제자를 불러 악령들은 제어하는 권능을 주시어 그것들을 쫓아내고 병자와 허약한 사람들을 모두 고쳐 주게 하셨다'고 합니다. 좀더 포괄적인 형태의 위임은 요한복음 20장 21절-23절에서 찾아 볼 수 있습니다. 여기서 부활하신 예수

께서는 제자들에게 숨을 내쉬시며 말씀하셨습니다. "내 아버지께서 나를 보내 주신 것처럼 나도 너희를 보낸다." 그리고 그들에게 죄를 용서해주거나 그 죄가 그대로 남도록 하는 능력을 주십니다. 성공회의 성직서품의 형태는 바로 이 요한복음에 근거를 두고 있습니다. 사제서품과 주교서품식에서 안수를 할 때, 주교의 경우 '성령을 받으라'고 하며, 사제의 경우도 역시 요한복음의 말씀을 따라 '네가 누구의 죄든지 용서하면 용서받을 것이요, 누구의 죄든지 용서해 주지 않으면 용서받지 못할 것'이라고 합니다. 안수를 통한 성령의 전달은 예수께서 숨을 불어넣어 주시는 것과는 좀 다르지만, 이 또한 성경에 여러 근거를 두고 있습니다. 이와 같이 그들은 사도가 됐습니다. 그리고 사도들은 성령강림 전에 맛티아를 사도로 임명했습니다.(사도 1:23-26) 이에 더해 주님은 다른 사도들도 선택했는데 성 바울로가 그 예이며 그는 이방인의 사도가 됐습니다.

사도들은 각 지역에 가시적인 역사적 교회를 설립해 나갔습니다. 그 후 교회가 수적으로, 규모에서 발전함에 따라 사도들의 보조자가 필요하게 됐습니다. 초대교회에서 열두 사도들은 기도와 안수로써 사도들을 돕고 희랍어를 쓰는 개종자들에게 봉사하기 위해 일곱 명의 집사(執事)를 안수했습니다.(사도 6장) 이들 집사를 성공회, 천주교, 정교회에서는 부제(副祭 deacon)라고 부릅니다. 사도들은 지방교회를 설립했지만 그들은 그 지방에만 한정된 사목자가 아닌, 전교회의 감독자였고 전도자였습니다. 그래서 사도들은 그 지역에서 사도들을 돕는 사람들로 장로(長老 presbyter, 사제)들을 세우기 시작했습니다. 사도들은 성령의 인도하심에 따라 기도로써 자신의 손을 얹고 그들을 돕기 위한 일꾼들을 성별했습니다.(사도 13:2-3, 1디모 2:7) 성경 구절들을 보면 사도들은 후계자를 양성하기 위해 다른 사람에게 안수했음을 알 수 있습니다.(2디모 1:6, 2:2) 후대에 와서는 여러 곳의 교회에서 안수를 받은 장로에 대한 기록이 있습니다.(사도 14:24) 장로와 사도직과의 차이점은 장로직은 종속성(從屬性)을 띠고 있으며 지역

적이었다는 데에 있습니다.[12]

주교(主敎, 감독 oversight)에 대한 기록도 볼 수 있습니다. 사도행전 20:28, 1베드로 5:1-4, 디도 1:5-9, 필립비 1:1 등에 감독이 언급돼 있습니다. 2세기 초에는 보편적으로 사도직을 주교라고 불렀고 주교가 지방의 성직을 통괄했습니다. 사도성이 주교직제(主敎位)안에서 지방화되며 사도들의 직무가 이 주교들에게 계승된 것입니다. 그래서 초대교회에서 중요한 역사적 사실은 주후 150년까지 '사도로부터 주교로'라는 변화가 광범위하게 일어났으며 그 후로는 어디서든지 사도직의 기능이 주교에 의해 수행되어졌다는 것입니다.[13] 세기를 내려오면서 교회의 지도력은 주교에서 주교로 전해졌는데 주교성품은 안수를 통해 이뤄졌습니다. 그래서 주교의 권위는 안수를 통해 이어져 왔고, 이는 사도에게까지 거슬러 올라가는 것입니다. 그러므로 주교직은 사도계승의 상징이며, 이는 예수 그리스도께서 시간과 공간을 초월해 역사 속에서 성육신하시는 형태로 이해할 수 있습니다.[14]

3. 부제 성직

부제(副祭 deacon)라는 말은 헬라어 'diakonos(종)'에서 나온 말로서 '섬기는 종'을 의미합니다. 사도행전 6:1-6은 첫 번째 부제들의 서품식 장면을 보여줍니다. 교회가 커지자 사도들은 설교와 교회 운영의 세세한 일을 모두 함께 할 수 없음을 깨닫게 되었습니다. 사도들의 불만은 '우리가 하느님의 말씀을 전하는 일은 제쳐놓고 식량 배급에만 골몰하는 것은 옳지 않다'는 것이었습니다. 게다가 할 일이 그것만이 아니었습니다. 가난한 사람들, 과부들, 그리고 병자들을 보살펴야 했던 것입니다. 그래서 사도들은 '신망이 두텁고 성령과 지혜가 충만한 사람 일곱'을 뽑아 이러한 일을 맡기게 하고 자신들은 '오직 기도와 전도하는 일에만 힘쓰도록' 하자고 제안했습니다. 결국 입곱 사람이 뽑혔는데, 이들을 안수하고 직책에 임명했습니다. 이것이 바로 오늘날 부제라고 하는 성직에 대한 성경의 설명입니다. 공도문은 부제에 대해 '이 모든 일에서 주교와 사제를 보좌하는 부제가 있다. 그리스도의 이름으로 가난하고 병들고 고통받고 의지할 곳 없는 사람들을 돌보는 것이 부제들의 특별한 의무기도 하다'고 돼 있습니다.[15] 부제직은 주로 봉사의 직무입니다. 때론 설교를 담당합니다. 부제는 전례에서 복음성경을 낭독하고 성찬예식에서 봉헌예물을 준비합니다. 그리고 성작(보혈)을 나눠주고 파견을 선포합니다. 전례에서 부제의 역할은 아마도 동방정교회에서 가장 잘 보존됐다고 볼 수 있습니다. 동방정교회에는 종신부제직이 있는데 종신부제는 노래를 잘하는 사람으로서 연도문(連禱文 Litany)과 복음서 그리고 전례의 다른 부분을 노래하는 사람이기도 합니다.

성공회에서 부제는 두 종류가 있습니다. 하나는 종신부제(終身副祭 per-manent deacon) 또는 명예부제입니다. 이들은 평생을 부제로서, 그리고 무보수로서 교회를 위하여 봉사하는 사람들입니다. 다른 하나는 사제서품을 받기 이전 훈련과정으로서 부제(transitional deacon)가 있습니다.

4. 사제 성직

사제(司祭 priest, 장로: presbyter, elder)는 헬라어 'presbyte-rious(장로)'에서 유래합니다. 본래 초대교회에서 사제(장로)는 주교를 돕는 위원회의 자문이었습니다. 교회가 점차 커지자 주교가 교회의 전 지역을 돌볼 수 없게 되었습니다. 이때 교회는 주교의 권한 중 성직을 안수하고 견진을

주는 것을 제외한 권한을 사제
(장로)에게 위임해 주교를 돕도
록 하였습니다. 주교와 부제의
임무는 처음부터 분명했습니
다. 하지만 사제에 대한 구체적
인 설명을 분명히 밝히는 경우
는 드물었습니다. 미국성공회
공도문(1979)의 성직서품예식
서문에는 '원로들(elders), 안수
받은 장로들(presbyters), 혹은

9-3. 사제성직 서품식. photo by David Skidmore, Diocese of Chicago.
사제는 하느님께 순명함으로써 자기 자신을 헌신합니다.

후대에 사제라 불리는 주교의 동업자들이
다. 사제들은 주교와 함께 교회의 통치와 선교와 사목사업, 말씀의 선포와
성사의 집행 등을 수행한다'고 돼 있습니다. [16] 사제의 일에 대해 교인을 보
살피고, 하느님의 말씀을 선포하는 일, 세례를 주고, 죄의 용서를 선언하
며, 하느님의 이름으로 축복하는 일 등이라고 설명하고 있습니다. 사제는
'충실한 목자가 되고, 인내로운 교사가 되며, 지혜로운 상담자'가 될 책임
이 있습니다. [17] 공도문에서는 주교와 사제와 부제는 '사도시대로부터' 있
었다고 말하며, 신약성경에서 말하는 '원로'가 오늘날의 사제라고 보면 됩
니다. 그러나 초대교회에서 '원로'나 '장로'는 주교의 대리자 이상 역할
을 했습니다. 사제서품 예식문에는 '당신은 주교와 다른 사제들과 함께 목
자로서, 사제로서, 교사로서 일하며, 교회운영에 동참하도록 부르심을 받
았습니다'고 말합니다. [18]

5. 주교 성직

성공회에서 최고의 목자, 최고의 사제는 주교(主敎 bishop)입니다. 개신

교에서는 감독이라고 부르는 직책입니다. 주교는 그리스도교의 세 성직 가운데 가장 높은 직위를 말합니다. 주교를 뜻하는 라틴어는 '에피스코포스(episcopus)'이고 헬라어는 'epscopoi'입니다. 여기서 주교(episcopate)가 나왔습니다. 사실상 '주교'라는 우리말이나 'Bishop'이라는 영어는 주교에 대한 정확한 번역은 아니라고 할 수 있습니다. 정확한 번역은 감독(監督)이 될 것입니다. 부제와 사제성직에는 서품(敍品 ordained)이라는 단어를 쓰지만 주교직에 이르면 성품(聖品 consecrated)이라고 다르게 표현합니다.[19]

  미국성공회 공도문의 서품예식문 서문은 주교직을 '교회를 지도하고 감독하고, 통일하는 사도적 과업을 수행하는 주교직'이라고 말합니다.[20] 주교는 최고의 목자이며 사제입니다. 최고 목자로서의 주교의 상징은 성장(聖裝 croiser, pastoral staff)입니다. 이는 교회의 최고 목자로서 양을 치는 것을 상징합니다. 주교는 이 성장을 교회의 모든 공식적인 예배 중에 가지고 다닙니다. 주교는 부제와 사제가 하는 모든 역할 이외에 안수를 함으로써 성직자를 서품하고 견진을 베풉니다.

  주교는 또한 교구의 최고 행정책임자로서 교구의회의 의장이며 교구 실행위원회의 의장으로서 교구의 행정적인 책임을 집니다. 만약 교구장 주교가 아닌, 교구장 주교 승계 예정인 부주교(coadjutor), 지역 부주교(suffragan) 또는 보좌 주교(assistance)라면 교구장 주교가 정한 특별한 역할과 책임을 감당하지만, 전례에서의 주교의 역할은 교구장 주교와 꼭 같습니다. 교구의 최고 행정책임자로서 성공회 주교의 권위와 권한은 천주교(Roman Catholic Church)의 주교나 미연합감리교회(UMC)의 감독과 비교할 때 지극히 제한적입니다. 다시 말해 천주교 주교나 감리교회(또는 연합감리교회)의 감독이 성공회 주교보다 더 큰 권한을 가지고 있습니다. 특히 미국성공회에서 주교의 권한은 지극히 제한적입니다.

교구의 모든 성직자들은 주교가 될 수 있는 자격이 있습니다. 주교가 되는 데에 더 많은 공부를 해야 한다거나, 더 많은 선교적인 업적을 쌓아야 한다거나 하는 특별한 규정은 없습니다. 주교가 되는 것은 교구의회에서 선거를 통한 투표로 결정되지만 주교의 선출은 성령께서 함께 하시는 역사입니다. 주교로 선출된 뒤에는 주교원 과반수의 찬성과 각 교구 실행위원회의 찬성을 받아야만 주교로 축성될 수 있습니다.

주교성품예식 때에 낭독되는 성경구절 중 하나인 1디모데오 3:1-7은 다음과 같이 주교직의 직무에 관해 언급합니다.

"교회의 감독이 되고 싶어 하는 사람은 '훌륭한 직분을 바라는 사람이다' 라는 말이 있는데, 이 말을 사실입니다. 그런데 감독은 탓할 데가 없는 사람이어야 하고 한 여자만을 아내로 가져야 하고 자제력이 있고 신중하고 품위가 있어야 하고 남을 후하게 대접할 줄 알며 남을 가르치는 능력이 있어야 합니다. 그리고 술을 즐기지 않으며 난폭하지 않고 온순하며 남과 다투지 않고 돈에 욕심이 없어야 합니다. 또한 자기 가정을 잘 다스릴 줄 알고 큰 위엄을 가지고 자기 자녀들을 복종시킬 줄 아는 사람이어야 합니다.(자기 가정도 다스릴 줄 모르는 사람이 어떻게 하느님의 교회를 돌볼 수 있겠습니까?) 입교한 지 얼마 되지 않은 사람이 교회의 감독이 돼서는 안 됩니다. 그런 사람이 감독이 되면 교만해져서 악마가 받는 것과 같은 심판을 받을지도 모릅니다. 감독은 또한 교회 밖의 사람들에게도 좋은 평을 받는 사람이어야 합니다. 그래야 남의 비난을 받지 않고 악마의 올무에 걸려드는 일도 없을 것입니다."

주교는 사도 계승권자입니다. 주교들의 계승권은 위로 거슬러 올라가면 사도들에게까지 연결됩니다. 주교서품이 타당하려면 최소 세 명의 주교가 손을 얹고 안수를 해야 합니다. 이는 초대교회부터 내려오는 전통이며 사도계승의 방법이었습니다. 주교성품예식에서 주교서품을 집전하는 주교는 주교성품을 받을 선출자에게 다음과 같이 묻습니다.

"나의 형제(자매)여, 신도들은 당신을 선택하여 당신의 피선을 환호하면서 그들의 신임을 당신에게 보였습니다. 하느님의 거룩한 교회 안에서 주교는 그리스도의 부활과 복음을 해석하고 선포하기 위한 한 사도로서 부름을 받고, 주중의 주, 만왕의 왕이신 그리스도의 통치를 증명하기 위한 사명을 받았습니다. 당신은 믿음, 일치, 그리고 교회의 규율의 수호자로 부름을 받았습니다. 새 언약의 여러 가지 성사를 집전하고 그것을 진행할 수 있도록 도우며, 사제와 부제를 서품하며, 주교서품에 참여하고, 모든 면에서 충실한 목자가 되고, 그리스도 교회의 좋은 모범을 보여야 합니다."[21]

이 예식문은 주교는 교구의 최고의 목자이며 성령의 인도하심 가운데 능력을 부여받는 것임을 말해 줍니다.

6. 사도계승과 교회의 일치

교회는 사도시대로부터 이어오는 교회의 성직을 통해 성직의 성사적 본질을 유지하고 있습니다.[22] 여기에 교회가 과거로부터 계속된 가시적인 연결이 있습니다. 여기에 교회생활에서 변하지 않은 요소가 있습니다. 교회의 전례와 관습이 어떻게 변하고 개정을 해 왔건 간에 교회의 사제직은 사도로부터 계속 이어져 왔고 서품돼 왔습니다. 사제는 성찬예식을 집전합니다. 그 어떤 성찬예식이든지 그리스도께서 대사제가 되시고, 그리스도께서 만찬에 초대하는 주인이시라는 사실을 교회는 고백해 왔습니다. 사제는 성찬예식을 집전하고, 그리스도의 몸인 회중들과 '천사와 대천사와 하늘의 천군 천사들이' 함께 성찬예배에 참여합니다. 사제 직무에 있는 집전자는 빵과 포도주를 축성할 때에 사도로부터 내려오는, 교회의 역사 속의 성찬예식을 집전해 신비체인 그리스도의 몸과 피가 되는 하느님의 놀라운 역사를 이루는 것입니다. 성찬예식에서 사제는 모든 회중을 대표해 사제직을 수행하며 동시에 그리스도께서 '단 한 번의 완전하고 충분한' 갈

보리 십자가상의 그리스도의 제사를 재현합니다. 다시 말해 사제가 제대 앞에 설 때 그리스도께서 회중들을 위한 사제직뿐만 아니라 회중들의 사제직을 재현하는 것입니다.[23]

또 다른 한편으로 교회의 성직은 교회의 일치를 이루는데 장애물이 되고 있습니다.[24] 왜냐하면 교파에 따라 사도계승에 따른 성직을 인정하지 않기 때문입니다. 천주교는 성공회의 성직을 인정하지 않습니다. 하지만 성공회는 천주교, 동방정교회, 루터교회, 감리교회의 성직을 인정합니다. 왜냐하면 이들 교회에는 주교가 있고, 주교를 통한 사도계승의 교회로 인정하기 때문입니다. 하지만 주교가 없는 다른 개신교회의 성직은 성공회 안에서 타당한 성직으로 받아들이지 않습니다. 이 말은 그들의 성직 자체를 그 교단 안에서 인정하고 존중하지만, 성직은 반드시 주교를 통한 사도계승적이어야 한다고 이해를 하기 때문입니다.

교회의 성직에 있어서 또 다른 논쟁은 어떤 특별한 성직의 위계가 교회에 필수적인가 하는 것입니다. 어떤 교회는 성직자들은 교회에 반드시 필요한 사목자들이지만 위계는 반드시 필요하지 않다고 주장합니다. 한편 일부에서는 주교, 사제, 부제라는 가톨릭적 위계는 필수적이라고 합니다. 그 중에 사도로부터 계승되어 오는 주교는 필수적이라고 말합니다. 교회의 연속성과 일치를 표현하기 위해 최소한 주교직이 포함돼야 한다고 믿는 교회들이 최근에는 늘어나고 있습니다.

7. 성직후보자, 성직지망자

성공회에서 성직자가 되기 원하는 사람은 성직지망자(postulant)와 성직후보자(candidate) 과정을 거칩니다.[25] 성공회 39개 조항은 성직자가 되기 위해서 내면적 소명(inwardly call)과 외면적 소명(outwardly call)이 필요하다고 인정합니다.[26] 내면적 소명이란 본인이 하느님으로부터 올바른 부름을 받은 소명이 있는 지를 말하는 것입니다. 외면적 소명이란 성직후보자의 선발과정, 추천, 그리고 성직자와 평신도들의 천거 등 교회공동체를 통해 성직소명이 보완돼야 한다는 것입니다. 재세례파는 오직 내면적 소명만을 인정하나 성공회는 내, 외면적 소명이 필요하다고 인정합니다.

성직후보자는 주교의 공식적인 허락을 얻어 성직을 위해 신학교육을 받는 사람을 말합니다. 그 이전 단계에 있는 사람을 성직지망자라고 합니다. 성직지망자는 '성직을 희망하는 이유가 타당한 것인가? 교육 수준은 적당한가? 육체적으로나 정신적으로 건강하고 건전한가?' 등과 관련해 출석 교회 관할사제와 교회위원회, 해당 교구 성직위원회, 교구 실행위원회, 그리고 마지막으로 주교로부터 공동체의 소명을 확인받아야 합니다. 이러한 평가와 검토, 그리고 시험이 다 끝난 후에 비로소 성직후보자가 되며 신학교에 입학할 수 있게 됩니다. 성직후보자가 되려면 길고 철저한 교육과정을 통과해야 합니다. 이러한 과정은 그 사람이 건강하며, 지적이고, 유능한 성직자가 되리라는 확신을 교회에 심어줄 수 있도록 고안된 것입니다. 그러나 이는 다만 성직을 위한 공부를 시작하게 됐음을 의미할 뿐입니다. 후보자가 성직서품을 받으리라는 보장은 어디에도 없습니다. 어떻게 보면 들어오기도 전에 철저한 방법으로 걸러내는 것이라고도 할 수 있습니다. 그러나 이것은 하나의 배려이기도 합니다. 즉 교회는 적절하지 못한 성직자를 양산하는 것을 막는 동시에 지망자에게는 자신이 성직자로서는 적절하지 않다는 사실을 발견하기까지 자기 인생의 수년을 허비하는 것을 막아 줍니다. 이러한 과정을 다 마치고 난 뒤에 성직지망자는 신학교에 가서 신학교육을 받습니다. 신학교육을 다 마치고 훈련과정에 있는 사람도 성직후보자라고 합니다. 성공회 신학대학원을 졸업하고 교회로 파송돼 일정 기간 동안 사목훈련을 받은 다음 관구 또는 전국교회에서 실시하는 성직고시를 합격한 사람에게 서품을 줍니다. 우리는 이 과정에 있는 사람을 여전히 성직후보자라고 말합니다. 성직고시에 합격한 이후에도 각 교구 성직고시위원회, 실행위원회의 추천을 받아 서품을 받게 됩니다. 교회는 높은 교육을 받고 잘 훈련된 성직자를 양성하려고 애쓰지만, 특별한 방법으로 성직서품을 수여하는 경우도 있습니다.

8. 수도자

성공회에는 세 가지 성직제도 이외에 수도자로서 사목에 참여하는 사람들이 있습니다. 이들을 우리들은 수도회(religious order)라고 부릅니다. 보통 사람들은 천주교에만 수도자가 있는 것으로 알고 있는데 성공회, 정교회에도 수도회가 있습니다. 또한 교파를 초월해 에큐메니컬 수도회도 있습니다. 이들은 세속을 떠나 청빈과 순결, 순명의 서약을 하고 살아가는 수사와 수녀들의 공동체를 말합니다. 이들은 대체로 독특한 복장을 하는데 이를 수도복(habit)이라고 합니다. 수도자들이 세속과 거리를 두는 정도는 수도회마다 다릅니다. 세속사회와 접촉을 아예 하지 않는 수도회가 있는가 하면 가르치는 일을 하거나 설교를 하고, 빈민들을 위해 봉사하거나 선교사업 등을 통해 그 시간을 세속사회에서 지내는 경우까지 다양합니다. 세속사회와 접촉을 금하는 수도회를 '봉쇄 수도회'(cloistered orders)라고 합니다.

성공회에서는 초기 켈트교회는 수도원 중심의 교회였고 종교개혁 이후로는 수도회를 없앴습니다. 그러다가 성공회 수도회가 부활하게 된 것은 19세기 옥스퍼드운동의 결과였습니다. 세계성공회에는 베네딕트 수도회, 프랜시스 수도회 규칙을 따르는 수도회와 성공회적인 수도회 등 여러 형태의 수도회가 있습니다. 현재 한국성공회는 여자 수도회로 성가 수녀회, 성분도

9-4. 성가 수녀회, 수녀들. 사진제공_성가수녀회.
성공회에도 수사(남자)와 수녀(여자)들의 수도공동체가 있으며, 수도자들도 사목자입니다.

수녀회가 있고 남자 수도회로 성공회 프랜시스 수도회가 있습니다.

우리말로는 수도원과 수녀원으로 구별해서 부릅니다. 영어에서는 남자 수도원을 '모나스트리(monastery)'로, 수녀원을 '콘벤트(convent)'로 부르는 경향이 있지만 명확한 근거는 없습니다. '모나스트리'라는 명칭은 수도원의 성별을 떠나 통칭으로 쓰이는 말입니다. 수사(monk)들은 일반적으로 남자 수도회의 수도자들을 가리키는데 쓰이며, 수녀(nun)는 여자 수도회의 수도자들을 가리킬 때 씁니다.

제10장 _ 성공회의 교회조직

전능하시고 영원하신 하느님,

주께서는 온갖 선과 완전한 은사를 내려주시나이다.

구하오니, 우리 주교와 모든 성직자들, 그리고

신자들 위에 성령의 은총을 풍성하게 내리시어,

언제나 주님의 뜻을 따라 살게 하소서.

우리의 중보자이신 예수 그리스도의 이름으로 기도하나이다.

(성직자와 신자들을 위한 간구기도, 대한성공회 기도서, 2004)

성공회는 가장 민주적으로 운영되는 교회조직입니다. 그런데 세계성공회의 교회조직은 각 나라 성공회마다 다소 차이가 있지만 대체로 같은 조직구조를 가지고 있습니다. 여기서는 미국성공회의 교회조직을 중심으로 소개하고자 합니다. 그 이유는 다음과 같은 몇 가지 때문입니다. 교회사학자이며 영국성공회의 주교인 원드(J. W. C. Wand)는 그의 책 『성공회의 역사와 오늘(Anglicanism in History and Today)』에서 미국성공회가 세계성공회에 공헌한 세 가지는 '민주적인 교회조직, 평신도들의 참여, 국내외의 선교적 역량'을 들고 있습니다.[1] 성공회의 민주적인 교회조직 모습은 미국성공회의 교회조직을 살펴 볼 때 가장 잘 드러난다고 할 수 있습니다.[2] 또한 대한성공회의 교회조직은 쉽게 대한성공회의 『관구 헌장과 법규』그리고 다른 책이나 문건을 통해 접할 수 있습니다. 미국성공회의 조직을 살펴봄으로써 대한성공회의 조직을 넘어선 세계성공회의 교회조직에 대한 더 넓은 시각을 가질 수 있을 뿐만 아니라 성공회 교회조직의 보편성을 확인할 수 있습니다. 그리고 미국성공회의 조

10-1. 미국성공회, 워싱턴 국립대성당, South portal sculpture.
by Spanish sculptor Enrique Monjo, photo by AtroposTheRandom,
Wikimedia Commons.
교회는 공동체입니다. 성공회는 함께 더불어 일하는 동반자로서 민주적인 조직과 과정을 통하여 일을 해 나갑니다.

직을 여기서 살펴보는 것은 미국에서 신앙생활하는 한인성공회 신자들을 위해서이기도 합니다.

성공회 교회조직은 초대교회의 지중해 연안에서 시작된 교구제도에서 연유합니다. 에베소서, 고린토전후서, 갈라디아서들은 지중해 연안도시에 있는 교인들에게 보낸 편지들입니다. 그 이후에 교회가 점점 확장돼 로마, 아덴, 그리고 알렉산드리아 지역 같은 큰 상업도시로 퍼져 나갔습니다. 첫 교회 회중들의 조직구조는 예수님 탄생 전 약 200년경부터 예루살렘에서 멀리 퍼져나간 유태인들의 회당조직에 그 바탕을 두고 있습니다. 유대인들은 열 사람만 모이면 랍비 혹은 선생을 모시고 회당을 시작했습니다. 같은 도시 안에서라도 여러 개의 회당이 있을 경우 대표자 회의를 열고 회장을 뽑고 여러 회당에 관련된 회칙을 만들었습니다. 이런 형태의 제도를 교구제도라고 하며 성공회, 천주교(Roman Catholic Church)는 이 형태의 교회조직을 본받았습니다. 성공회는 이 교구제도를 오늘의 교회조직의 기본으로 삼고 있습니다.

성공회의 조직은 교회의 헌장과 법규(Canon and Institution)에 기초하고 있습니다. 교회의 헌장과 법규는 오랜 세월에 걸쳐 내려오는 것이며 또한 새 시대에 부응하기 위해 계속 개정돼 가고 있습니다. 지역교회는 전국총회 또는 관구의회에서 평신도와 성직자대표들이 만든 성문화된, 그리고 계속 개정되는 교회헌장을 따라야 합니다. 이는 성공회의 지역교회가 전체 성공회공동체로부터 독립해 존재할 수도, 운영될 수도 없다는 것을 말해줍니다. 이로써 지역의 교회는 단순하게 독립된 교회가 아니라 성공회 전체 가운데 한 지체로서 존재하는 것입니다.

1. 교구 안에서의 조직

교구

성공회에서 가장 중요한 교회의 조직 단위는 교구(敎區 diocese)입니다. 교구는 주교의 행정적. 목회적인 지도하에 있는 본교회와 선교교회들의 집합체를 말합니다. 성공회의 전통에서 '지역교회'는 단순한 회중들의 모임을 의미하는 것이 아니라 같은 주교의 지도력을 공유하는 사람들의 공동체를 말하는 것입니다. 교구의 관할지역은 대개 지역적으로 나눠지지만 교인 수에 따라서 분류될 때도 있습니다. 미국성공회의 경우 한 주(州)에 한 개의 교구가 있을 수도 있고 혹은 여러 개의 교구가 있을 수도 있습니다. 교구는 교구지역 내의 여러 교회들로 구성되는데 그 크기는 다양합니다. 보통 20개 또는 30개의 교회로 구성되는 교구도 있고 200개가 넘는 교회들로 구성되는 교구도 있습니다. 교구 내에는 2개 형태의 교회들이 있는데 본교회(Parish)와 선교교회(Mission Church)로 이뤄집니다. 본교회란 재정적으로 자립한 교회를 말하며, 선교교회란 교구의 재정적 도움을 받는

10-2. 미국성공회 시카고교구 의회. photo by David Skidmore, Diocese of Chicago.
성공회는 교회공동체가 함께 민주적인 협의와 절차를 통하여 교회를 운영합니다.

교회를 의미합니다. 대부분의 성공회 신자들이 교회활동에 참여하는 곳은 바로 본교회 또는 선교교회와 같은 지역교회입니다. 이런 이유 때문에 대부분의 성공회 신자들은 지역교회는 잘 알고 있지만 이 보다 더 큰 단위의 교회조직은 잘 모르고 있습니다. 그래서 지역교회의 활동에는 많이 참여하지만 더 넓은 교회의 조직의 활동에는 적게 참여합니다. 하지만 성공회 신자가 된다는 것은 단지 지역교회에만 속하는 것이 아닌, 세계성공회공동체의 일원이 된다는 것을 의미합니다. 또 신자는 지역교회를 넘어선 교회의 조직과도 관계 맺고 있다는 사실을 인식할 필요가 있습니다. 그래서 성공회 신자가 되면 교구와 전국 단위의 교회조직을 위해 재정적 책임을 분담하게 되며 이를 통해 더 큰 교회조직과 이 세계에 대한 선교적 책임을 감당하게 되는 것입니다.

본교회

본교회(本敎會 parish)는 재정적으로 자립하는 교회이며, 이전에는 전도구(傳道區)라고 불렸습니다. 본교회에는 관할사제(rector) 또는 주임사제(priest in charge)라 불리는 사제가 있습니다. 그는 자립교회의 최고 영적 지도자이며 최고 행정책임자입니다. 관할사제는 교인들의 선거에 의해 선출된 교회위원들과 함께 교회의 일을 관장합니다. 큰 본교회에는 여러 명의 성직자가 있고 평신도 직원들도 여러 명이 있을 수 있습니다. 그러나 대부분의 본교회는 교인수가 많지 않아 재적교인수가 100명 이하일 때도 있습니다. 이런 경우 관할사제 한 명에 비상근 직원 한 명이 있기도 합니다. 그리고 교회의 여러 가지 일을 교인들 가운데 자원봉사자로 충당합니다. 관할사제를 도와서 일하는 성직자(사제 또는 부제)를 보좌사제, 또는 보좌부제라 일컫습니다. 영어로는 'curate' 또는 'assistance' 'associate' 라고 부릅니다.

교회 일을 결의하는 의결기관이 교회위원회(敎會委員會 Vestry)입니다. 교회위원의 크기는 교회 법규나 헌장에 의해서 교회 신자 수에 따라 대개 아홉 명에서 열다섯 명의 위원으로 구성됩니다. 교회위원회는 교회의 여러 가지 일들을 처리하기 위해 대개 매월 모이며 관할사제가 의장으로서 회의를 주재합니다. 교회위원회에는 두 명의 회장과 서기와 재무를 둡니다. 한국성공회에서는 교회의 총회에서 신자들이 직접 뽑은 신도회장과 사제가 임명한 사제회장이 있습니다. 대한성공회 헌장 100조에 의하면 신자회장은 '교회의 관리, 운영에 관하여 관할사제를 보좌하며 평신도를 대표한다. 교회의 재정운영에 대하여 책임을 진다. 관할사제 유고 시 교회현황을 시시로 교구장 주교에게 보고 한다'고 돼 있습니다. 그리고 헌장101조에 는 사제회장은 '성직자의 사목에 관하여 자문에 응한다. 성직자의 부재시(不在時) 공기도를 인도한다. 성직자의 생활에 대하여 조언하고 이를 돕는다'고 돼 있습니다. 영국성공회 및 캐나다성공회는 사제회장과 신도회장을 둡니다. 미국성공회에서는 선임회장(senior warden)과 차석회장(junior warden)으로 나눠집니다. 선임회장은 관할사제 유고 시에 교회위원회의 회장이 되며 신자들을 지도하고 관할사제를 보좌합니다. 그리고 선임회장은 관할사제를 돕는, 사제의 개인일과 가족일 등을 돕는 사제회장의 역할을 동시에 감당합니다. 차석회장은 교회의 건물과 재산을 관리하는 책임을 맡습니다.

교회위원회는 '모든 교회의 재산과 관계된 일들과 교회의 성직자와 관계된 일들'을 대표하는 기관입니다. 교회위원회가 해야 하는 기본적인 일들은 다음과 같습니다.
* 교회의 선교를 규정하고 수행한다.
* 교회의 관할사제를 선임한다.
* 효과적인 조직 구성과 계획
* 적절한 지도력의 자원확보와 재정자원의 확보

* 교회의 기본재산 및 자원의 효과적인 관리와 사용

* 효과적인 교회선교의 집행

* 적절한 프로그램과 정책 그리고 교회발전과 육성을 위한 과정들의 결정 등입니다.

한 마디로 교회위원회는 교회의 선교를 수행하기 위한 기관으로서 역할을 감당하는 것입니다. 교회위원회는 관할사제 유고 시에 관할사제를 초빙하는 역할을 감당합니다. 관할사제 초빙은 어떤 과학적인 공식이 있는 것은 아니며 여러 명의 성직자가 있지만 그 교회의 실정에 맞는 관할사제를 초빙하는 것이 중요합니다. 관할사제를 초빙하는 일에 교구의 주교, 교구의 선교위원회 그리고 미국성공회 본부의 인사위원회가 서로 협력하며 돕습니다. 어떤 교회에서는 교회의 실정에 맞는 성직자를 선택하기 위해 상담전문 조직체의 도움을 받기도 합니다. 교회위원회가 관할사제를 섬기는 것은 쉬운 일이 아닙니다. 교회위원회는 관할사제에게 사임을 권고할 수 있습니다. 하지만 관할사제가 거부할 경우에는 주교는 이 문제를 중재하게 됩니다. 관할사제는 본인이 원하면 임의로 언제든지 사임을 할 수 있지만 관할사제의 임기는 따로 없습니다. 교회위원회는 관할사제가 사목을 담당할 수 있도록 돕는 역할을 합니다. 교회는 성직자를 고용하는 것이 아닙니다. 그래서 미국에서는 세무법상으로 성직자들은 자유직업(self employed people)으로 인정받습니다. 성직자는 교회법에 의해 교회의 예배, 교육, 영성생활에 관한 자유로운 책임과 권한을 갖습니다. 그리고 교회의 건물 및 부속건물의 사용과 통제의 권한과 책임을 받습니다.

본교회는 자체의 교회 운영 외에 보통 교회 수입의 10분의 1을 교구분담금으로 책정합니다. 이것을 통해 지역교회는 지역교회를 넘어서 교구를 통해 선교적인 일을 합니다. 이 분담금은 주교의 직무를 후원하는 일, 교구의 선교적인 사업들, 교구직원들의 인건비 그리고 전국교회를 위한 분담금으로 사용됩니다. 일부 교구에서는 일정액의 분담금을 산술적으로 책정하는 경우도 있고 다른 교구에서는 자발적으로 교회 수입의 일정 비율을 교구분담금으로 책정하기도 합니다.

선교교회

또 하나의 지역교회 형태는 선교교회(宣敎敎會 mission church)로서 재정적으로 자체 자립이 불가능해 교구의 보조를 받습니다. 비록 재정적으로 미자립(未自立) 상태이지만 선교교회도 교구의 분담금을 냅니다. 이는 교회는 지역교회를 넘어서 선교하는 일에 교회 예산을 책정해야 한다는 교회 본래의 사명 때문입니다. 선교교회의 사제를 주임사제(vicar 또는 priest in charge)라고 부릅니다. 주임사제는 반드시 주교가 임명하며 주교의 관할 하에 있습니다. 인사권도 주교에게 있습니다. 모든 교회는 선교교회로부터 시작합니다. 대부분의 교구는 선교교회가 재정적으로 발전해 자립할 수 있다 하더라도 최소한 2년을 기다리게 하는 제도를 갖고 있습니다. 그렇게 함으로서 자립교회로의 첫 발을 든든히 디딜 수 있고 교구로서는 지역적으로 중복을 피할 수 있게 돼 선교정책상 차질이 없게 됩니다. 어떤 선교교회에서는 자립교회가 되지 못하는 경우도 있는데 대개는 성장 가능성이 없는 지역에서 시작됐거나 경제적으로 자립이 어려운 교인들만이 모여 있는 경우입니다. 자립을 못하는 교회라고 해서 창피하거나 수치만을 느낄 필요는 없습니다. 본래 교구제도가 원래 가진 자원을 서로 나눠 가지도록 돼 있으며 회중들 간에도 그러한 압력을 서로 주고받지 않기 때문입니다.

본교회라 해도 일시적으로 재정적 어려움 때문에 교구로부터 지원금을 받는 경우가 있습니다. 본교회가 재정적인 도움을 교구로부터 받을 때는 선교교회의 자격이 되고 이때 본교회의 재산권과 교회의 권위는 교구로 이관됩니다.

교구의회

교구의회(教區議會 diocese convention, diocesan synod)는 교구의 선교에 관한 주요정책을 결정하고 교구운영에 관한 주요사항을 결정하는 최고의 의결기관으로서 정기적으로는 매해마다 그리고 필요에 따라 임시로 모입니다. 교구의회는 모든 성직자들로 구성하는 성직자원(House of Clergy)과 평신도 대표들로 구성하는 평신도원(House of Laity)으로 구성됩니다. 교구의회의 모든 의결 사항은 별도로 진행되는 양원의 투표를 통해 결정됩니다. 다시 말해 평신도대의원과 성직자원 양쪽의 의결을 통과해야 합니다. 교구의회에서 교구장 주교는 의장이 되며 교구의회가 교구의 모든 사업계획과 예산을 책정합니다. 교구의회는 주교가 공석 시에는 주교도 선출합니다. 교구의회에 참석하는 대의원은 교구의회가 설립한 위원회의 직책을 맡을 수 있으며 전국총회의 대의원으로도 갈 수 있습니다. 모든 교회는 교구의회에 대의원을 파송하는데 대의원은 교회위원회에서 임명할 수도 있고 연례 신자총회에서 선거로 선출할 수도 있습니다. 교구의회의 대의원 파송 숫자는 교인 수에 비례합니다. 교구에 교적을 둔 모든 성직자는 교구의회의 대표로 참석할 수 있고 선거권과 피선거권이 있습니다.

교구 실행위원회

정기 교구의회가 소집되는 기간에는 교구장 주교가 교구의 실행위원회와 더불어 정기적인 회의를 통해 교구의 정책과 과제들을 실행합니다. 이런 치리형태는 교회의 전통적인 것으로서 교구장 주교의 권위는 교구 실행위원회(教區 實行委員會 standing committee)를 통해 실행되며 뿌리내립니다. 교구 내에서 가장 중요한 위원회는 교구 헌법상 교구 실행위원회인데 교구장의 사망 시나 사임으로 인해 결원이 생기게 될 때에 주교직무를 대행합니다. 교구 실행위원회는 성직지망자들에 대한 심사와 부제와 사제의서품을 인준해 줍니다. 또한 다른 교구의 주교서품에 대한 동의권도 갖고 있으며 언제나 다수결로 결정합니다. 주교나 교구 실행위원회가 다른 교구의 주교 선출에 있어서 동의권을 갖는 것은 미국성공회의 각 교구가 얼마나 상호의존 관계에 놓여 있는가를 잘 표현하는 좋은 예입니다.

주교

성공회에서 주교(主敎 Bishop)는 최고의 목자, 최고의 사제입니다. 그는 교구의 최고 행정책임자로서 교구의회의 의장이며 교구 실행위원회의 의장으로서 권위와 권한도 갖게 됩니다. 하지만 이 권위와 권한은 천주교의 주교나 감리교회 감독의 그것과 비교할 때 제한적입니다. 다시 말해 천주교의 주교와 감리교회 감독이 성공회 주교보다 더 큰 권한을 갖고 있다는 얘기입니다. 특히 미국성공회에서 주교의 권한은 제한적입니다.

교구에 따라서는 한 사람 이상의 주교가 있는 교구도 있습니다. 어떤 교구는 몬타나교구처럼 넓은 교구도 있고, 교인이 많은 교구, 교회 수가 많은 교구도 있습니다. 어떤 교구는 주교가 혼자서 처리하기에는 너무나 많은 일이 있어 보좌주교를 필요로 하는 교구도 있습니다. 미국성공회는 교구 주교를 도와주는 세 가지 구분의 주교가 있습니다. 교구장 주교를 승계할 예정인 부주교(bishop coadjutor), 교구안의 일정한 지역을 담당하는 지역 보좌주교(suffragan bishop), 그리고 교구장 주교를 돕는 보좌주교(assistance bishop)입니다. 이들은 주교원에서 동등한 의무와 권리를 갖습니다. 사제나 부제의 서품식도 베풀 수도 있고 주교의 서품식에도 참여할 수 있습니다. 부주교와 보좌주교의 의무 한계는 교구장 주교가 정합니다. 부주교는 교구장 주교의 요청에 의해 대개의 경우 교구장 주교의 은퇴전에 교구의회가 선거로 선출합니다. 부주교인 'coadjutor'란 라틴어 'adjutare(도와주다)'와 'con(함께)'에서 유래합니다. 부주교는 교구장 주교를 보좌합니다. 그러나 부주교는 교구장이 은퇴하거나 사망할 때 자동적으로 교구장의 권한을 인계받는 우선권을 지닙니다. 교구의 사정과 관례에 따라서는 부주교가 교구의 특정 지역을 맡아 관할하는 경우도 있습니다. 교구의회가 부주교를 선출할 때 특수한 권한을 부여하게 되는데 의회가 준 부주교의 권한은 교구장 주교가 박탈하지 못하게 돼 있습니다. 보좌주교란 진정한 의미에서 보좌인 것입니다. 개체교회에서 부제나 보좌사제의 역할처럼 보좌주교의 모든 임무와 책임이 교구장 주교에 의해서 주어집니다. 그들의 임무는 교구장 주교가 주는 일 밖에는 못합니다. 그리고 부주교와는 달리 교구장이 그들의 임무를 수시로 바꿀 수 있으며 교구장의 자동 계승권이 없습니다. 모든 주교들은 현재 직무를 수행하는 교구 이외의 교구 주교로 선출될 수 있는데, 그것은 한 교구 안에서 최소 5년 이상 주교 직무를 수행한 경우에 가능합니다. 이것은 주교가 어떤 특별한 교구를 위해 일하지 않도록 하기 위한 것입니다. 각 교구장은 동등한 권리를 갖고 있으며 서로 독립돼 있습니다. 그러나 실제적으로 주교들의 어떤 권한은 주교원과 전국총회에 위임하고 있습니다.

325년 니케아공의회에서는 주교를 서품할 때에 최소 세 명의 주교가 동의하고 안수해야 한다고 결정했습니다. 이는 교회 간에 상호의존과 협력의 상징입니다. 주교는 해마다 주교원 회의에 참석하게 됩니다. 교구는 자기 교구의 주교를 선출하면 그것은 동시에 주교원의 일원을 뽑는 결과가 됩니다. 그러므로 주교원의 회원인 다른 주교가 새 일원으로 받아 줄 것이냐? 아니냐? 하는 결정권을 갖게 되는 것입니다. 그런 의미에서 이 주교원이란 상당히 배타적인 모임처럼 보이며 때론 그렇게 행동하는 것 같습니다. 하지만 주교들로 하여금 서로 상호 관련을 갖게 만든 것이 성공회의 특징이며 세계 전체 성공회의 특징인 것입니다. 이렇게 주교들이 상호 관련을 갖게 만들어둔 이유는 주교가 자기 교구 내에서 어떠한 위치에 있건 간에 주교원을 통해서 모든 주교가 다 동등한 권한을 갖게 됨을 의미합니다. 그리고 이를 통해서 성공회가 통일성을 유지하게 됩니다.

2. 전국 단위의 조직

전국총회

각 나라별 성공회의 최고의결기관은 전국총회(General Convention)[3] 또는 관구의회(provincial synod)입니다. 전국총회는 주교원(House of Bishop)과 대의원(House of Deputy)으로 구성되어 있습니다. 미국성공회 안의 모든 주교들은 주교원의 회원입니다. 주교들은 매 3년마다 열리는 전국총회 뿐만 아니라 매해 모임을 갖습니다. 주교의 권한은 전국총회에서 위임받았지만 각 교구의 헌장과 법규는 비록 그것이 전국교회에 영향이 미치지 않는다 하더라도 전국의 헌장과 법규와 일치해야 함을 규정했습니다. 전국총회의 대의원은 교구마다 각각 네 명의 성직자와 평신도들로 구성돼 있습니다. 2009년 미국성공회의 전국총회에는 800-1000여명의 대의원과 318명의 주교원으로 전국총회가 구성되었습니다. 이 대의원들은 꼭 자기 교구를 대표하지 않아도 되고 투표에서 교구의 특정 지침을 따르지 않아도 됩니다. 다시 말해 교구의 지침에 구애 없이 각자 투표를 할 수 있

10-3. 미국성공회 전국총회. photo by David Skidmore, Diocese of Chicago.
미국성공회 전국총회는 교회의 최고 의결기관이며, 정책수행를 관장하는 의결기관입니다.

습니다. 각 교구는 대의원으로 평신도 네 명과 성직자 네 명을 파견하며 대의원이 사정으로 회의에 참여하지 못할 경우를 대비해 대의원보(alternative deputy)를 각각 네 명씩 선출합니다.

미국성공회 전국총회는 매 3년마다 열리지만 때로는 3년을 기다릴 수 없는 특수 사정이 있으면 수좌주교의 권한으로 특별의회가 소집되기도 합니다. 그 동안 미국성공회 역사에서 특별의회는 1831년과 1969년 꼭 2차례 열렸었습니다. 1973년 의회에서 3년 차 전국총회란 말을 정규 전국총회라고 수정했습니다. 그러므로 전국총회는 앞으로 꼭 3년마다 열릴 필요는 없고 3년 전에도 열 수 있게 됐습니다.

1970년도 전국총회는 대의원에 여자도 대표로 참여할 수 있다고 문호를 개방해 두었습니다. 전국총회의 두 원(院)은(주교원과 대의원) 각각 따로 의장과 부의장 그리고 서기장을 선출하는데 주교원의 장은 수좌주교가 자동적으로 맡습니다. 서기장은 의회와 의회 기간 동안 모든 사무를 관장 처리하는 임무를 집니다. 전국총회 의장은 의회 내의 상임위와 각 위원회들의 장을 지명할 수 있습니다. 이 위원회들이야말로 의회가 부여한 일을 밀고 나가기 때문에 이를 인도해 나갈 의장의 선택과 임명은 그야말로 중요한 일입니다. 대부분의 위원회는 교회 법규 개정안을 제출하기 전 청문회를 열게 돼 있는데, 이 청문회를 통해 원안이 상당한 수정을 거친 후에 의결을 위해 전국총회에 상정됩니다.

미국성공회의 모든 최종 의결권은 이 전국총회가 가집니다. 이 전국총회는 양원을 완전히 거쳐서 모든 정책을 결정합니다. 전국총회는 의회의 사업 수립, 예산책정 외에도 선교정책의 수립, 헌장과 법규의 수정과 그 이외의 여러 가지 일들을 관장 처리합니다. 모든 결정은 대의원 과반수 찬성으로 통과되나 때에 따라서 중요한 결정은 성직자와 평신도가 따로 투표를 통해 결정합니다. 이때 성직자와 평신도 측이 각각 다 찬성일 경우 통과를 시키고 한쪽 표가 모자랄 경우 부결됩니다. 1970년과 1973년에 있었던 전국총회에서 여성 사제직에 대한 투표에서 대의원 과반수 제도의 투표에서는 이 안이 통과됐으나 평신도와 성직단의 개별적 투표에서는 부결이 됐습니다. 의장 주교직에 공석이 생길 때에는 주교원이 선거에 의해 수좌주교를 선출하고 대의원이 인준을 합니다. 그러므로 주교들은 주교원의 의장과 최고 사목자를 본인들이 직접 투표에 의해 선출합니다. 그런 의미에서 사제나 평신도들은 수좌주교 선출에는 직접 참여하지 못하는 것이 사실입니다. 그러나 1973년에는 하인즈 수좌주교의 사임으로 생긴 의장직 공석을 충원하기 위한 특별 지명위원회에서는 주교 뿐 아니라 사제들과 평신도들도 선출위원이 되어 활약한 바가 있습니다.

대주교, 관구장 주교, 수좌주교

영국성공회 최고의 목자를 대주교(archbishop)라 하고 캔터베리 대주교가 그 역할을 담당합니다. 미국성공회에서는 수좌주교(Presiding Bishop 또는 Primate)라고 부릅니다. 대한성공회를 비롯한 다른 나라에서는 관구장 주교(primate)라고 부릅니다. 미국성공회의 수좌주교는 특수한 권한을 가진 자리는 아니며 다른 주교들과 함께 그 권한을 나눠 가지며 미국성공회를 대표합니다. 그러나 의장 주교직은 직책 때문에 명예스럽게 존중되며 교회 안에서 교회를 대표하는 명예스런 직책으로서 발언을 합니다. 수좌주교는 미국성공회 최고의 목자, 최고의 행정책임자 그리고 교회의 헌장과 법규가 규정한 미국성공회 교회의 대변자 역할을 합니다. 수좌주교는 대부분의 주교 서품식을 주관하며 성공회 의회 본부의 최고 행정책임을 집니다. 수좌주교의 임기는 9년 혹은 연령이 70세에 달할 때까지입니다. 미국성공회에서 20세기가 되기 이전까지는 수좌주교를 주교 중의 선임자가 맡았고 그의 역할은 전국총회의 회의를 진행하는 것이었습니다. 그러나 현대에 와서는 수좌주교의 역할이 분명하게 전문적으로 변했고 그 결과 상임 수좌주교를 선출하게 됐습니다.

전국 실행위원회

전국총회가 열리지 않는 동안의 모든 일은 실행위원회(Executive council)가 관장 처리합니다. 실행위원회 위원은 6년 임기이며 전국총회 대의원 중에 선출된 20명과 아홉개 관구 대표자 두 명씩으로 구성돼 있습니다. 수좌주교는 대의원 의장과 함께 이 실행위원회의 자동직 의원이며 또한 의장이 됩니다. 전국총회가 선출하는 20명의 대표는 네 명의 주교, 네 명의 사제, 열두 명의 평신도로 돼 있습니다. 전국 실행위원회는 주교, 성직자 그리고 평신도 대표 및 지역적 대표가 균형적 안배를 이룰 수 있도록 구성돼 있습니다. 이 실행위원회는 수입과 지출에 따른 연간 예산을 책정하며 외국 선교사의 임면권도 갖고 있습니다. 전국총회 실행위원회의 결의안은 전체 교회를 대표한다고는 할 수 없습니다. 그러나 실행위원회는 경우에 따라 권위를 가지고 발언할 때도 있습니다.

관구

미국성공회, 캐나다성공회, 영국성공회 등은 나라 안에서 한 개 이상의 관구(province)를 가지고 있습니다. 이를 대내적인 관구라 하며 보통 소문자 p로 표기합니다. 관구는 지역적으로 여러 개의 교구가 연합해 공통의 지역적인 선교를 전개하기 위한 것입니다. 관구는 특별한 역할을 지정받지 않았기 때문에 그 역할은 관구에 따라 다양합니다. 관구는 같은 지역 내에 있는 대학생 선교라든가 특별한 복합 민족들, 인종들을 위한 선교활동을 연합으로 전개할 때에 효과적으로 일 할 수 있습니다. 미국성공회는 현재 9개의 관구로 이뤄져 있으며 지역적으로 연합해 선교사업을 펼치고 있습니다. 각각의 관구들은 관구의회로 해마다 모이지만 전국총회가 있는

해는 전국총회에서 모입니다.

성공회 여성회

교회의 공식적인 기구들 이외에 성공회 여성회(Episcopal Church Women)는 전국적, 교구적, 지역적으로 조직돼 여성들의 권익과 은사를 통한 교회봉사를 하고 있습니다. 성공회 여성회는 실행위원회에 자동적 위원을 파송했었는데 1970년 전국총회에서 그 결의가 취소되었습니다. 왜냐하면 1970년 총회 이후로 여성도 대의원이 될 수 있는 자격이 부여되면서 여성들도 교회의 정책과정에 참여할 수 있게 됐기 때문입니다. 교회 안에서 여성들의 지위 향상은 미국사회에서 여성의 지위 향상과 맞물려 진행돼 왔습니다. 1960년 이전에 여성들은 교회위원으로서 선출되지 않았습니다. 그런데 1960년대에 이르러 여성들의 지도력을 발휘할 수 있도록 교구, 전국교회의 헌장과 법규를 개정해야 한다는 여론이 만들어 졌습니다. 그리고 이는 성공회 여성회가 독립적인 기구로 발족하는 계기를 마련했습니다. 그래서 여성회는 캐나다성공회와 미국성공회의 교회, 교구, 관구 안에서 독립 발족하게 됐습니다. 1973년도에 헌장과 법규가 여성들도 대의원이 될 수 있다는 자격을 부여했지만 성공회 여성회는 계속 독립된 단체로 남기로 결정했습니다. 미국의 성공회 여성회는 매 3년 모임을 갖습니다. 여기에는 약 600여명의 여성대표들이 참가합니다. 모이는 장소와 기간은 전국총회와 같습니다. 성공회 여성회의 가장 주요한 사업 중 하나는 연합감사기금(UTO: United Thanks Offering)을 모으고 배분하는 일입니다. 이것은 본래 여성자선단체(Women's Auxillary)에서 시작된 것으로서 지금은 여성회의 오래된 전통으로 자리잡고 있습니다. UTO기금은 각 교회로부터 모아져서 교구로 그리고 전국교회 단위로 전해집니다. 그리고 전국총회의 성찬예배 중에 전달됩니다. 이때 모여진 기금은 수백만 달러가 넘고 가족과 교회 그리고 선교단체를 위하여 쓰여집니다.

제3부 세계성공회공동체와 선교

제11장 _ 세계성공회공동체

하느님, 당신은 모든 민족들을
당신의 형상대로 창조하셨나이다.
이 세상에 있는 인종과 문화의 놀라운 다양성에 감사하나이다.
우리의 교제의 범위가 끊임없이 넓어짐으로써
우리의 삶이 부유해지게 하시고,
우리와 가장 다른 사람들 안에도 당신이 계심을 보여 주사,
당신의 사랑을 아는 우리의 지식이
당신의 모든 자녀를 향한 사랑 안에서 완전해지게 하소서.
우리 주 예수 그리스도를 통하여 기도하나이다. 아멘.

(인종과 문화의 다양성에 대한 감사의 기도, 미국성공회 공도문, 1979)

성공회는 세계적인 교회입니다. 성공회는 전 세계 164개 국가에 교회가 있습니다. 성공회는 그리스도교 교파 중에 천주교(Roman Catholic Church) 다음으로 전 세계에 넓게 퍼져 있고 다양한 문화와 역사를 가진 교회입니다. 성공회는 전 세계적으로 450개 교구가 넘으며 신자는 약 7500만 명이 넘습니다. 전 세계에 퍼져 있는 성공회를 일컬어 세계성공회 공동체(The Anglican Communion)라고 합니다.[1] 세계성공회공동체는 현재 전 세계 모든 지역에 위치하고 있으며 하나이요 거룩하고 공번된, 사도로부터 이어져 오는 교회로서 캔터베리 대주교의 권위와 서로 간에 상통관계로 이루어지는 관구, 교구 혹은 지역교회로써 구성됩니다.

이들 교회 간에는 영국성공회로부터 유래되는 공통의 역사와 교리, 훈육, 예배에 관한 공통의 전통을 바탕으로 하며 선교사업에 있어서 상호책임과 독립을 바탕으로 합니다. 세계성공회 공동체는 여러 나라의 다양한 교회가 자치적인 통치와 독립성을 강조하는 자연스러운 협력관계를 갖습니다. 세계성공회공동체를 요한 포비는 다음과 같이 기술하고 있습니다. "세계성공회공동체는 하나이요 거룩하고 사도로부터 이어오는 교회 또는 영국성공회의 역사와 동시에 종교개혁의 전통을 가지고 있다. 그리고 세계성공회공동체는 시카고-람베스 4개 조항(성서, 신경, 성사, 주교직)을 서로

11-1. 세계성공회 잡지.
source:http://www.anglicancommunion.org
성공회는 전 세계적인 교회로서 164개 국가에 교회가 있습니다. 성공회는 다양한 문화와 역사 속에서 하느님의 나라를 이루어 나갑니다.

존중한다. 여기에 라틴아메리카 성공회 신학자인 재시 마라신(Jaci Marashin)이 언급한 것처럼 전례적 개혁, 즉 크랜머의 공도문에 기초한다. 전례는 세계성공회공동체의 핵심 중 하나이다. 여기에 성공회의 전통을 하나 더한다면 …성공회는 회중교회(church of the people, volkskirch)이다."[2] 세계성공회를 일치시키는 상징은 캔터베리 대주교, 공도문 그리고 전 세계 주교들의 회의인 람베스 회의 등을 들 수 있습니다.

1. 세계성공회로의 선교의 역사

성공회가 영국에 제한되지 않고 전 세계 성공회로 발전해나간 역사적 과정에는 두 단계를 거쳤습니다.[3] 지금은 세 번째 단계를 밟고 있다고 말할 수 있습니다. 첫 단계는 17세기 영국의 식민지 정책과 더불어 팽창해 나간 역사입니다. 식민지 개척자, 탐험가들과 함께 영국에서 사람들이 미국, 캐나다, 호주와 뉴질랜드, 캐리비언, 남아프리카, 인도 등에 퍼지게 되었습니다. 영국에서 각지로 나간 사람들은 그 지역에 영국성공회를 설립하였습니다. 그리고 초기 선교역사에 중심적 역할을 선교단체들, 그리스도교 지식증진선교회(The Society for the Promotion of Christian Knowledge: SPCK, 1698), 해외복음전도협회(The Society for the Propagation of the Gospel in Foreign Parts: SPG, 1701)가 발족되어 선교를 도왔습니다. 1785년 미국성공회는 영국성공회로부터 독립을 선언하였고 이는 새로운 문제를 야기했지만 또한 성공회 발전의 새로운 기회를 제공해 주었습니다.[4] 두 교회는 전적인 상통을 이루었지만 공식적이고 법적인 구속력을 갖는 관계가 아닌 비공식적인 형제관계를 이뤘습니다. 이런 관계의 설정은 그 이후 세계성공회공동체의 미래를 결정하게 되었습니다. 그 이후 캐나다, 호주, 서인도, 뉴질랜드 교회를 위한 주교들을 서품했고 이들 교회들은 후에 미국성공회와 같이 자치적인 독립을 추구하여 독립된 성공회가 되었습니다.

이들 교회는 영국성공회의 자매교회로서 영국성공회와 계속적인 교류를 갖게 됐습니다.

두 번째 단계는 18세기말부터 19세기, 20세기에 이르러 전 세계, 아프리카, 아시아 그리고 남미지역으로 성공회가 확대되는 과정입니다. 이는 영국, 아일랜드, 스코틀랜드, 웨일즈, 미국성공회 등의 해외선교가 낳은 결과입니다. 이때에 중국, 일본, 한국 등지의 선교가 이뤄졌습니다. 20세기 초반까지 세계성공회공동체는 주로 앵글로 색슨족의 지역, 영연방 지역에 속해 있었습니다. 하지만 20세기에 들어서서 앵글로 색슨족 이외의 지역에서 성공회는 급속히 성장해가고 있습니다.

세계성공회는 누가 계획한 것도 아니고 그렇게 되리라고 기대한 것도 아니었지만 전 세계로 확대되었습니다. 세계성공회는 다양한 언어, 문화 및 정치적 상황 속에서 선교를 펼치고 있습니다. 지역성공회는 영국성공회로부터 독립하여 각 지역, 민족, 국가와 문화에 맞는 자치교회를 형성하고 자율적이고 독립적으로 운영을 하고 있습니다. 이렇게 다양한 가운데서도 세계성공회는 각 나라의 문화와 전통을 존중하며 성공회공동체로서 유기적인 관계를 가지고 있습니다. 전 세계 성공회 신자들의 일치를 가능케 하는 것은 같은 신학적 전통, 공도문, 역사적 주교직입니다. 성공회는 천주교와 같이 중앙집권적인 권위에 얽매이지 않고 공통의 전통을 존중하고 각 지역 간의 책임과 독립(Mutual Responsibility and Interdependence)에 그 바탕을 두면서 하나의 큰 가족같이 공동체를 이룹니다.

2. 세계성공회의 교회들(관구, 교구)[5]

세계성공회공동체는 38개의 독립적이고 자치적인 관구(province)교회로 이뤄져 있습니다. 관구는 여러 교구(敎區 diocese)가 모여 형성하는 교회의 행정단위입니다. 관구들은 민족교회, 국가교회 혹은 지리적으로 구분된 교회를 가리킵니다. 관구의 대표를 관구장(primate)이라 하며 그들을 대주교나 수좌주교 또는 관구장 주교(primate) 등으로 부릅니다. 관구에는 두 가지 종류가 있습니다. 하나는 성공회 공동체내에서 자율적인 교회공동체를 말하는 것으로 보통 대문자 P로 표시합니다. 예를 들면 한국성공회, 호주성공회와 같은 것으로 대개 각 나라별로 독립된 공동체입니다. 다른 하나는 한 나라 교회 안에 여럿 있는 관구로서 이를 대내적인 관구라 하며 보통 소문자 p로 표기합니다. 영국성공회, 캐나다성공회, 미국성공회는 국내에 여러 개의 관구들을 가지고 있습니다.

영국성공회(유럽교구 포함. The Church of England)는 전 세계 성공회의 어머니교회로서 두 개의 관구로 이루어져 있습니다. 성 어거스틴을 첫번째 캔터베리 대주교로 시작한 컨터베리관구와 요크관구가 있습니다. 스코틀랜드성공회(The Scottish Episcopal Church)는 세계성공회에서 두 번째 오래된 교회로 1704년에 독립했습니다. 웨일즈성공회(The Church in Wales), 아일랜드성공회(The Church of Ireland)가 있고 아일랜드성공회의 성 패트릭은 A.D. 432년으로 역사가 거슬러 올라갑니다.

북미주에는 4개의 관구가 있습니다. 미국성공회(The Episcopal Church: TEC)는 1785년에 독립하여 9개의 관구와 110개의 교구로 구성되어 있습니다. 미국 국경 바깥에도 미국성공회가 있습니다. 그 나라들은 콜롬비아, 도미니카 공화국, 에콰도르, 아이티, 온두라스, 푸에르토리코, 대만, 베네수엘라, 버진아일랜드 등입니다. 캐나다성공회(The Anglican Church of Canada)는 1578년에 첫 예배가 시작됐고 4개의 관구와 30개의 교구로 이뤄져 있습니다. 그외 멕시코성공회(The Anglican Church of Mexico)와 서인도성공회(The Church in the Province of the West Indies)가 있습니다.

중남미주에는 세 개의 독립된 관구가 있습니다. 브라질성공회(The Episcopal Anglican Church of Brazil), 중미지구성공회(The Anglican Church of Central America Region) 남아메리카성공회(The Anglican Church of the Southern Cone of America)입니다.

예루살렘과 중동에는 4개의 교구로 예루살렘 중동성공회(The Episcopal Church in Jerusalem and the Middle East)를 이룹니다.

사하라 사막 남쪽 아프리카는 12개의 관구로 나눠집니다. 이 교회들은 최근에 놀랍게 성장하는 교회들입니다. 나이지리아성공회(The Church of Province of Nigeria)는 세계성공회 중에서 가장 큰 성공회를 이루고 있습니다. 1700만 명의 숫자와 61개 교구로 이뤄졌습니다. 그 외 부룬디성공회(The Church of Province of Burundi), 중앙아프리카성공회(The Church of Province of Central Africa), 인도양성공회(The Church of the Province of the Indian Ocean), 케냐성공회(The Anglican Church of Kenya), 르완다성공회(The Province of the Episcopal Church of Rwanda), 남아프리카성공회(The Church of the Province of Southern Africa), 수단성공회(The Episcopal Church of Sudan), 탄자니아성공회(The Church of the Province of Tanzania), 우간다성공회(The Church of te Province of Uganda), 콩고성공회(The Church of the Providence of the Congo), 서아프리카성공회(The Church of the Province of West Africa) 등이 있습니다.

아시아 지역의 성공회들로는 다음과 같습니다. 일본성공회(The Holy Catholic Church in Japan), 한국성공회(The Anglican Church of Korea), 미얀마(버마)성공회(The Church of the Province of Myanmar: Burma), 필리핀성공회(The Philippine Episcopal Church), 동아시아성공회(The Church of Province of South East), 홍콩성공회(Holy Catholic Church in Hong

Kong)가 있습니다. 중국본토에는 공산정권이 들어서기 이전에는 중화성공회(中華聖公會)가 있었습니다. 그러나 공산화 이후에는 초교파적인 교회만이 인정됐습니다. 1980년대에 교회가 인정된 이후에는 8명의 성공회 주교가 생존하며 그중 어떤 이는 중국 공식교회에서 활동하고 있습니다.

태평양 지역의 교회들로는 아오테이어러우어 뉴질랜드 폴리네시아성공회(The Anglican Church in Aotearoa New Zealand and Polynesia), 호주성공회(The Anglican Church of Australia), 멜라네시아성공회(The Church of the Province of Melanesia), 파푸아뉴기니성공회(The Anglican Church of Papua New Guinea) 등이 있으며 이중 뉴질랜드성공회는 1989년에 여성주교 성품예식을 거행했습니다.

관구 외 교회이면서 캔터베리 대주교 관할 아래 있는 교회들로는 포르투갈 루시타니안교회(The Lusitanian Church of Portugal), 스페인 개혁감독교회(The Spanish Reformed Episcopal Church), 실론(스리랑카)교회(The Church of Ceylon, Sri Lanka), 버뮤다교회(Bermuda) 등이 있습니다.

3. 세계교회공동체와의 상통

여기에 세계성공회공동체의 상통이 중요한 문제가 됩니다. 이 공동체의 상통은 성사를 통한 갱신과 능력을 얻는 것만이 아니라 교회의 질서를 유지하게 되는 요소로서의 상통입니다. 성공회 신자(Anglican/Episcopalian)들은 교구 주교(Episcopate)와 상통을 갖는 사람들을 말합니다. 그리고 각 교구의 주교들은 캔터베리 대주교와 상통을 갖는 사람들을 말합니다. 그러므로 성공회 신자들은 주교직을 통해 캔터베리 대주교와 상통의 관계를 맺고 있는 것이고 전 세계에 흩어진 성공회 신자들은 서로 상통하게 되는 것입니다. 이런 뜻에서 성공회 신자들은 세계 어디를 가나 성공회의 제대에서 주님의 살과 피인 성찬을 받을 수 있으며 성공회가 상통하는 다른 교회에서도 성찬을 받을 수가 있습니다.

유럽의 가톨릭교회(Old Catholic Church of Europe), 포르투갈의 루시타니안 가톨릭교회(Lusitanian Catholic Church), 시리아 므라바의 마토마교회(Mar thoma Syrian Church of Mlabar) 필리핀 독립교회(Philippine Independent church), 스페인 개혁교회(Spanish Reformed Church), 판란드교회(Church of Finland), 그리고 스웨덴교회(Church of Sweden)와도 서로 상통할 수 있습니다. 미국성공회는 미국의 복음루터교회(ELCA)와 전적인 상통을 이뤘습니다.

본래는 성공회였지만 타교단과 연합해 초교파적인 연합교회를 이룬 교회들이 있습니다. 남인도 교회(The Church of South India), 북인도 연합교회(United Church of North India), 파키스탄 연합교회(United Church of Pakistan), 방글라데시교회(The Church of Bangladesh) 등이 바로 그같은 교회들로 성공회와 전적인 상통을 이루고 있습니다.

4. 세계성공회를 일치시켜 나가는 기구들

세계성공회는 서로 다른 문화와 사회 속에 있는 교회들이 공통된 성공회의 전통과 신학을 유지하면서 선교적 협력을 하기 위한 기구들을 가지고 있습니다.[5] 세계성공회는 역사적 발전과 지역적으로 확산되면서 함께 협력하기 위해 다음과 같은 기구들을 역사적으로 발족시켰습니다. 1867년 전 세계 주교회의인 람베스 회의, 1968년에 세계성공회협의회, 1979년에 관구장회의를 발족시켜 이러한 기구들과 협력을 통해 성공회는 다양성 가운데 일치성을, 일치하면서 다양한 선교협력을 진행합니다.

캔터베리 대주교

전 세계 성공회는 캔터베리 대주교
(Archbishop of Canterbury)와 전적인
상통을 하고 있습니다. 캔터베리 대주
교는 전 세계 성공회 일치의 정신적 상
징성을 띠고 있습니다. 1933년 케이프
타운에 모인 세계성공회협의회(ACC)
는 어거스틴 주교의 자리, 즉 캔터베리
대주교의 자리는 전 세계 성공회의 일
치, 연대 그리고 연속성의 상징이며 서
로 완전 상통을 위한 노력의 상징이라
고 언급했습니다.[7] 캔터베리 대주교는
전 세계의 모든 주교들과 동등함을 나
누는 가운데 첫 번째 주교로서 존경받
으며, 그는 10년에 한번 전 세계 성공
회 주교회의인 람베스 회의를 소집하

11-2. 제 104대 캔터베리 대주교인 로완 윌리암스 대
주교. source:http://www.anglicancommunion.org
캔터베리 대주교는 전세계 성공회의 일치의 정신적 상
징을 갖고 있습니다.

고, 관구장회의와 세계성공회협의회의 의장이 됩니다. 역사상 캔터베리
대주교는 세계성공회공동체 안에서, 전 세계 교회 안에서 교회일치문제를
위해, 전 세계의 당면하는 문제에 대해 커다란 역할을 수행해 왔습니다. 현
재 로완 윌리암스 캔터베리 대주교는 어거스틴 캔터베리 대주교로부터
104대 대주교이며, 2003년 2월에 승좌했습니다.

람베스 회의

전 세계에 확대된 성공회는 자치적으로 교회를 치리하지만 19세기말부
터 공통된 역사적 전통, 유산, 신학적 이해를 가진 교회라는 인식을 하기
시작했습니다. 다시 말해 전 세계 성공회는 하나의 가족이라는 인식을 서

11-3. 람베스 회의. photo by http://anglicancommunion.org
람베스 회의는 전 세계 주교들의 회의로서 성공회의 일치와 당면 선교적 과제를 논의합니다.

로 하게 됐습니다. 1865년 캐나다 성공회는 특별히 전 세계의 성공회 주교들이 모여 성공회의 일체성과 당면한 세계성공회의 문제를 협의하도록 제안했습니다. 그래서 1867년 87명의 세계성공회 주교들이 캔터베리 대주교의 공관인, 람베스 궁에 모여서 첫 번째 컨퍼런스를 가졌습니다. 이것이 세계성공회 주교회의(람베스 회의, the Lambeth Conference)의 시작입니다.[8] 그 후 매 10년마다 람베스에 모이고 있으며 1998년까지 모두 13차례 람베스 회의를 열었습니다. 1888년 람베스 회의에서는 시카고-람베스 4개 조항이 채택됐습니다. 이 4개 조항은 20세기의 교회일치운동에 핵심적인 역할을 감당했고 성공회가 교회일치에서 중요한 역할을 수행할 수 있도록 했습니다. 지난 1988년 회의 때에는 약 800여 명의 전 세계 주교들이 모여

회의를 했습니다. 이 회의에는 처음으로 여성 주교들이 참여했습니다. 또 아시아와 아프리카에서 온 주교들의 숫자가 유럽과 북미주에서 온 주교들 보다 많았습니다.

세계성공회는 전 세계 성공회 주교회의를 통해 세계성공회의 일치와 발전 그리고 다른 전통 교단들과의 교제와 일치 등에 대한 이해를 발전시켰습니다. 천주교(Roman Catholic Church)에서는 바티칸이 전 세계 천주교의 중앙정부 역할을 하며 전 세계를 통치하기 위한 중앙헌법도 가지고 있지만 세계성공회 주교회의인 람베스 회의는 강제적 권한을 가진 법적 기구가 아니라 협의체입니다. 캔터베리 대주교는 세계성공회 일치의 한 상징일 뿐 치리 권한을 갖지 않습니다. 그래서 주교들 각자는 당면한 국가적, 국제적 사안에 대해 그리고 교회의 교리와 신학에 대해 의견을 말할 수 있지만 각 국가교회 또는 각 관구는 자치적으로 남아 각자 자기교회에 맡는 결정을 내립니다.

세계성공회협의회

세계성공회는 전 세계 주교회의인 람베스 회의와 더불어 서로 간에 긴밀히 그리고 더 자주 협력하기 위해 세계성공회협의회(Anglican Consultative Council: ACC)를 조직했습니다. 이 회의는 교구와 관구의 상호협력, 선교에 대한 공동의 협력, 교회일치운동의 참여 등을 유도하고 이 활동들을 돕기 위해 1968년 람베스 회의에서 제안됐고 1969년 처음 개최됐습니다. 2,3년마다 한 번씩 모이며 세계성공회공동체 내의 각 회원 관구에서 뽑은 2,3명의 대표들로 구성됩니다. 그 대표에는 주교, 사제, 부제, 평신도와 여성, 청소년이 포함됩니다. 캔터베리 대주교는 이 협의회의 총재이며 매 회의 첫 회기의 의장이 됩니다. ACC는 지금까지 10차례의 모임을 가졌습니다. ACC의 주요 사업은 선교협력, 교구 간 자매결연 사업, 교회일치를 위한 대화, 성공회 상호기도, 앵글리칸 월드(Anglican World) 잡지 발행, 성공회 신학과 교리 위원회, 로마의 성공회 센터, 성공회 전례 협력, 성공회 출판 협력, 성공회 정보네트워크, 유엔참관, 성공회 상호 교류와 협력 등입니다. 람베스 회의와 마찬가지로 세계성공회협의회는 전 세계 성공회에 대해 법적 구속력을 가진 기구가 아니며 협의체일 뿐입니다.

최근에는 세계성공회 각 관구에서 각 영역의 전문가들이 세계성공회 상호구축망(Anglican Networks)을 구축하여 돕습니다. 이 네트워크를 ACC 가 후원하고 지원합니다. 이 네트워크에는 청소년, 가정, 교회일치, 전례, 정의와 평화, 세계성공회 출판망, 선교위원회 등이 있습니다.

관구장회의

세계성공회는 또한 관구장회의(The Primates Meeting)를 통해 성공회의 일치와 선교의 협력을 도모합니다. 관구장회의는 세계성공회공동체의 각 독립된 관구의 대표(관구장, 수좌주교, 대주교 등으로 불립니다)들이 성공회가 당면한 문제와 상호 관심사를 검토하고 이를 통해 이해와 협력을 결집하기 위한 모임입니다. 관구장회의에서는 신학적 문제, 사회적 문제, 구제문제 등을 다룹니다. 1979년부터 1997년까지는 매 2-3년마다 한 번씩 모였습니다. 그러나 2000년도 이후부터는 매해 모이고 있습니다. 이 모임은 ACC와 람베스 회의 의제 개발과 의회 권고사항을 입안하는 일을 돕고 있습니다.

제12장 _ 세계성공회의 선교와 교회일치운동

영원하신 하느님,
주께서는 모든 사람들이 예수 그리스도를 통하여
구원받기를 원하시나이다.
구하오니 신자들에게 그리스도를 증거하는 열정을
북돋워 주시어 모든 사람들이 그리스도께서 주시는
구원의 능력을 알게 하시고,
그리스도의 부활을 믿고 희망을 갖게 하소서.
성부와 성령과 함께 지금과 영원히 사시며 다스리시는
한 하느님, 우리 주 예수 그리스도를 통하여 기도하나이다. 아멘.

(선교를 위한 간구기도, 대한성공회 기도서, 2004)

1. 다양성 안에서 일치를

일본에서 있었던 역사적 일화를 소개합니다.[1] 20세기 중엽 일본에 캐나다 선교사가 도착했습니다. 그는 그리스도교가 전파되지 않은 마을에 성공회를 세웠습니다. 캐나다 선교사는 일본 문화에 대한 이해를 바탕으로 교회를 세웠습니다. 다다미로 마루를 깔았고 신자들이 앉아서 예배를 드리도록 했습니다. 그리고 밥상처럼 낮은 제대를 만들고 성찬용기는 도자기로 만든 것을 사용했습니다. 그는 서구문화를 그대로 이식하기보다는 사람들로 하여금 익숙한 일본 문화의 전통을 지키면서 신앙생활을 하도록 배려했습니다. 캐나다 선교사가 떠나고 일본인 신부가 부임했습니다. 그는 영국성공회를 경험한 신부였습니다. 그는 다다미를 걷어내고 나무로 바닥을 깔았습니다. 그리고 도자기를 사용하지 않고 금으로 만든 성작과 성반을 사용했고 긴 장의자를 교회에 갖다 놓았습니다. 그는 캐나다인 선교사가 일본성공회에 성공회를 완전히 소개하지 않았다고 생각했던 것입니다.

우리는 현재 지구촌 시대를 살아갑니다. 이전에 살던 시대하고는 전혀 다른 시대입니다. 우리들은 안방에 앉아서 세계에서 일어나는 일들을 TV와 인터넷을 통해 전해 들으며 서로 교제하고 있습니다. 그것은 서울에서도, 저 높은 히말라야 고산지대의 티베트에서도, 남아메리카 아마존 정글 지역에서도 마찬가지입니다. 하지만 지구촌 시대를 살아가면서도 사람들은 여전히 다른 가치관과 문화 그리고 역사적 전통을 지니고 있습니다. 이런 상황에 처해 세계성공회 신자들이 일치성을 가지고 신앙생활을 한다는 것은 결코 쉬운 일이 아닙니다. "한 마디로 말해 새 천년의 문턱에 세계성공회 안에서 '이것이 기준이다. 표준이다' 라고 말할 수 있기가 쉽지가 않습니다."[2] 성공회는 다양합니다. 기타를 치며 춤추면서, 자유롭게 주일 성찬예배를 드리는 교회가 있는가 하면 파이프 오르간에 맞춰 전통적인 성가로 주일 성찬예배를 드리는 교회가 있습니다. 본인이 사는 시카고 지역만 해도 같은 성공회지만 서로 다른 모습으로 주일예배를 드리는 교회가 너무나 많습니다. 시카고 근교의 옆 마을, 글렌뷰(Glenview, IL)에 있는 성 다윗교회를 찾아가면 장로교회와 같은 인상을 받습니다. 교회 건물부터가 우리 한국성공회 신자들이 생각하는 전통적인 성공회 교회건물이 아니고 보통 장로교회와 같은 느낌을 줍니다. 성 다윗교회는 주일의 주 예배로 성찬예배를 한 달에 한 번밖에 드리지 않습니다. 나머지는 아침기도로 주일예배를 드립니다. 물론 주일 아침예배로 성찬예배를 드리지만 주 예배는 아침기도입니다. 이런 교회를 우리는 저교회(Low church)라고 합니다. 그러나 몇 마일 떨어지지 않은, 제가 살았던 마을에 있는 파크 리지(Park Ridge, IL)의 성모교회는 거의 매주일 유향을 피우면서 고교회(High church)적인 주일 성찬예배를 드립니다. 같은 성공회, 같은 시카고 교구 안의 교회지만 서로 다른 예배를 드립니다. 하지만 서로 협력하며 한 교구를 이루고 있습니다.

세계성공회는 각기 나라마다 다른 공도문이 있고 다른 언어로, 다른 스타일의 음악으로, 다른 모습으로 예배를 드립니다. 이처럼 다양한 가운데 어떻게 성공회는 일치를 이룰 수 있었을까요? 그것이 새 천년의 교회에서 살아가는 성공회 신자의 질문이기도 합니다. 성공회는 전 세계 165개 국가로 퍼져 있습니다. 그럼에도 불구하고 교회마다 언어, 문화, 역사, 인종 등이 다른 가운데 '어떻게 성공회로서 일치를 이루며 하나인 세계성공회가 될 수 있을까?' 하는 것이 몹시 궁금합니다.

교회의 사명(선교)에 대해 성공회 교리문답은 다음과 같이 대답합니다. "교회의 선교는 모든 사람과 하느님과의 일치를 회복시키고 그리스도 안에서 서로서로 일치하게 하는 것입니다"[3] 그런데 이 질문은 '어떻게 일치를 표현하고 일치를 이룰 수 있겠습니까? 하는 질문으로 또 이어집니다. 1988년에 있었던 전 세계 성공회 주교회의인 람베스 회의에서는 점점 더 다양한 언어, 문화, 신학적 성향, 선교적 우선순위에서 다양성을 보여줬습니다. 1984년 세계성공회 중앙협의회는 성공회의 선교에 대하여 다음과 같은 다섯 가지 영역에서 정의를 내렸습니다.

하느님 나라의 기쁜 소식을 선포하는 것
새 신자를 가르치고 세례를 베풀고 양육하는 것
사랑의 봉사로 인간적인 필요에 응답하는 것
불의한 사회구조를 변화시키는 것
하느님이 창조한 세계질서를 지키고 보존하는 것[4]

이런 선교적 과제 가운데 성공회는 어떻게 일치를 이룰 수 있겠습니까? 앞에서 언급한 성공회의 역사적 전통, 공도문을 통한 예배, 역사적 주교직 그리고 기구적 일치 외에 어떻게 일치를 이룰 수 있겠습니까? 성공회가 추구하는 일치는 세 가지 영역에서 이뤄 질 수 있습니다.[5] 첫째는 세계선교, 둘째는 사회선교 그리고 셋째는 교회일치운동입니다.

2. 세계선교를 통한 교회의 일치

예수 그리스도는 제자들에게 두 가지 명령을 내리셨습니다. 첫째로 '나를 기념하여 이 예를 행하라' 하셨습니다.(루가 22:19) 그래서 우리들은 성찬의 예배로 함께 모여 그 명령을 지킵니다. 두 번째 명령은 '그러므로 너희는 가서 이 세상의 사람들을 내 제자로 삼아 아버지와 아들과 성령의 이름으로 그들에게 세례를 베풀고 내가 너희에게 명령한 모든 것을 지키도록 가르쳐라' (마태 28:20)입니다. 초대교회 신자들은 이 예수님의 명령을 수행하여 죄를 용서하고 새로운 생명을 주는 복음을 곳곳에 전파했습니다. 비록 로마시대에 박해를 받았지만 그들은 멀리 복음을 전했습니다. 서쪽으로는 영국까지, 동쪽으로는 인도까지, 그리고 남쪽으로는 에티오피아까지 예루살렘으로부터 복음을 전했습니다.

로마제국의 박해에도 불구하고 4세기 초에 그리스도교는 로마제국 안에서 더욱 확산되었습니다. 마침내 콘스탄티누스대제는 A.D. 315년에 그리스도교를 공인했습니다. 그리스도교가 공인되고 난 뒤에 콘스탄티누스대제는 그리스도교 안에 서로 다른 신앙이 있다는 사실을 확인했습니다. 그래서 그는 전 세계 주교들을 모아 니케아공의회를 개최해 신앙의 통일을 꾀하였고 그 결과 니케아신경이 탄생하게 됐습니다.(325년) 이 니케아공의회를 통해 그리스도교 신자들은 신앙적 교리에서 첫 번째 일치를 경험했습니다. 콘스탄티누스 대제의 후원으로 로마제국 안의 교회는 발전을 더해 갔습니다. 하지만 로마제국 밖의 선교는 점차 느리게 진행되었습니다. 동유럽의 선교는 9세기에, 러시아 지역 선교는 10세기에 이뤄졌습니다.

중세 말기에도 유럽 지역에서는 선교가 이뤄지지 않은 곳이 있었습니다. 그러나 놀랍게도 14세기에 아시아를 향한 선교가 진행됐습니다. 1549년 프랜시스 사비에르가 일본에 도착해 선교를 시작했습니다. 18세기에 영국 성공회는 신대륙 식민지인 미국을 포함한 해외에 교회를 설립했습니다. 캐나다, 오스트레일리아, 미국, 뉴질랜드 교회는 영국인들의 식민지 이주에 따라 생겨난 교회들입니다. 서인도제도, 인도, 미얀마, 파키스탄의 교회는 비그리스도교인들의 입교가 늘어나면서 토착화되는 고유한 성격을 가진 교회로 커나갔습니다. 중국 성공회와 일본 성공회는 영국, 미국, 캐나다 성공회의 합동 선교 결과로 생겨났는데 자치체제를 갖춘 교회로 자리 잡았습니다. 그리고 영국성공회의 선교는 아프리카 지역에서 활발히 전개됐습니다. 150여년에 걸친 해외선교를 통하여 세계성공회는 끊임없이 성장

12-1. 데스몬드 투투 남아프리카 성공회 대주교.
photo by David Skidmore, Diocese of Chicago.
21세기에 성공회는 아프리카 지역에서 급성장하였습니다.
투투 주교는 대표적인 아프리카 성공회의 인물로 정의, 평화, 사랑의 그리스도교
복음을 전하고 있습니다.

했습니다. 선교사들은 그곳에 교회를 지어 복음을 전파하는 동시에 학교
와 병원 등 사회사업 기관을 세워 교육을 담당했고 건강을 돌보았으며 사
회정의와 인권의 신장을 꾀했습니다.

그러나 20세기 후반에 오면서 세계성공회의 선교는 급격하게 변했습니
다. 영국 또는 미국 선교사에 의해 시작된 선교지역의 교회들이 독립하기
시작한 것입니다. 그리고 자국민에 의한 독립된 교회지도력을 키워나가게
됐습니다. 그러면서 선교에 대한 근본적인 질문들을 던졌습니다. '불은 타
면서 존재하는 것처럼 교회는 선교함으로 존재한다고 에밀 브루너(Emil
Brunner)는 말했는데 어떻게 교회는 선교없이 존재할 수 있겠는가?' 하는
질문이었습니다. 1963년도에 성공회협의회(Anglican Congress)는 '그리스
도 몸 안에서 상호책임과 독립(Mutual Responsibility and Independence in

the Body of Christ)'이라는 제목으로 세계성공회의 성직자와 평신도들을 불러 선교를 위한 현안과 문제들을 토의했습니다. 여기서 '선교는 계속 돼야 한다. 그러나 선교는 오랜 역사를 가진 교회와 신생 교회간에 자원과 비전을 나누는, 쌍방통행이어야 한다'고 정리했습니다. [6] 캔터베리 대주교 마이클 램지는 이 회의에서 "우리는 함께 선교를 계획하고, 하나의 선교적 계획을 위해 자원을 사용해야 한다. 선교는 한 교회가 다른 교회를 종속시키는 것이 아니라 상호협력을 의미하는 것이다. 아프리카, 아시아 선교사들로 하여금 영국에 와서 불신자가 된 영국인들을 회개시키고, 영국교회로 하여금 예수 그리스도를 따르는 교회가 되도록 하자"고 주장했습니다. [7]

1988년 람베스 회의에서 모였을 때 세계성공회는 서로 다른 모습을 보였습니다. 아프리카의 교회지도자들은 선교사들에 의해 선교사로서 훈련받은 사람들이 많았고, 그래서 그들은 선교에 중점을 두었으며 그 결과 아프리카교회는 놀랄만한 성장을 계속하고 있습니다. 반면 영국, 미국, 캐나다 성공회 등은 그 이전 해외선교에 대한 관심에서 국내 문제로 관심을 돌리기 시작했습니다. 예를 들면, 여성 성직의 문제, 동성연애 문제, 사회정의 문제, 인종차별 문제 등입니다. 그리고 미국, 캐나다 성공회에서는 현재 국내로 유입돼 오는 이민자 선교가 중요한 과제로 떠오르고 있습니다. 또한 교회가 선교를 진행하면서 직면할 수밖에 없는 문제는 타종교와의 관계, 대화의 문제입니다. 특별히 종교적인 박해와 종교로 인한 인종청소가 벌어지는 현장에서 '타종교인들을 개종시켜야만 되는가? 아니면 종교간 대화를 통하여 종교적 문제로 야기된 인종간의 긴장을 해소할 방법은 있는가?' 등을 질문하게 됐습니다. 1950년대부터 세계성공회는 타종교와 열려있는 대화를 진행하고 있습니다.

선교를 위해 세계성공회는 다음과 같은 세 가지 과제에 직면하고 있습니다. [8] 첫째는 자원적인 선교단체와 교회의 조직이 선교를 위해 동반자 관계를 유지하면서 통합을 이뤄내는 문제입니다. 20세기 중엽부터 여러 선교 단체들은 선교동반자 관계를 위해 서로 협력하며 기구적 통폐합을 단행했습니다. 그래서 현재는 선교단체들(USPG, CMS, PWM)이 독자적 특징을 유지하면서 서로 협력하며 선교를 위해 일합니다. 세계성공회를 초월하여 동유럽에서, 러시아에서 다른 교회들과 선교협력을 진행하고 있습니다. 둘째로 아직도 복음을 모르는 사람들이 많다는 사실입니다. 약 20억 정도의 세계인구가 복음화가 돼 있지 않습니다. 랜달 데이비슨 캔터베리 대주교가 1910년 에딘버러 세계선교대회에서 '교회생활에서 선교의 위치는 중심적 위치가 되어야 한다'고 주장했던 것처럼 세계성공회는 교회의 존립 의의로서 선교를 위한 과제를 안고 있습니다.[9] 셋째로 세계성공회는 관점의 전환을 요청받고 있습니다. 현재 전 세계 성공회에서 가장 활발하게 살아 움직이는 교회들은 사하라사막 남쪽지역의 아프리카, 아시아, 남미지역의 교회들입니다. 서구의 교회들은 지나치게 지적이고 신학적 전통에 얽매여 있으며 영적인 면이 약화돼 있습니다. 그래서 신생교회들의 살아있는 선교를 통해 먼저 정착된 영국성공회, 미국성공회, 캐나다성공회 등의 교회들이 새롭게 갱신되는 일들이 필요합니다. 예를 들면 1990년도 나이지리아 성공회는 10개의 선교교구를 설립하고 1997년에 나이지리아선교협의회를 창립했습니다. 자바와 싱가폴의 성공회는 아시안 지역의 선교를 위해 주도적인 역할을 감당하고 있으며 1994년에는 세계성공회 선교실행위원회(Standing Commission on Mission for the Anglican Communion)를 구성했습니다. 이러한 일들은 새 천년을 맞은 세계성공회의 선교를 위한 신선한 자극이 되고 있습니다.

지금 우리들은 지나간 세기의 선교시대로부터 새로운 선교적인 시대로 옮아가고 있습니다. 해외선교에 나섰던 수백 명의 성공회 선교사들은 이제는 그 숫자가 많지 않습니다. 근래에는 독특한 영역에서 필요한 선교사들이 요청될 때 응답하는 선교사를 보내기도 하고 자매결연을 통해 선교협력을 진행하기도 합니다. 선교동반자 관계를 통해 세계성공회는 이제 함께 협력하는 길을 모색하며, 서로에게서 배우고, 자원을 나누고, 인적 자원을 교환합니다. 이제 선교는 새로운 방법으로 전개되고 있습니다. 21세기의 선교사업은 보다 참신한 지혜와 헌신을 요구하는 복잡한 도전인 것입니다.

3. 사회선교를 통한 교회의 일치

말라기 예언자는 다음과 같이 질문합니다. "우리의 조상은 한 분이 아니시냐? 우리를 내신 하느님도 한 분이 아니시냐?"(말라 3:10) 그런데 인간은 인종, 언어, 문화 그리고 계층으로 나뉘어 있습니다. 이런 상황이 벌어진 이유는 창세기 11장의 바벨탑 사건에 잘 표현돼 있습니다. 바로 인간의 교만 때문입니다. 수천년이 지난 지금이지만 여기에 대한 더 적절한 대답을 제시해주는 것은 없습니다. 그런데 분열에 대한 설명보다 더 중요한 것은 그같은 분열의 해결입니다. 구약성경은 하느님께서 마지막 날에 인간을 하나로 일치시킨다는 전망을 보여줍니다.(이사 49:6, 60:3, 말라 1:11) 그리고 교회는 하느님께서 그 목적을 성취할 날을 선명하게 보여주고 있습니다. 성령강림절에 제자들은 예루살렘에서 복음을 증거했는데 성령이 시키는 대로 여러 가지 외국어로 말을 하기 시작했습니다. 그뿐만 아니라 초대교회 신자들은 '유대인이나 그리스인이나 종이나 자유인이나 남자나 여자나 아무런 차별이 없는' 삶을 살기 시작했습니다.(갈라 3:28) 특별히 복음은 노예나 주변인간들에 대해 관심을 가졌습니다.(1고린 1:26-28) 그래서 역사 속에서 그리스도의 눈으로 사회를 본 사람들은 계속해서 새로운 방법으로 사회를 섬기고 봉사했습니다. 아시시의 성 프랜시스, 20세기에 인도의 빈민지역에서 일한 마더 데레사는 가난한 사람들을 섬긴 성인들입니다. 영국성공회의 역사 속에서 18세기에 노예제도를 폐지토록 한 윌리엄

12-2. 가난한 자들을 위한 선교. photo by David Skidmore, Diocese of Chicago.
가난한 자들에 대한 사랑의 실천은 함께 더불어 살아가는 인간공동체를 위한 하느님의 뜻입니다.

월버포스, 근대적인 간호시설을 만들어 나간 나이팅게일, 런던에서 성 크리스토퍼 호스피스를 시작해 호스피스운동을 전개한 데임 손더스(D. C. Saunders) 등은 사회선교의 역사적 실례입니다. 성공회는 역사 속에서 병원을 설립하여 환자들을 돌보았고, 학교를 설립하여 가난한 가정의 아이들에게 고등교육을 받도록 했으며, 가난하고 도움이 필요한 사람들을 위한 사회봉사센터를 설립해 운영하고 있습니다. 미국성공회는 전국교회들이 헌금한 미국성공회 구제 및 개발기금(The Episcopal Relief and Development Fund)를 통해 일 년에 거의 1000만 달러 가까운 금액을 국내외에 구제기금으로 사용하고 있습니다. 지역적으로는 희년선교센타(Jubilee Center)를 통해 지역에 필요한 사회선교를 시행하고 있습니다. 또한 이민자들을 위한 각종 사회적 돌봄은 물론 난민들을 위한 봉사활동도 전개하고 있습니다. 그리고 사회선교를 통한 봉사뿐만 아니라 정의로운 사회를 이루기 위해서는 불의한 법을 개정하고 복지를 위한 입법 활동을 강화해야 한다는 필요성을 절감하고 연대해 활동을 벌이고 있습니다.

　대한성공회는 초기선교부터 사회선교에 관심을 갖고 사회봉사 선교사업을 펼쳐왔습니다. 선교사들은 선교 초기부터 서울, 인천 등지에 병원을 설립하고 의료선교를 펼쳤습니다. 그리고 고아들을 위한 고아원, 초등학교를 만들어서 교육에 심혈을 기울였습니다. 1956년에 교구장 주교가 된 김요한(John Daly) 주교는 서울 영등포와 강원도 황지 일대에서 노동자들을 위한 산업 선교활동을 전개했고, 6.25전쟁 이후 기아 해방운동을 벌려 자활마을 개척과 음성나환자들의 정착을 위한 사회복지활동을 전개했습니다. 오늘날 대한성공회는 나눔의 집, 사회복지관, 후드뱅크사업, 자유의 집, 장애자들을 위한 학교와 정착시설, 성가수녀원의 사회복지 사업, 외국인 노동자들을 위한 사업 등을 통해 사회선교를 펼치고 있습니다. 이뿐만 아니라 성공회는 이 땅의 민주화를 위하여 민주화운동, 인권회복운동 등을 전개해 나갔습니다.

　이러한 사회선교는 교회들의 연합적인 후원과 협력을 통해 이뤄지는 일들입니다. 물론 사회선교에 대한 시각과 선교적 과제에 대한 우선순위의 논란이 있으나 교회의 일치는 통일성이 아니라 하느님의 부르심에 대한 응답이며 그것은 다양한 방법을 통해 표현됩니다. 그래서 사도 바울로가 그리스도의 몸을 표현할 때 말한 것처럼 교회는 '한 몸을 이루고 있으며 한 사람 한 사람은 그 지체'가 되는 것입니다. 교회는 한 몸을 이루고 있지만 서로 다른 지체들을 가지고 있고 서로 다른 역할들을 통해 한 몸을 이루는 것입니다. 사회선교의 여러 가지 협력 사업을 통해 교회는 일치성을 가지고 하느님의 나라를 일궈 나가는 것입니다. 특별히 최근에는 세계성공회 네트워크(Anglican Networks)를 통해 사회선교에 있어 보다 협력하는 모습을 보여주고 있습니다.

4. 교회일치를 향한 성공회의 발걸음

"아버지, 이 사람들이 모두 하나가 되게 하여 주십시오···. 그러면 아버지께서 나를 보내셨다는 것을 세상이 믿게 될 것입니다."(요한 17:21) 예수 그리스도께서 십자가에 달리시기 전에 대제사장으로서 교회의 일치를 위해 기도하셨습니다. 그러나 교회의 분열은 초대교회부터 계속돼 왔습니다. 초대교회에서 헬라어를 하는 유대인들과 아람어를 하는 유대인들 사이에(사도 6:1), 사도 베드로와 사도 바울로가 논쟁하였던 이방인의 선교에 대해(사도 15장) 교회는 분열돼 있었습니다. 4세기에 교회는 니케아공의회를 통하여 분열된 교회를 법적으로 하나 되게 했습니다. 영국에서는 7세기에 로마교회와 켈틱교회의 차이점을 해결하기 위해 공의회를 열었습니다. 11세기에는 동방교회와 서방교회가 차이점을 인정하고 서로 분열했고 아직도 그 분열은 치유되지 않고 있습니다. 16세기에 교회는 종교개혁을 거쳤지만 교회의 분열은 더욱 심해졌습니다.

천주교(Roman Catholic Church)로부터 독립한 영국성공회는 교회를 개혁하면서 토마스 크랜머 대주교가 최소한 루터교와 캘빈주의자들과는 서로 하나가 되려고 노력했으나 실패했습니다. 이러한 교회 일치의 노력은 영국에서 수포로 돌아가는 듯 했습니다. 그 역사적인 사례가 로드 캔터베리 대주교와 청교도 올리버 크롬웰의 대립입니다.

하지만 성공회는 세계교회의 일치를 성공회의 선교적 사명으로 인식하고 있으며 이를 위해 노력하고 있습니다. 성공회가 다른 교회들보다 앞서가면서 공헌한 것은 분열된 교회의 일치를 위한 운동입니다. 교회일치를 위한 관심과 소명은 마치 성공회의 자기이해와 같은 한 부분이 됐습니다.[9] 교회 일치를 위한 수많은 결정적 자극들이 성공회에서 나왔습니다. 에큐메니컬 운동(Ecumenical Movement 교회일치운동)에서도 많은 성공회 주교들이 주도적인 역할을 맡았습니다. 성공회는 교회일치운동에서 천주교와 개신교 사이에서 중간 다리 역할을 수행해 왔습니다. 이것은 영국성공회가 종교개혁을 할 당시부터 지켜온 역할이기도 합니다. 토마스 크랜머 대주교의 노력과 특별히 엘리자베스 1세 여왕은 양극단의 교회에서 양자를 포용하고 종합하려는 노력을 기울였습니다. 초대교회의 전통과 공교회성을 강조한 19세기에 옥스퍼드운동은 자연스럽게 분열된 교회의 일치를 추구했습니다. 세계성공회는 람베스 회의를 통해 그리고 지역적으로 독립된 성공회를 통해 교회일치를 위한 계속적인 대화를 다른 교회들과 나눠왔고 많은 교회와 상호일치를 이루었으며 어떤 지역에서는 교회연합을 이뤄냈습니다.

성공회와 각 교파간의 일치를 위한 성공회의 노력들

세계성공회의 교회일치를 위한 노력들은 먼저 미국성공회를 통해 진행됐습니다. 남북전쟁이 끝난 뒤에 미국은 다민족을 포용해 한 나라를 만들려고 노력했지만 교회는 여러 교파로 분열돼 있었습니다. 이때에 미국성공회는 그리스도교의 일치와 통일을 위해 노력했습니다. 유명한 시카고 람베스 4개 조항은 1886년 미국성공회 전국총회에서, 그리고 1888년 람베스 회의에서 승인받았습니다. 이것은 그리스도교의 재일치를 위한 초기의 제안이었고, '모든 세계의 그리스도교가 재일치해야 한다'는 성공회의 계속적인 관심을 보여주는 것이었습니다. 그 4개 조항은 다음과 같습니다.[10]

1. 구약과 신약성경, 이는 "구원에 필요한 모든 것을 담고 있으며" 신앙의 표준이며 궁극적 기준이다.
2. 사도신경은 세례의 상징이며, 니케아신경은 그리스도교 신앙의 충분

한 선언이다.

3. 세례와 주의 만찬(성찬)은 그리스도께서 손수 제정하신 두 가지 성사이다. 이는 그리스도의 제정하신 말씀과 그분이 제정하신 질료들을 오용하지 않고 집행하여야 한다.

4. 역사적 주교직, 이는 하느님으로부터 교회의 일치에로 부름받은 민족들과 백성들의 다양한 요구에 따라 지역적으로 적용되는 행정적인 치리방법이다.

1920년 람베스 회의는 '모든 그리스도교인들에게 드리는 호소'에서 "우리 주 예수 그리스도를 믿는, 성 삼위일체의 이름으로 세례를 받은 모든 신자들은, 그리스도의 몸인 보편적 교회의 일원으로서 그리스도인의 분열을 가져온 것을 회개하며 기도하고, 모든 교회의 가시적인 일치의 희망과 비전을 가지도록 합시다?'고 호소했습니다.[11] 세계성공회 주교들은 교회의 재일치를 위한 근본요소로서 1988년 람베스 회의의 4개 조항을 다시 확인했습니다. 그리고 4개 조항을 인정하는 교회는 성직을 서로 인정하며 상통할 수 있다고 했습니다. 그 이후 실질적인 결실들을 맺게 됐습니다.

성공회는 동방정교회와의 일치를 위한 대화를 시도했습니다. 성공회와 동방정교회는 여러 면에서 일치하는 부분들이 있습니다. 1922년에는 양 교회간 성직을 타당한 것으로 인정했고, 1962년 캔터베리 대주교인 램지와 정교회 콘스탄티노플 대주교 아타나고라스 1세 사이에 대화를 시작으로 일치를 위한 일들이 진행돼 관계강화가 이뤄졌습니다. 1922년에는 성공회와 스웨덴 루터교회가 상호일치를 확인했습니다. 성공회는 천주교로부터 분리된 유럽 여러 나라에 있는 구가톨릭교회(Old Catholic Church)와 1931년 본협약(Born Agreement)을 통해 전적인 일치관계(full intercommunion)를 이뤄냈습니다. 이 교회들은 네델란드의 위트레흐트 구가톨릭교회(Old Catholic in Utrecht), 독일, 오스트리아, 스위스의 구가톨릭교회,

폴란드교회 등입니다.

성공회는 교회일치의 조건으로써 역사적 주교직을 주장했습니다. 성공회는 주교제도가 없는 남인도 교회(1947)와도 연합했습니다. 남인도교회의 모델을 따라서 1970년도에는 북인도교회가, 그리고 파키스탄교회가 연합했습니다. 미국성공회는 미국의 복음루터교회에 1976년부터 전적인 상통(full communion)을 제의해 1988년에 콩코드협약(Concordat Agreements)을 통해 완전한 상통을 이뤘습니다. 영국성공회는 독일에 있는 루터교, 개혁교회, 연합교회들과 일치를 위해 1991년 메시앙협약(Meissen Agreement)을 맺었습니다. 스코틀랜드성공회는 노르딕, 발틱 루터교회 그리고 영국성공회는 아일랜드교회, 웨일스교회와 상통을 위한 협약을 맺었습니다. 미국과 유럽에서 성공회와 루터교회, 개혁교회와의 일치를 위한 이런 협약들은 20세기 교회일치운동에 지대한 의미를 갖는 것입니다. 이로써 각 교회들은 교회의 구조와 조직을 유지하면서 선교와 성직에 있어서 서로 협력하고 일치하게 됐습니다.

전 세계에는 성공회의 이름이 아니지만 성공회와 완전상통하고 있는 연합교회, 개혁교회도 있습니다. 여기에는 스페인 개혁성공회, 포르투갈의 루시타니안교회, 필리핀 독립교회, 마토마 인도교회, 남인도교회, 북인도교회, 방글라데시교회, 파키스탄교회, 위트레흐트 고교회 등이 포함됩니다. 그리고 덴마크, 에스토니아, 핀란드, 라트비아, 노르웨이, 스웨덴, 미국의 루터교회와는 서로 상통하기로 결정했습니다. 2003년도에는 영국성공회와 영국 감리교회가 서로 상통하기로 결정했습니다.

성공회 - 천주교의 일치를 위한 노력들

영국성공회의 독립 이후 천주교(Roman Catholic Church)와의 일치를 위한 대화는 1890년 핼리팍스(C. L. Halifax)를 통해 비공식적으로 전개됐으나 교황 레오 13세는 성공회 성직의 무효화를 선언하여 재일치를 위한 대화를 불가능하게 만들었습니다. 그 후 교황 요한 23세는 제2차 바티칸공의회에서 '나누어진 교회는 죄의 상태'라고 부르면서, 개신교회들에 대하여 '갈라진 형제'라고 불렀습니다. 그리고 1965년 공의회 회기에는 정교회와 천주교 사이에 출교(excommunion)를 없애는 진전을 이루었습니다. 1966년 캔터베리 대주교 피셔(G.F. Fisher)가 로마를 방문해 재일치를 위한 대화를 다시 시작했고 1971년 이후 성공회-천주교 일치위원회(Anglican Roman Catholic International Commission: ARIC)는 일치를 위한 대화를 진행해 1982년에 최종보고서를 내놓았습니다. 이 보고서는 교리적, 신학적 난제들에 대해 성경적 근거와 친교(코이노니아) 관점에서 일치를 이뤄내기 위해 노력했습니다. 이 보고서에 대하여 1988년 람베스 회의에서 세계성공회 주교들은 긍정적인 반응을 보였으나 천주교는 1992년 공식적인 응답을 통해 분야별 재정리를 요구했습니다. 애석하게도 1983년 이후 세계성공회의 여성사제 서품 그리고 천주교의 분야별 재정리 요구로 인해 성공회와 천주교 사이의 교회일치를 위한 열정은 식은 듯한 인상을 줍니다. 천주교는 세계 교회일치를 위한 운동에 대해 1928년 발표한 바 있는 모르탈리움 아니모스(Mortalium animos) 회람정신을 포기하지 않는 듯합니다. 그들은 교회일치의 유일한 길은 '참 그리스도의 교회에서 떨어져 나간 자들이 다시 돌아오는데' 있으며 교회일치의 걸림돌인 교황의 무오성을 계속 주장하고 있습니다.[12]

세계교회협의회(WCC)을 통한 일치운동

현대 교회에서 교회일치운동의 시작은 1910년 에딘버러의 선교대회부터라고 말할 수 있습니다. 이 대회를 통해 선교현장에서 교파분열의 곤란한 점을 깨달은 여러 교파의 선교사들은 선교영역에서 서로 협력할 것을 합의했습니다. 이때에 필리핀 선교 주교였던 미국성공회 브렌트 주교(Charels H. Brent)는 그리스도교의 일치를 위해서는 선교적인 협력만으로는 부족하고 교리적인 문제를 회피할 수 없다면서 이 문제를 다룰 회의를 열 것을 제안했습니다. 그리고 미국성공회는 1910년 전국총회에서 전 세계 교회들의 일치를 위한 신앙과 직제(Faith and Order)에 관한 세계회의를 열 것을 결의했고 그 계획을 17년 동안 진행했습니다. 이 결과 1927년 스위스 로잔에서 대부분 미국성공회의 지원 아래 '신앙과 직제'를 위한 세계회의가 열렸습니다. 여기에는 천주교가 제외된 가운데 동방정교회를 포함, 100여 교파에서 500여명의 대표자들이 모였습니다. 이 회의에서 각 교회는 피차간에 놀랍게도 신학적인 일치점을 가지고 있다는 사실을 확인했습니다. 계속된 '신앙과 직제' 회의에는 영국성공회 윌리엄 템플 대주교가, 그 뒤를 이은 휘서 대주교가 의장으로서 중추적인 역할을 감당했습니다. 1937년에 제2차 '신앙과 직제' 회의가 영국 에딘버러에서 개최됐습니다.

한편 세계교회는 그리스도인의 사회봉사와 연합사업을 위해 협조해 나가고 있었습니다. 스위스 루터교 목사이며 후에 웁살라 대주교가 된 죄더블룸(Soderblom)은 '교회가 피차 교리적인 차이를 안고 있다 하더라도 세상에 나가 공통의 윤리적인 행동, 사회봉사를 위한 일을 할 수 있다'고 말했습니다. 그는 세계적인 범위의 연합을 구현하는데 공헌했습니다. 그의 열정으로 1925년에 스톡홀름에서 '생활과 사업(Life and Work)' 세계교회 회의가 열렸습니다. 이 회의는 세계의 사회적 필요에 교회가 연합해 봉사하는 길을 제시했습니다. 그리고 두 번째 회의를 1937년 옥스퍼드에서 가졌습니다. 그러던 중 '신앙과 직제' 그리고 '생활과 사업'을 하나의 기구로 만들자는 제안이 생기기 시작했습니다. 사실상 이 두 기구의 지도자들은 대체로 같은 사람들이었습니다. 윌리엄 템플(William Temple) 캔터베리 대주교, 브렌트 미국성공회 주교, 미국 감리교 존 모트(John Mott), 올담 등이었습니다. 양측 대표가 1938년 네덜란드의 위트레흐트(Utrecht)에서 모여 세계교회헌장 초안을 마련했고 마침내 1948년 암스테르담에서 전 세계 34개 국가의 147개 교회의 대표자들이 참가한 가운데 세계교회협의회(World Church Council)가 만들어졌습니다. 이때에 지도적인 소임을 다한 이가 영국성공회 요크의 대주교였던 윌리엄 템플입니다.[13] 그는 '기독학생운동', '국제선교협의회', '신앙과 직제' 그리고 '생활과 사업'에서도 현저한 공을 남겼고 WCC 준비위원회 회장으로서 세계교회가 하나의 기구로 탄생하도록 지도력을 발휘했습니다. 세계교회협의회는 동방정교회, 성공회, 루터교, 장로교, 감리교 등 150여 교파가 가입해 교회일치는 물론 예배와 선교, 사회, 정치, 경제 등 광범위하게 신앙을 증거하는데 함께 보조를 맞추고 있습니다. 교회일치운동의 세기인 20세기의 마지막 끝자락에 서서 제5차 '신앙과 직제' 회의는 '우리는 어디에 있는가? 우리는 어디로 가야 하는가?' 하는 질문을 던졌습니다. 이에 대해 제6차 세계교회협의회(1991)는 '신앙, 생활, 증언에서의 친교'라고 응답했습니다.[14] 오늘날 교회의 일치는 교리적 일치를 넘어서 도덕적 일치, 즉 세계 사회 속에서 정의, 평화, 창조세계의 보존 등의 사업을 지칭하는 것입니다.

세계성공회공동체 안에서의 긴장 그리고 세계 그리스도교계 안에서 성공회의 위치 등은 성공회로 하여금 독특한 소명, 교회일치를 위한 소명을 더욱 절실히 여기도록 만들었습니다.

예수님께서는 십자가에 달리시기 전 대제사장적인 기도를 드리실 때에 제자들이 하나가 되게 해달라고 기도하였습니다.(요한 17장) 사도 바울로는 세례를 통하여 그리스도 안에서 하나가 되는 것을 강조합니다.(갈라 3:26-28, 에페 4:4-6) 성공회는 '주님의 백성들이 하나가 되기 위한'(요한 17:22), 주 예수 그리스도의 뜻을 따라 그분이 주신 일치의 은사를 역사 속에서 실천해 나갑니다. 성공회는 비록 교리적 차이가 있다해도 이 세상에서의 선교를 위해 서로 협력하고 일치하는 일들을 지속적으로 진행해 나가고 있습니다. 성공회는 '주권과 영화와 나라가 그에게 맡겨지고 인종과 말이 다른 많은 백성들의 섬김을 받게 될' (다니엘7:14) 하느님 나라를 바라보며 이 세상에서 교회간의 일치를 위한 일을 계속해 나갈 것입니다. 교회일치운동은 지역적 차원에서 이뤄지지 않는다면 불완전한 것이므로 성공회는 지역 차원에서 일치운동을 전개할 것을 권고합니다. 세계성공회는 같은 건물을 사용하고, 함께 예배드리고, 함께 협력하는 사업들을 교회연합, 교회일치 차원에서 진행해 나가고 있습니다.

13-1. 구세주이신 그리스도 성화, 약 6세기.
Saint Catherine' s Monastery, Sinai (Egypt).

제13장 _ 하느님 나라를 향한, 열려 있는 교회

전능하시고 영원하신 하느님,

사랑하시는 성자를 만왕의 왕, 만군의 주로 삼으시고,

그 분 안에서 만물을 새롭게 하셨나이다.

비오니, 죄로 분열되고 노예가 된 이 세상 백성들을

해방시켜 주시고,

다 함께 그리스도의 은혜로우신 통치 아래 살게 하소서.

주는 성부와 성령과 한 하느님으로,

이제와 항상 영원히 사시며 다스리시나이다. 아멘.

(그리스도 왕 주일 본기도, 미국성공회 공도문, 1979)

우리는 지금까지 성공회의 역사와 신앙 그리고 교회의 선교를 살펴보았습니다. 이미 그 과정을 통하여 성공회의 신앙적 특징과 성격 그리고 성공회의 영성을 확인할 수 있었으리라 생각합니다. 이제 마치면서 다시 한 번 성공회의 신앙적 특징과 영성을 정리하고자 합니다. 그리고 성공회의 소명을 나누고자 합니다.[1]

성공회는 포용적인 교회입니다.

성공회는 두 극단의 그리스도교 신앙에서 양자를 포용하는 교회입니다. 상반된 두 진리 사이에서 어느 한쪽을 취하기보다 긴장을 유지하면서 중간의 길을 가는 교회입니다. 그래서 성공회 신앙은 천주교(Roman Catholic Church)의 신앙과 개신교 신앙 어느 한쪽에 치우치지 않습니다. 교회의 전통을 지키면서도 늘 개혁에 열려있는 신앙을 고수합니다. 개인의 신앙과 동시에 교회공동체 신앙의 중요성을 강조하며 그 양면의 책임을 말합니다. 성과 속을 긍정하며 이 세상의 내재적 실체와 초월적 실체를 함께 수용합니다. 이 포용성이 어떤 사람들에게는 애매모호한 것으로 이해되고 도덕적 해이함으로 여겨지기도 합니다. 하지만 이 포용성은 역사 속에서 형성된 성공회 신앙의 특징입니다.

성공회는 가톨릭교회입니다.

성공회는 교회의 역사에서 교회가 분열되기 이전 초대교회의 전통을 지킵니다. 이를 우리는 가톨릭 전통이라고 합니다. 성공회에서 초대교회의 전통은 성공회의 신앙을 이루는데 중요한 요소입니다. 성공회는 초대교회로부터 내려오는 사도적 신앙, 즉 성경, 교회의 예배, 교회의 믿음의 고백인 신경, 성직, 교회구조, 초대교회 공의회 등을 교회의 전통으로서 받아들입니다.

성공회는 개혁적인 교회입니다.

성공회는 개혁된 교회, 계속 개혁하는 교회입니다. 성공회는 중세교회의 오류를 제거하며 중세 교황의 권위, 교회전통의 권위에 묶여 있는 신앙을 성경적 신앙으로 개혁했습니다. 전례를 개혁했고 교회의 가르침을 초대교회의 믿음으로, 성경적인 믿음으로 개혁했고, 교회구조를 역시 개혁한 교회입니다. 성공회는 언제나 개혁하는 신앙을 갖는, 열려 있는 교회입니다. 성공회는 역사 속에서 늘 개혁하는 교회의 역사적 전통을 갖고 있습니다. 현대사회 속에서 우리는 새로운 도전과 문제들에 직면하면서 하느님의 뜻을 파악하고 그 뜻을 실천하고자 합니다. 예수 그리스도는 제자들에게 모든 해답을 남겨두고 떠나지 않으셨습니다. 예수 그리스도는 "진리의 성령이 오시면 너희를 이끌어 진리를 온전히 깨닫게 하여 주실 것이다"(요한 16:13)라고 말씀하셨습니다. 그러므로 진리에 이르는 길과 그 발견은 성령께서 끊임없이 이끄시는 여정이고 성령의 인도하심에 의하여 새롭게 열려 있어야 하는 것입니다. 성공회는 진리이신 성령의 인도 아래 끊임없이 교회를 개혁하는 신앙, 하느님 나라를 향하여 끊임없이 교회를 개방하고 개혁하는 신앙을 갖고 있습니다.

성공회는 성경적인 교회입니다.

성공회는 성경적인 신앙의 예배를 드리고 성경을 중요시 여기며 성경읽기와 성경번역에 앞장선 교회입니다. 복음주의와 종교개혁의 성경적인 중요성을 강조하는 신앙이 성공회의 신앙이고 실천입니다. 그래서 성공회에서는 성경을 신앙의 최고의 권위로 이해하며 비성경적인 신앙을 제거하고 성경적인 신앙의 길을 모색합니다.

성공회는 전례적 예배의 교회입니다.

성공회는 공도문을 통하여 교회공동체의 예배를 드리는 교회입니다. 성공회는 우리들의 모든 삶 속에서 하느님을 예배하도록 인도하며 한 사람의 전 생애 속에서 하느님을 예배하도록 인도합니다. 성공회의 전례는 그리스도의 성육신의 원리를 통해 온몸으로 예배를 드리도록 인도합니다. 교회의 의식과 예식은 공도문을 통해 전 세계 성공회가 공동체의 예배를 드리는 교회입니다. 그리고 이 전례적 예배를 통해 인격적 성화(personal holiness)에 이르도록 돕는 신앙입니다.

성공회는 성사적인 영성의 교회입니다.

성공회는 성사를 통해 하느님의 축복을 추구하고 경험하는 교회입니다. 이는 하느님께서 성사적 구조를 통해 우리들의 삶에 현존해 계시며 우리들은 삶 속에 함께 하시는 하느님을 발견하고 경험하도록 이끄는 신앙입니다.

성공회는 사목적 신앙의 교회입니다.

성사적인 신앙은 하느님이 창조한 한 사람의 삶과 일생, 함께 더불어 살아가는 공동체 그리고 창조세계 속에서 하느님을 섬기고 돌보는 사목적 신앙, 목회적인 신앙의 교회가 되게 합니다. 성공회는 성직자뿐만 아니라 하느님의 백성이 된 모든 신자들은 세례성사를 통해 이미 사목자로 불리움을 받았고 이 세상에서 하느님의 종으로서 살아야 한다고 믿습니다.

성공회는 민주적인 공동체의 교회입니다.

성공회는 교회의 의회적인 조직구조, 평신도들의 적극적인 참여를 통해 민주적인 공동체를 이뤄 나갑니다. 성공회는 초대교회 이래로 교회공동체의 결정을 중요시 여기며 분열을 넘어 일치를 추구하는 교회입니다.

성공회는 거룩한 세속의 삶의 영성을 가진 교회입니다.

성공회의 신앙은 거룩한 세속의 삶(holy worldliness)의 영성으로 인도합니다. 전례적 예배의 영성, 성사적 영성, 사목적 영성은 이 세상 속에서, 이 세상의 삶을 통해 하느님의 현존을 경험하고 이 세상과 삶을 거룩한 삶으로 인도하는 영성입니다.

성공회는 교회의 일치를 추구하는 교회입니다.

성공회는 역사 속에서부터 양극단에 있는 천주교와 개신교 사이에서 포용적인 신앙을 지키면서 모든 교회가 일치하기를 원하며 그 일을 위해 노력한 교회입니다. 성공회는 교회의 일치를 위해 주교직을 강조합니다. 성공회 신자들은 주교직이 세계교회의 일치를 위한 노력의 과정에서 중심적인 요소라고 믿고 있습니다. 성공회는 역사 속에서 교회일치의 역할을 감당했던 것처럼 하느님 나라가 올 때까지 교회의 일치를 위해 일하는 교회, 양극단을 지양하고 서로를 포용하는 가운데 하느님의 선교를 이뤄 나갑니다.

성공회 영성의 요약

우리는 지금까지 성공회 신앙의 특징과 영성을 정리해 보았습니다. 그런데 이 모든 것들을 한마디로 요약한다면 어떤 것이 될까? 하는 질문을 해봅니다. 이에 대하여 윌리엄 울프(William Wolf)는 다음과 같이 말했습니다.

"성공회 신앙의 중심은 그리스도의 성육신에 있다. 성육신의 신앙은 그래서 성사적이다. 성육신의 신앙은 단지 반대편을 조금 포용하는 것을 넘어서는 것이 아니라 진정한 동반자로서 함께 참여하도록 요청하고 수용하는, 오늘날까지 계속되는 대화를 통한 과정의 영성이다. 하지만 성공회 영성이 가장 살아있는 선교를 펼치고 영성의 꽃을 피울 때는 '예수 그리스도는 어제나 오늘이나 또 영원히 변치 않는 분입니다' (히브 13:10)라는 변하지 않는 실체를 인식할 때이다. 그리스도 안에서 역사하시는 하느님에 대한 신앙, 특히 성육신의 교리는 영성의 궁극적 방향을 제공해주고, 악이 지배하고 억눌림을 당한 세계 속에서 믿음의 선한 싸움을 하고 영성을 발견해야하는 신앙적 여정에 힘을 줄 것이다. 그리스도 안에 서는 것이 중심이라는 것과 그의 자유케 하는 능력을 아는 것은 성공회 공동체로 하여금 용기있게 이 세상에서 현실적인 영성에 따라 질그릇으로서의 역할을 감당하도록 할 것이다. '하느님께서는 질그릇 같은 우리 속에 이 보화를 담아 주셨습니다. 이것은 그 엄청난 능력이 우리에게 나오는 것이 아니라 하느님께로부터 나온다는 것을 보여주시려고 하는 것입니다.' (2고린 4:7) 성공회의 영성은 그리스도께 대한 최종적인 헌신을 선언하는 것이다. 이 성공회의 영성은 억압된 세계 속에서 자유케 하는 증언과 행동을 하는 예언자적 정신이다. 성공회의 영성은 성공회의 정체성 속에 담겨진 지혜를 발견해야하며, 동시에 급변하는 21세기의 시대적 요청에 건설적인 변화의 응답을 하기 위하여 계속적으로 발전시켜 나가야 한다. 계속되는 변화를 시도하지 않는다면 그 역사적 실체는 존재할 수 없으며, 변화를 추구하되 역사적 전통의 연속성을 유지해야만 한다. 성공회의 영성은 오늘날 이 세계 속에서 그리스도인이 되는 한 신앙의 길이다. 이 성공회의 영성은 이미 성령께서 알려주셨고 또 알려 주실 다른 모든 신앙의 길을 필요로 한다"[2]

성공회는 우리가 유일한 믿음의 교회라고 주장하지 않습니다.

성공회는 천주교처럼 성공회가 유일한 믿음의 교회라고 고백하지 않습니다. 성공회는 믿음의 길 중에 하나로서 겸손하게 고백합니다.[3] 성공회 공동기도문의 제목을 보면 "(   )교회의 사용을 위한 교회의 성사들과 다른 교회의 예식들의 공도문"이라고 되어 있습니다. 이는 다른 말로 성공회의 예식과 믿음이 유일한 모든 교회의 믿음이라고 주장하지 않고 모든 교회의 믿음의 길 중에 하나라고 고백하는 것입니다. 에드워드 웨스트는 다음과 같이 말했습니다. "거룩에 이르는 다른 많은 길들이 있다. 그러나 이 길이 내가 이해하는 유일한 길이다."[4] 성공회 신자들은 성공회의 믿음이 신앙에 이르는 올바른 길이라고 믿는 것입니다. 캔터베리 대주교인 마이클 램지는 이것이 "죄인들을 회개시키고 성인에 이르게 하는 하나의 길(믿음)이다"고 하였습니다.[5] 하느님께서 우리에게 완전한 믿음의 길을 보여주시기 전까지(1 고린13:12), 성공회 신자들은 그 길을 질문하면서 성공회의 신앙의 길을 걸어가는 것입니다. 동시에 성공회는 성령께서 인도하시고 보여주시는 다른 신앙의 길들을 배제하지 않으며 그 다른 길들 역시 필요함을 인식하고 있습니다.

미국성공회 1979년 공도문의 성찬기도문에서 A양식의 마지막 부분은 하느님 나라를 향한 성공회 신자들의 열망을 보여줍니다. 성공회 신자들은 영원한 기쁨의 하늘나라를 바라보면서 지금 여기에서 그리스도의 신앙을 살아갑니다.

"우리들을 성별하사 이 거룩한 성사를 충실히 받게 하시며, 평화 가운데 하느님을 섬기며, 마지막 날 우리를 모든 성인들과 함께 영원한 기쁨의 하늘나라로 인도하소서."[6]

제1장 영국성공회 역사

1) J. W. C. Wand, *Anglicanism in History And Today*. p.4.

2) William and Betty Gray, *The Episcopal Church Welcome You*. p.21.

3) Ibid., p.21.

4) J. W. C. Wand, op. cit., p.5.

5) William and Betty Gray, op. cit., pp.21-22.

6) Ibid., pp.22-23.

7) Williston Walker, *A History of Christian Church*. p.182.

8) Stephen Neill, *Anglicanism*(4th ed). p.12.

9) Williston Walker, op. cit., p.182.

10) Ibid., p.23.

11) William and Betty Gray, op. cit., p.24.

12) Ibid., p.25.

13) 위클리프에 관해서는 다음을 참조합니다. Powel M. Dawley, *Chapters In The Church History*. pp.130-132, 그리고 Willston Walker, op. cit., pp.267-274. 그리고 앙드레 모로아, *영국사*. pp.174-179.

14) Powel M. Dawley, Ibid., p.131.

15) 차하순, *서양사총론*. p.302.

16) 앙드레 모로아, op. cit., pp.224-226에는 헨리 8세의 혼인에 따른 정치적 이해관계를 참조할 수 있습니다.

17) Ibid., p.224. 헨리 8세의 주변상황에 대해서는 김준배, '헨리 8세와 영국교회' [전례와 사목]. pp.114-119, p.118를 참조할 수 있습니다.

18) 앙드레 모로아, op. cit., pp.230-231.

19) 김준배, op. cit., p.112.

20) Powel M. Dawley, op. cit., p.152.

21) J. W. C. Wand, *A History Of The Modern Church*. p.53.

22) 요한 웨슬리에 관하여서는 Walker, op. cit., pp.376-383, 그리고 J.W.C. Wand, *A History Of The Modern Church*. pp.183-191, Dawley, op. cit., pp.200-207를 참조할 수 있습니다.

23) Perry Butler, 'From the Early Eighteen Century to the Present Day' in *The Study of Anglicanism*, Stephen Sykes(ed), (revised ed). p.34.

24) William and Betty Gray, op. cit., p.31.

25) James Griffiss, *The Anglican Vision*. p.43.

26) Newman, *Tracts For The Times*. p.277, 정철범 편저, *성공회 신학과 사상 I*. p.76 에서 재인용합니다.

27) Powel M. Dawley, op. cit., p.233, 그리고 J. W. C Wand, op. cit., pp.217-220. 참조.

28) William J. Wolf, 'Anglicanism and It' s Spirit' in *The Spirit of Anglicanism*. William Wolf(ed), p.41.

29) J. W. C. Wand, Anglicanism in *History And Today*. p.103, 오토 하이크는 '영국성공회의 신학사상'. p.228에서 이들을 일련의 자유주의 세력이라고 말하였습니다.

30) Perry Butler, op. cit., p.37.

31) Perry Butler, op. cit., p.38.

제2장 미국성공회 역사

1) David Hein and Gardiner H. Shattuck. Jr. *The Episcopalians*. (CT: Praeger Publishers, 2004.)

2) William and Betty Gray, *The Episcopal Church Welcome You*. p.3.

3) Christopher L. Webber, *Welcome To The Episcopal Church*. p.6.

4) Ibid., p.7.

5) Homes, David L., *A Brief History Of The Episcopal Church*. p.49, 그리고 Channing L. Bete Co., Inc, *About the History of the Episcopal Church*. pp.6-7.

6) J. B. Bernardin, *An Introduction To The Episcopal Church*. p.18.

7) Ibid., p.7.

8) William and Betty Gray, op. cit., pp.7-8.

9) Ibid., p.9.

10) Christopher L. Webber, op. cit., p.9.

11) William Sydnor, *Looking at the Episcopal Church.* p.73.

12) James E. Griffiss, *The Anglican Vision.* p.35.

13) David L. Holmes, op. cit., p.54f.

14) William Sydnor, op. cit., pp.75-76.

15) J. W. C. Wand, *Anglicanism in History And Today.* p.251.

16) Christopher L. Webber, op. cit., p.16.

17) Christopher L. Webber, op. cit., p.19.

18) 미국성공회의 현대사회의 도전에 관한 제문제들-여성성직, 동성애문제, 전통주의
    자들의 부활, 다양한 복합민족과 인종문제, 교회일치문제에 대한 최근의 역사적 서
    술과 평가는 David Hein and Gardiner H. Shattuck. Jr. *The Episcopalians*, pp.
    139-153를 참고할 수 있습니다.

19) James E. Griffiss, op. cit., p.18f.

20) John Booty, *The Church In History.* p.134.

21) J. W. C. Wand, *Anglicanism in History And Today.* p.32.

제3장 대한성공회 역사

대한성공회의 역사부분은 대한성공회 선교100주년 기념사업위원회가 편찬한 [대한성
공회 선교100주년, 예수 그리스도 겨레의 생명], pp.10-21, 32에서 대부분을 옮겼습니
다. 본인은 이 홍보책자의 편집위원으로서 참여하였습니다. 대한성공회의 역사의 자세
한 내용은 대한성공회 백년사 편찬위원회 편, *대한성공회 백년사 1800-1990*를 참고할
수 있습니다.

1) 대한성공회백년사 편찬위원회 편, *대한성공회백년사: 1890-1990*, p.32.

1) Stephen Neil, *Anglicanism*(4th ed.). pp.417-418와 Charles P. Price, *The Anglican Tradition, What is it?, Can it last?*. p.11, 그리고 Christopher L. Webber, *Welcome To The Episcopal Church*. p.127를 참조할 수 있습니다.

2) Christopher L. Webber, Ibid., pp.25-26, Raymond Abba, *Principles Of Christian Worship*. pp.1-9.

3) 성공회 예배와 교회건축에 관해서는 다음의 책들을 참고할 수 있습니다. Sydnor, William. *Looking at the Episcopal Church*. pp.5-7.

　 Webber, Christopher L. *Welcome to Sunday*. pp.3-10, 그리고 pp.23-27.

　 Dunn, Greig S. *Servers and Services: Introduction for Serving Anglican Liturgies*. pp.12-26.

　 * 천주교와 교회건축에 관해서는 다음의 책들을 참고할 수 있습니다.

　 Mauck, Marchita *Shaping a House for the Church*.

　 Michael E. DeSanctis, *Reviewing the City of God*.

　 * 개신교 예배와 교회건축에 관해서는 다음의 책을 참고할 수 있습니다.

　 Allmen, J-J von. *Worship, Its Theology and Practice*. 정용섭 외 역, *예배학원론*. pp.239-281.

4) William Sydnor. *Looking at the Episcopal Church*. p.5.

5) 교회성물이 갖는 상징성에 관한 것은 다음의 도서를 참고할 수 있습니다. 특히 Dom Robert Le Gall, *Symbols Of Catholicism*은 교회성물의 상징성에 관한 훌륭한 도서입니다.

6) 제대가 갖는 상징적 의미에 대하여 Dom R. L. Gall, *Symbolism of Catholicism*. p.90을 참조합니다.

7) 예배와 시간에 관해서는 다음의 책들을 참고할 수 있습니다.

　 Charles P. Price, and Louis Weil, *Liturgy for Living*. pp.220-243, 그리고 Massey H. Shepherd Jr, *The Worship of the Church*. pp.97-122, 그리고 Webber, Christopher L. *Welcome to Sunday*. pp.45-59, 그리고 최윤환, *주일과 주일미사*. pp.5-36.

8) 성공회 성찬예배에 관한 일반적인 문헌은 미국성공회 교육총서 첫번째, 두번째 시

리즈 책으로 다음을 참고할 수 있습니다.

Price, Charles P. and Weil, Louis. *Liturgy for Living*. pp.173- 219, 그리고 Shepherd Jr, Massey H. The *Worship of the Church*. pp.141-165, John Baycroft, *The Eucharistic Way*.

Webber, Christopher L. *Welcome to Sunday*. pp.61-106를 참고합니다.

9) Urban T. Holmes III, *What Is Anglicanism?*. p.44.

10) 대한성공회 공도문 개정전문위원회, *성공회 기도서 2004*. p.19.

11) 성공회 매일기도에 관한 일반적인 문헌은 다음을 참고할 수 있습니다. Price, Charles P. and Weil, Louis. *Liturgy for Living*. pp.160-184, 그리고 Shepherd Jr, Massey H. The *Worship of the Church*. pp.123-140.

12) Massey Shepherd, *The Oxford American Prayer Book Commentary*. p.1.

13) William Sydnor. op. cit., pp.35-36.

14) The Church Hymnal Corporation, *The Book Of Common Prayer 1979*. p.58.

15) F. C. Burkitt, *Christian Worship*. p.83: Raymond Abba, *Principles Of Christian Worship*. p.30에서 재인용

16) 대한성공회, *성공회 기도서 2004*. p.148.

17) Christopher L. Webber, op. cit., p.38.

18) 전례적 예배의 구성에 관해서는 Shepherd Jr, Massey H. The *Worship of the Church*. pp.46-66를 참조합니다.

19) Christopher L. Webber, *Welcome To The Episcopal Church*. p.35, 그리고 Shepherd Jr, Massey H. The *Worship of the Church*. pp.61-63 참조합니다.

20) Urban T. Holmes III, op. cit., p.43, 그리고 Price, Charles P. and Weil, Louis., op. cit., pp.34-37를 참고합니다.

21) Greig S Dunn, *Servers and Services*. p.27.

22) 그리스도의 몸으로서 교회에 관하여는 김균진, '그리스도의 몸으로서의 교회', in *신학논총 제2집(강희천 편)*. pp.189-210를 참조할 수 있습니다. 알렌은 교회를 '세례 공동체, 결혼 공동체, 우주적 공동체, 봉사적 공동체, 사도적 공동체, 지역사회 공동체'로서 이해하면서 예배는 교회의 자기표현이라고 정의합니다. J-J von Allmen, *Worship, its Theology and Practice*. pp.42-68.

23) 이 예배를 우리는 공동체 예배라고 말합니다. 이에 관하여 Price, Charles P. and

Weil, Louis. *Liturgy for Living*. pp.30-31, 그리고 Shepherd Jr, Massey H. *The Worship of the Church*. pp.3-23에서 설명합니다.

24) 본인이 여기서 공도문에 관하여 정리한 내용은 본인이 편저한 함께 주를 향하여, 성공회 공도문 안내입니다.

25) William Sydnor. op. cit., p.32.

26) Massey H. Shepherd, *The Worship Of The Church*. pp.52-61에서 의식과 예식의 요소들에 관하여 참조합니다.

27) 1549년 공도문의 전례개혁의 원리에 대하여 참고할 수 있는 책은 다음과 같습니다. J. H. Maude, *The History of the Book of Common Prayer*. p.7과 Ernest Rhys,(ed). *First and Second Prayer Books of Edward VI*. pp.3-6.

28) 한국성공회 공동문의 역사에 관하여서는 장창경, "한국성공회 공동문 약사" in *예전과 사목*(ed). 정철범 주교 회갑기념논문집 출판위원회. pp.74-97를 참조합니다.

제5장 신앙의 권위와 성공회

1) John Westerhoff III, *A People Called Episcopalians*. p.6.

2) Owen Thomas & Ellen K. Wondra(ed) *Introduction To Theology*. p.44.

3) 서강대학교 신학연구소 외, *하나인 믿음*. p.612.

4) E. J. Bicknell, *A Theological Introduction To The Thirty-Nine Articles Of The Church Of England*. p.267.

5) Ibid., pp.267-268.

6) Owen Thomas & Ellen K. Wondra, op. cit., p.47.

7) Ibid., pp.43-44, 그리고 성경 축자주의에 관한 개신교적인 관점의 이해는 김균진, *기독교 조직신학 I*. pp.194-198를 참조할 수 있습니다.

8) 루터의 성경에 대한 이해는 J. L. Neve, *A History Of Christian Thought*. 서남동 역, *기독교 교리사*. pp.364-365에서 참조.

9) J. L. Neve, Ibid., pp.436-437.

10) Owen, Thomas & Wondra, Ellen K., op. cit., p.78.

11) 성공회의 성경 축자주의에 대한 이해는 Maynard, Dennis R. *Those Episcopols*. pp.54-56를 참조하고 현대 성경비평학의 견해는 김균진, op. cit., pp.196-198를 참

조합니다.

12) John E. Booty, *What Make Us Episcopalians*. p.10.

13) Ibid., p.8. 제100대 캔터베리 대주교였던 마이클 램지 대주교는 "16세기에 영국성 공회는 캘빈주의의 성경로만의 성경중심주의의 오류를 거부하고 그리스도 중심의 신앙을 추구하였다"고 해석을 합니다. 그래서 그리스도 중심으로 성경과 전통 그리고 교회의 구조들이 해석되어져야 한다고 말하였습니다.

14) 김균진, op. cit., p.198.

15) E. J. Bicknell, op. cit., p.125.

16) Westerhoff III, John, op. cit., p.6.

17) Ibid., p.11.

18) Urban T. Holmes III, *What Is Anglicanism?*. p.14.

19) John E. Booty, op. cit., Charles P., p.17.

20) John Baycroft, *The Anglican Way*. pp..73-74.

21) Owen Thomas and Wondra Ellen K., op. cit., p.57.

22) Michael Ramsey, *The Anglican Spirit*. p.17.

23) Ibid., p.59.

24) John H. Westerhoff, op. cit., p.12.

25) Urban T. Holmes III op. cit., p.11.

26) 영어 성경은 몇 가지 다른 단어(Intelligence, Understanding, Comprehension)로 해석하고 있습니다. Jerusalem Bible, New English Bible, Today's English Version 은 Intelligence로, King James Version, Living Bible, NIV, RSV은 Understanding으로, Philip's Modern Bible은 Comprehension으로 번역하고 있습니다.

27) 개역 성경은 "뜻을 다하여"라고 번역을 하였고 대부분의 영어 성경은 "with all your mind"라고 번역하였고 중국어 성경은 "盡意(진의)"라고 번역하였습니다.

28) John. Baycroft, op. cit., p.76.

29) John E. Booty, op. cit., p.22.

30) John H. Westerhoff, op. cit., p.12.

31) Episcopal Asiamerica Ministry, *The Book Of Common Prayer*(공도문 1979). p.130.

32) Urban T. Holmes III, op. cit., p.15.

33) John E. Booty, op. cit., p.4, 그리고 John H. Westerhoff, op. cit., pp..14-15.

제6장 성경과 성공회

1) Episcopal Asiamerica Ministry, *The Book Of Common Prayer 1979(공도문)*. p.139.

2) 'About the Revised Common Lectionary' in www.commontexts.org/ rd/usage.html. 이 공동성경정과는 1983년 북미주의 개신교회와 천주교가 공동의 노력으로 발전시킨 것입니다. 이를 다시 전 세계의 교회들이 1992년에 개정공동성 경정과를 만들었습니다.

3) Rhys Ernest,(ed) *First and Second Prayer Books Of Edward IV*. p.6.

4) Powel D. Dawley, *Chapters In Church History*. p.182.

5) Christopher L. Webber, *Welcome To Episcopal Church*, p.45.

6) Marion Hatchett, "The Bible In Worship" in *Anglicanism And The Bible*. p.115.

7) E. J. Bicknell, *A Theological Introduction To The Thirty-Nine Articles Of The Church Of England*. p.229.

8) Ibid. p.125.

9) John E. Booty, *What Make Us Episcopalians?*. p.2.

10) 세계성공회의 대부분 공도문의 성직서품 예식문은 같은 내용의 질문과 응답을 담고 있습니다. 대한성공회 전국의회, *성공회 공도문 1966*. p.767f, 미국성공회: The Church Pension Fund, *The Book of Common Prayer(1790)*. p.542, 캐나다성공회: The General Synod of the Anglican Church of Canada, *The Book of Common Prayer 1959*. p.651, 오스트레아성공회: The Standing Committee of The General Synod of the Church of England in Australia. *An Australian Prayer Book 1978*. p.611, 영국성공회: The Cental Board of Finance of the Church of England, *The Alternative Service Book 1980*. p.358. The Anglican Church in Aotearoa, New Zealand and Polynesia, *A New Zealand Prayer Book*. p.894.

11) Episcopal Asiamerica Ministry, *The Book Of Common Prayer 1979(공도문)*. p.236. 대한성공회 기도서 2004에서는 연중 제 32주일 주간 본기도에서 다음과 같은 기도를 합니다. "진리의 하느님, 성경말씀으로 우리를 가르치시고 참 진리의 길을 알려 주셨나이다. 비옵나니, 우리가 주의 말씀을 듣고 깨달아 구원을 얻게 하시

며, 영원한 생명의 말씀을 세상에 전하게 하소서."

12) 대한성공회, *성공회 기도서 2004.* p.777와 Episcopal Asiamerica Ministry, p.696.

13) Episcopal Asiamerica Ministry, Ibid. p.133.

14) Owen Thomas & Ellen K. Wondra(ed) *Introduction To Theology.* p.48.

15) Michael Ramsey, *The Anglican Spirit.* p.13.

16) John Westerhoff III, *A People Called Episcopalians*, p.8. 또한 Urban T. Holmes III, *What Is Anglicanism?*. pp..9-11를 참조할 수 있습니다.

17) Michael Ramsey, *The Anglican Spirit.* pp..16-17.

18) John Stott, *Understanding the Bible.* pp..28-29.

19) Episcopal Asiamerica Ministry, op. cit., p.696f. *성공회기도서 2004.* p.778.

20) John Westerhoff III, op. cit., p.8, 그리고 Urban T. Holmes III, op. cit., p.11.

21) John Westerhoff III, op. cit., p.11.

22) K. Bart, KD 1/2, S.525, 김균진, *기독교조직신학 I.* p.176에서 재인용.

23) 이에 대하여 다음을 참고할 수 있습니다. Arnold J. Tkacik, 'The Place of Apocrypha' in *The New English Bible with the Apocrypha Oxford Edition.* pp..vi-vii.

24) E. J. Bicknell, op. cit., p.125.

25) Powel. M. Dawley, op. cit., p.130 과 Willston Walker, *A History Of The Christian Church.* p.224를 참조합니다.

26) Urban T. Holmes III, op. cit., p.17f, 그리고 Church Pension Fund, *Lesser Feasts and Fasts. 2003.* p.400를 참조할 수 있습니다.

제7장 교회의 믿음: 신경과 조항

1) 성공회의 신앙은 예수 그리스도와의 인격적인 관계 위에서 형성된다는 언급은 다음과 같은 문헌에서 확인할 수 있습니다. John Stott, *Christian Basics.* pp..13-17, William Sydnor, *Looking at the Episcopal Church.* pp.87-88, Michael Ramsey, *The Anglican Spirit.* pp.79-80, 그리고 James Pike, *The Faithe Of The Church.* pp..30-33를 참고합니다.

2) John Stott, Ibid., p.15.

3) James E. Griffiss, *The Anglican Vision*. p.87.

4) James E. Griffiss, Ibid., pp.75-81와 J. L. Neve, *A History Of Christian Thought*. 서남동 역, *기독교 교리사*. pp.203-219를 참조합니다.

5) 아타나시우스신경은 1966년 *대한성공회 공도문* pp.320-325, 그리고 미국성공회 영어 공동 기도서, *The Book Of Common Prayer(1979)*. pp.864-865에서 발견할 수 있습니다.

6) Thomas Owen and Ellen K. Wondra, *Introduction To Theology*. (3rd ed). p.62.

7) Peter Toon, "The Articles and Homilies" in *The Study of Anglicanism*. (Sykes Stephen ed. revised ed.). p.147.

8) J. W. C. Wand, Anglicanism in *History And Today*. p.158.

9) John Stott, op. cit., pp.47-50, 그리고 David L. Edwards, *What Anglicans Believe*. pp.15-23를 참조합니다.

10) E. J. Bicknell., *A Theological Introduction To The Thirty-Nine Articles Of The Church Of England*. p.22.

11) 대한성공회, *공도문, 성시(1966)*. pp.322-323와 The Episcopal Church, *The Book of Common Prayer(1979)*. p.865를 참조합니다.

12) The Episcopal Church, Ibid., p.865와 대한성공회, Ibid., pp.323-324를 참조.

13) E. J. Bicknell., op. cit., p.54.

14) 대한성공회, *성공회 기도서(2004)*. p.773와 Episcopal Asiamerica Ministry, *The Book of Common Prayer(공도문 1979)*. p.693를 참조.

15) E. J. Bicknell., op. cit., p.410.

16) Paul F. Zahl, *The Protestant face of Anglicanism*. p.75.

17) 김광식, *신앙에의 초대*. p.63.

18) 대한성공회, *성공회 기도서 2004*. p.773와 Episcopal Asiamerica Ministry, op. cit., p.693를 참조합니다.

19) Nicky Gumbel, *Questions of life*, pp.36-41.

20) 대한성공회, *성공회 기도서 2004*. p.773와 Episcopal Asiamerica Ministry, op. cit., p.693를 참조합니다.

21) 대한성공회, *공도문, 성시(1966)*. pp.320-322와 The Episcopal Church, *The Book of Common Prayer(1979)*. pp.864-865를 참조합니다.

22) John Stott, op. cit., pp.62-69.

23) John Stott, op. cit., pp.62-69.

24) 대한성공회, 성공회 기도서 2004. p.776와 Episcopal Asiamerica Ministry, op. cit., p.695를 참조합니다.

25) 대한성공회, Ibid., p.779와 Episcopal Asiamerica Ministry, Ibid., p.697를 참조합니다.

26) 대한성공회, Ibid., p.779와 Episcopal Asiamerica Ministry, Ibid., p.697를 참조합니다.

27) 대한성공회, Ibid., p.789와 Episcopal Asiamerica Ministry, Ibid., p.705를 참조합니다.

28) 대한성공회, Ibid., p.790와 Episcopal Asiamerica Ministry, Ibid., p.705를 참조합니다.

제8장 성사와 성공회

1) Herbert Kretzmer, Les Miserables. p.15.

2) Ibid, pp.24-25.

3) Episcopal Asiamerica Ministry, The Book Of Common Prayer(공도문 1979). p.700 와 대한성공회, 대한성공회 기도서 2004. p.783를 참조합니다.

4) John M. Krumm, Why Chose Episcopal Church?. p.48.

5) Urban T. Holmes III, What Is Anglicanism?. p.37-38.

6) Urban T. Holmes III, Ibid., p.38과 서강대학교 신학연구소 외, 하나인 믿음. p.552 는 '성경신학과 역사는 성경에 의하여 성사의 수를 증명한다는 것이 사실상 중요한 문제가 아님을 분명히 가르쳐 주고 있다' 고 설명합니다.

7) E. J. Bicknell., A Theological Introduction To The Thirty-Nine Articles Of The Church Of England. pp.359-360.

8) 서강대학교 신학연구소 외, op. cit., p.552.

9) Owen Thomas & Ellen K. Wondra, Introduction To Theology. p.283.

10) E. J. Bicknell., op. cit., p.370.

11) Urban T. Holmes III op. cit., p.39 세례를 통한 죽음의 의미에 대하여 그는 '세례

의 상징은 죽음의 이미지를 중심으로 되어 있다'고 설명합니다. Urban T. Holmes III '예배와 영성' 정철범 편저, *성공회 신학과 사상 I*. p.100-106.

12) Episcopal Asiamerica Ministry, op. cit., p.207와 대한성공회, op. cit., p.315를 참조합니다.

13) Episcopal Asiamerica Ministry, op. cit., p.701와 대한성공회, op. cit., p.784를 참조합니다.

14) Episcopal Asiamerica Ministry, op. cit., pp.203-206와 대한성공회, pp.312-313를 참조합니다.

15) Episcopal Asiamerica Ministry, op. cit., p.308.

16) E. J. Bicknell., op. cit., pp.376-379에서 성공회 39조항에서 유아세례의 타당성을 설명합니다. Massey H. Shepherd, *The Worship Of The Church*. p.174-177도 참조할 수 있습니다.

17) J. B. Bernardin, *An Introduction To The Episcopal Church*. pp.102-103, 그리고 Massey H. Shepherd. Ibid., pp.141-142.

18) 성찬의 은총에 대해서 자세한 내용은 주인돈, *한 빵, 한 포도주, 나누는 은총*. pp.5-16를 참조합니다.

19) 자세한 내용은 Charles P. Price, and Weil, Louis. *Liturgy For Living*. pp.212-219를 참조합니다.

20) 루터의 공재설에 관하여는 J. L. Neve., *A History Of Christian Thought*. 서남동 역, *기독교 교리사*. p.364, 409를 참조합니다.

21) J. L. Neve, Ibid., p424와 Charles P. Price and Louis Weil, op. cit., p.216, 그리고 Williams, G. I. *The Shorter Catechism*, *소요리문답강해*, 최덕성 역, p.267f를 참조합니다.

22) Willaim R. Crockett, 'Holy Communion' in *The Study of Anglicanism*, p.309.

23) Price, Charles P. and Weil, Louis. *Liturgy for Living*. p.212.

24) E. J. Bicknell., op. cit., p.357와 Urban T. Holmes III, op. cit., p.61를 참조합니다.

25) Urban T. Holmes III, op. cit., p.60.

26) Episcopal Asiamerica Ministry, op. cit., p.280.

27) John Westerhoff III and William Willimon, *Liturgy and Learning Through the Life*

Cycle. p.74.

28) Episcopal Asiamerica Ministry, op. cit., p.298, 그리고 이와 같은 내용의 말을 대한 성공회, op. cit., p.323.에서 참조할 수 있습니다.

29) Episcopal Asiamerica Ministry, op. cit., p.286, 그리고 대한성공회, op. cit., p.323.

30) Episcopal Asiamerica Ministry, op. cit., p.290.

31) John Westerhoff III and William Willimon, op. cit., p.104.

32) Massey H. Shepherd op. cit., p.187. 공도문은 이를 '우리가 하느님 앞에 나아와 모인 것은… 증거하고 축복하기 위한 것입니다' 고 표현합니다.

33) Episcopal Asiamerica Ministry, op. cit., p.295, 그리고 John Westerhoff III and William Willimon, op. cit., pp.108-109.

34) Episcopal Asiamerica Ministry, op. cit., p.296. 그리고 대한성공회, op. cit., p.330.

35) Episcopal Asiamerica Ministry, op. cit., p.297. 그리고 대한성공회, op. cit., p.331.

36) Episcopal Asiamerica Ministry, op. cit., p.298, 299. 그리고 대한성공회, op. cit., p.332.

37) John Westerhoff III and William Willimon, op. cit., p.154.

38) John Westerhoff III and William Willimon, op. cit., p.157.

39) E. J. Bicknell., op. cit., pp.363-364.

40) John Wall, *A New Dictionary For Episcopalians,* pp.52-53.

41) Charles P. Price and Louis Weil, op. cit., p.271.

42) 서강대학교 신학연구소 외, op. cit., p.561.

43) Urban T. Holmes III, op. cit., p.61.

44) Episcopal Asiamerica Ministry, op. cit., p.704.

45) John Westerhoff III and William Willimon, op. cit., pp.229-230.

46) Urban T. Holmes III, op. cit., p.62.

47) Massey Shepherd Jr, op. cit., p.193.

48) Episcopal Asiamerica Ministry, op. cit., pp.703-704. 대한성공회, op. cit., p.787.

49) John Westerhoff III and William Willimon, op. cit., p.144.

50) Massey H. Shepherd, op. cit., p.205.

51) Massey H. Shepherd, op. cit., p.196.

52) Episcopal Asiamerica Ministry, op. cit., p.347, 그리고 Anglican Church of

Canada, *The book of Alternative Service 1895*. p.596.

53) John Krumm, *Why Choose The Episcopal Church?*. p.48.

제9장 교회의 사목자

1) Episcopal Asiamerica Ministry, *The Book Of Common Prayer(공도문 1979)*. p.206., 대한성공회, *대한성공회 기도서 2004*. p.313.

2) Episcopal Asiamerica Ministry, Iibd, p.698., 대한성공회, p.780.

3) Episcopal Asiamerica Ministry, Ibid., p.207, 대한성공회, Ibid., p.314.

4) Episcopal Asiamerica Ministry, Ibid., p.209.

5) Owen Thomas and Ellen K. Wondra, *Introduction to Theology(Third Edition)*. p.306.

6) 평신도들의 이 세상에서의 사목활동을 존 스토트는 그의 책 Christian Basic, pp.110-118에서 '평신도들은 가정과 직장, 교회, 지역사회 그리고 세계에서 섬김과 증거의 삶을 살아야한다'고 설명하고 있습니다. 이 책은 영국성공회가 교회교육교재로 발간한 것으로서 세례를 받을 자들, 견진을 받을 자들을 위한 책으로 쓴 것입니다.

7) Episcopal Asiamerica Ministry, op, cit., 698, 대한성공회, op. cit., p.780.

8) John Scott, op. cit., p.118. 이 기도문에 Charles Lockhart가 곡을 붙여 성가를 만들었습니다. 미국성공회 1982년 성가 592장에 가사가 있습니다.

9) Episcopal Asiamerica Ministry, op. cit., p.355.

10) 세 가지 성직과정의 발전 내용에 대하여 본인인 참고한 부분은 다음과 같습니다. Powel. M. Dawley, *Chapters in Church History*, pp.38-42와 Paul Bradshaw, "Ordinals" in *The Study of Anglicanism*, Sykes Stephen(ed). pp.155-165, 그리고 Massey Shepherd, *The Worship of the Church*, pp.198-201.

11) Powel Dawley, Ibid., p.38, Massey Shepherd, Ibid., p.190.

12) Powel Dawley, Ibid., p.39.

13) Owen Thomas and Ellen K. Wondra, op. cit., p.304와 Powel Dawley, M, op. cit., p.41.

14) Urban T. Holmes III, *What Is Anglicanism?*. p.53.

15) Episcopal Asiamerica Ministry, op. cit., p.355.

16) Episcopal Asiamerica Ministry, op. cit., p.379.

17) Episcopal Asiamerica Ministry, op. cit., p.379.

18) Episcopal Asiamerica Ministry, op. cit., p.376.

19) Paul Bradshaw, op. cit., p.161.

20) Episcopal Asiamerica Ministry, op. cit., p.355.

21) Episcopal Asiamerica Ministry, op. cit., p.362. 대한성공회 기도서 2004, p.360f에 는 같은 내용을 다르게 번역한 것을 볼 수 있습니다.

22) William and Betty Gray, The Episcopal Church Welcome You. p.83.

23) Christopher L. Webber, Welcome To Sunday. p.19.

24) William and Betty Gray, op. cit., p.84.

25) John N. Wall, A New Dictionary For Episcopalians. pp.32-33, 130.

26) E. J. Bicknell, A Theological Introduction To The Thirty-Nine Articles Of The Church Of England. p.322f.

제10장 성공회의 교회조직

1) J. W. C. Wand, Anglicanism in History And Today. p.32

2) 미국성공회의 조직에 관해서는 다음의 책들을 참고로 정리하였음을 밝힙니다.
William and Betty Gray, The Episcopal Church Welcome You. pp.36-48,
Christopher L. Webber, Welcome To The Episcopal Church, pp.101-109;
John Westerhoff III, A People Called Episcopalians. pp.31-35.

3) 미국성공회의 전국총회에 관한 일반적인 정보는 다음의 웹싸이트를 참조하기 바랍니다. http://www.episcopalchurch.org/53785_9883_ENG_HTM.htm

제11장 세계성공회 공동체

1) Anglican Consultative Council, The Anglican Cycle of Prayer 2004-2005. p143.

2) John Pobee, "Non-Anglo-Saxon Anglicanism" in The Study of Anglicanism. p.447.

3) Christopher L. Webber, Welcome To The Episcopal Church. p.109.

4) Perry Butler, "From the Early Eighteenth Century to the Present day" in *The Study of Anglicanism.* (Sykes Stephen ed. revised ed.). p.40.

5) 이 부분은 The Domestic and Foreign Missionary Society of the Episcopal Church, *The Episcopal Church: Essential Facts.* pp.2-5, 그리고 Anglican Consultative Council, op. cit., pp.11-57를 참고합니다.

6) Anglican Communion, "Instrument of Unity",
http://www.anglicancommunion.org/unity.html

7) John Pobee, op. cit., p.456.

8) 자세한 사항은 Perry Butler, "From the Early Eighteen the Century to the Present Day" in *The Study of Anglicanism.* pp.42-43를 참조합니다.

제12장 세계성공회의 선교와 교회일치운동

1) Christopher L. Webber, *Welcome To The Episcopal Church.* pp.113-114.

2) Ibid., p.114.

3) Episcopal Asiamerica Ministry, *The Book of Common Prayer.* (공도문1979). p.698.

4) "Mission - The Five Marks of Mission" in http://www.anglicancommunion.org/ministry/mission/fivemarks.cfm

5) Christopher L. Webber, op. cit., p.115.

6) Christopher L. Webber, op. cit., p.118

7) T. E. Yates, 'Anglicans and Mission', in *The Study of Anglicanism,* Sykes Stephen(ed.) (revised ed.). pp.492-493.

8) Ibid., p.491.

9) Perry Butter, 'From the Early Eighteen the Century to the Present Day' in *The Study of Anglicanism.* pp.46-47.성공회의 교회일치운동에 관해서는 다음의 자료를 참고할 수 있습니다. 최철희, *세계성공회사.* 서울: 대한기독교출판사, pp.229-269. 이경호, *세계교회일치를 위한 성공회의 공헌연구,* (서울: 한신대학 신학대학원 1989), 석사학위논문.

10) J. W. C. Wand, *Anglicanism in History And Today,* London. p.158.

11) William and Betty Gray, *The Episcopal Church Welcome You.* p.104.

12) Willston Walker, *A History Of The Christian Church.*(3rd ed), p.538.

13) Ibid., p.542.

14) Mary Tanner, 'The Ecumenical Future' in *The Study of Anglicanism.* p.444.

제13장 하느님 나라를 향한, 열려 있는 교회

1) Charles W. Smith, *Discovering the Episcopal Church*, pp.3-27에는 성공회의 신앙
의 전통과 특징들을 설명하고 있습니다. John Westerhoff III, *A People Called
Episcopalians.* pp.17-25에서 성공회의 영성의 특징과 신앙의 특성을 설명합니다.
Charles P. Price, *The Anglican Tradition, What is it?, Can it last?*에서 성공회의 신
앙적 전통과 그 특징을 다루고 있습니다.

2) William Wolf, 'Anglicanism and Its Spirit' in *The Spirit Of Anglicanism*, William
Wolf(ed). pp.186-187.

3) Christopher L. Webber, *Welcome To The Episcopal Church.* p.128.
Paul Avis, "What is Anglicanism?" in *The Study of Anglicanism.* p.475.
Urban T. Holmes III, *What is Anglicanism?.* p.1.

4) Christopher L. Webber, op. cit., p.128.

5) Christopher L. Webber, op. cit., p.128.

6) Episcopal Asiamerica Ministry, *The Book of Common Prayer.*(공도문 1979).
p.232.

여기에 정리한 주제별 참고문헌은 본인이 이 책을 집필하는데 참고한 도서들을 주제
별로 정리하여 성공회 역사와 신앙을 더 깊이 알기 위한 사람들에게 도움을 주고자 한
것입니다. 본인이 정리한 주제별 참고문헌 이외에 세계성공회 신학교육위원회(TEAC:
Theological Education for the Anglican Communion)의 자문을 받아 존 커리 박사가
세계성공회공동체를 이해하기 위한 30권의 추천도서목록을 작성하였습니다. 이는 다
음의 웹싸이트를 참고하기 바랍니다.

Theological Education for the Anglican Communion BOOK LIST :

http://www.anglicancommunion.org/teacquest/TEACbooklist.cfm

1. 일반적인 성공회 입문서 Anglicanism in General

일반적인 성공회 안내서로는 다음과 같은 것을 참고하였습니다.

Baycroft, John. *The Anglican Way*. Toronto: Anglican Book Center, 1980.

Bernardin, J. B. *An Introduction To The Episcopal Church*. revised edition, PA:
Morehouse Publishing, 1983.

The Domestic and Foreign Missionary Society of the Episcopal Church, *The
Episcopal Church: Essential Facts.*(Six revised ed.) New York: The Domestic and
Foreign Missionary Society of the Episcopal Church, 2000. 이 책은 미국성공회 본부가
펴낸 책으로 성공회에 대하여 간략하게 소개한 소책자입니다. 성공회에 관심을 가지기
시작한 사람들에게 전하기에 좋은 소책자입니다.

Gray, William and Betty. *The Episcopal Church Welcome You*. New York:
HarperSan Francisco, 1974.

Griffinss, James E. *The Anglican Vision*. Massachusetts: Cowley Publications, 1997.
이 책은 미국성공회의 최근 교회교육총서 중 하나로서 성공회의 역사와 신앙을 다루었

습니다.

Locke, David. *The Episcopal Church*. New York: Hipocrene Books. Inc., 1991.

Krumm, John M. *Why Chooses The Episcopal Church?*. Cincinnati: Forward Movement Publications, 1996. 이 책은 미국성공회 남오하이오 주교였던 저자가 개인적인 신앙과 경험에서 성공회의 신앙과 실천을 기록한 안내서입니다.

Redfern, Alastair. *Being Anglican*, London: Darton, Longman and Todd Ltd, 2000. 이 책은 웨일즈 성공회와 영국성공회가 공동으로 편찬한 교육총서 중 하나로 역사 속의 성공회 신학자들의 사상을 통하여 성공회의 역사와 신앙, 예배, 선교와 사목을 살펴볼 수 있습니다.

Sydnor, William. *Looking At The Episcopal Church*. PA, Harrisburg: Morehouse Publishing, 1980. 이 책은 쉽게 포괄적으로 성공회의 역사와 신앙 그리고 실천에 대해 쓴 책으로 견진을 준비하는 사람들을 위한 책입니다.

Webber, Christopher L., *Welcome To The Episcopal Church*. PA: Morehouse Publishing, 1999. 이 책은 포괄적이면서 동시에 깊이가 있고 재미있게 쓴 책으로서 본인이 생각할 때에 가장 잘 정리된 최근작입니다.

Wand, J.W.C., *Anglicanism In History And Today*. London: Weidenfeld And Nicolson, 1961. 이 책은 영국성공회 런던주교를 역임한 교회사학자인 저자가 쓴 포괄적이며 신학적인 접근을 하였으며 동시에 세계성공회의 조직과 현황 등을 기록하였습니다.

정철범, 『성공회입문』, 서울: 성베다교회 출판부, 1989. 이 책은 한인 성공회 성직자가 쓴 최초의 성공회 입문서적으로서 역사적 의미가 있는 책입니다.

2. 성공회의 역사 Anglicanism in History

1) 영국성공회 역사 History of the Church of England

Booty, John E., *The Church In History*. New York: The Seabury Press, 1979. 이 책은 미국성공회 교육총서 두 번째 시리즈 중 교회사에 관한 책으로서 연대기적으로 기술하지 않고 주제별 사안을 통시적으로 설명한 책입니다.

Dawley, Powel M., *Chapters In The Church History.*(revised ed.) New York: The Seabury Press, 1963. 이 책은 미국성공회 교육총서 첫 번째 시리즈로서 성공회의 역사를 일반 교회사 가운데 다룬 책으로 쉽고 재미있게 쓴 것입니다. 이 책은 김성수 역, 『교회의 역사』. 서울: 한국양서, 1985로 번역되었습니다.

Moorman, J. R. M., *History Of The Church in England.* London: Black, 1953. 이 책은 본인이 참고한 도서는 아니지만 영국성공회의 역사를 학술적으로 상술한 책입니다. 이 책은 성공회 신학연구소에서 『잉글랜드교회사』라는 제목으로 2004년도에 번역 출판되었습니다.

Neill, Stephen. *Anglicanism.*(4th ed.) New York: Oxford University Press, 1982. 이 책은 성공회 역사에 관한 고전처럼 여겨지는 책으로 영국성공회의 니일 주교가 쓴 것입니다.

Wand, J. W. C., *A History Of The Modern Church.*(7th ed.) London: Methuen & Co. Ltd., 1961. 이 책은 영국성공회 런던교구의 주교이며 교회사학자인 저자가 일반 교회사를 종교개혁 이전부터 다룬 책입니다. 그 안에 성공회의 역사를 자세하게 다뤘습니다. 이 책은 『교회사-근세편』. 이장식 옮김, 서울: 대한기독교서회, 1961.에서 번역 출판되었습니다.

이외에 본인이 영국교회사를 기술하기 위하여 참고한 책들은 다음과 같습니다.

모로아, 앙드레. 『영국사』. 신용석 옮김, 서울: 기린원, 1997.

정철범 편저, 『성공회 신학과 사상I』. 서울: 대한성공회 선교교육원, 2002. 이 책은 영국성공회 역사에서 성공회 분파들-복음주의, 옥스퍼드운동, 광교회주의자들의 면모를 살펴볼 수 있는 책입니다.

차하순, 『서양사총론』. 서울: 탐구당, 1981.

최철희, 『세계성공회사』. 서울: 대한 기독교서회, 1996. 이 책은 연대기적으로 세계 성공회 역사를 기록하고 있습니다.

김준배, '헨리 8세와 영국교회' in 『예전과 사목』. ed. 정철범 주교 회갑기념논문집 출판위원회. 서울: 대한성공회 출판부, 2000.

2) 미국성공회 역사 History of the Episcopal Church in The U.S.A.

Channing L. Bete Co., Inc, *About the History of the Episcopal Church*, MA: South Deerfield. Channing L. Bete Co., Inc, 1998. 이 책은 일반신자 교육용으로 제작된 미국성공회의 역사에 관한 소책자입니다.

Hein, David and Hein Shattuck Jr, Gardiner H., *The Episcopalians*. CT: Praeger Publishers, 2004. 이 책은 미국의 교파들(Denominations in America) 시리즈 중 11권으로 미국성공회의 역사를 미국의 종교, 사회적 상황 속에서 기록한 가장 최근작이며 원전을 사용하여 기록한 역사서입니다. 또한 미국성공회 역사 속의 주요 인물들의 인명사전을 제2부로 기록하고 있습니다

Homes, David L., *A Brief History Of The Episcopal Church*. PA: Trinity Press International, 1993. 이 책은 미국성공회의 역사를 짧게 그리고 주요사건에 초점을 맞추어 기록한 책입니다.

Prichard, Robert W., *A History Of The Episcopal Church*. rev. ed. PA: Morehouse, 1999. 이 책은 최근작으로 포괄적이고 자세하게 미국성공회 역사를 기록하였습니다.

3) 한국성공회 역사

대한성공회 선교백주년 기념사업위원회 홍보출판분과, 『예수 그리스도 겨레의 생명』. 서울: 대한성공회 선교백주년 기념사업위원회, 1990.

『대한성공회 백년사』 편찬위원회 편, 대한성공회백년사. 서울: 대한성공회 출판부, 1990.

3. 성공회의 신앙과 신학 Anglicanism in Theology

Bicknell, E.J, *A Theological Introduction To The Thirty-Nine Articles Of The Church Of England*. GK, Glasgow: Longmans, 1963. 이 책은 성공회 39개 조항에 관한 신학적인 주석을 단 책으로 상세하게 기록하였습니다.

Booty, John. *What Make Us Episcopalians*. PA: Morehouse, 1982.

Westerhoff III. John. *A People Called Episcopalians.*(revised ed.) PA Harrisburg: Morehouse, 1966.

위의 두 권은 성공회의 신앙의 권위에 관하여 쓴 짧으면서도 훌륭한 책입니다. 웨스트호프의 책은 대한성공회 선교교육원에서 성공회신앙의 이해란 제목으로 많은 부분을 번역하여 1998년도에 출판하였습니다.

Borsch, Frederick H., *Anglicanism and The Bible.* CT, Wilton: Morehouse Barlow, 1984. 이 책은 미국성공회가 발행한 성공회신학총서 중 한 권으로 성공회신학과 성서에 대한 신학적 논문 모음집입니다.

Holmes III, Urban T., *What Is Anglicanism.* PA: Morehouse Publishing, 1982. 이 책은 짧으면서도 포괄적으로 성공회의 신학을 가장 잘 설명한 책입니다. 성공회 신학에 관한 단 한 권의 짧은 책을 추천하라면 본인은 이 책을 추천합니다.

Maynard, Dennis R. *Those Episcopols.* CA: Dionysus Publications, 1994. 이 책은 성공회의 신앙을 다른 교파들과 비교하면서 기술한 아주 재미있는 책으로 성공회의 신앙의 특징을 살펴볼 수 있습니다.

Owen, Thomas & Wondra, Ellen K., *Introduction To Theology.*(3rd ed.). PA: Morehouse Publishing, 2002. 이 책은 미국성공회 신학교의 조직신학 교재로 사용하는 책으로 신학적인 주제를 성서, 역사적인 발전을 살핀 후에 성공회의 관점에서 현대적인 해석을 시도하였습니다. 이 책은 수정 3판이고 수정 2판이 이 재정 외 번역으로 요점조직신학, 대한기독교서회, 1999년 출판되었습니다.

Price, Charles P., *The Anglican Tradition, What Is It?, Can It Last?* Cincinnati, Ohio: Forward Movement Publications, 1984. 이 책은 소책자로서 성공회의 신학적 전통을 논하고 있습니다.

Ramsey, Michael. *The Anglican Spirit.* New York: Church Publishing Incorporated, 2004. 이 책은 마이클 램지 컨터베리 대주교가 신학적으로 이해한 성공회의 신앙과 역사 속에서의 성공회의 신학의 발전을 기술한 책입니다.

Sykes, Stephen. et al.(ed), *The Study Of Anglicanism.*(rev. ed.) Minnesota: Fortress Press, 1998. 이 책은 미국, 영국, 아일랜드, 캐나다 성공회의 31명의 전문학자들의 논문을 모은 것으로서 성공회의 역사, 권위, 신학, 윤리, 예배 그리고 사목과 선교에 관한 내용이다. 성공회신학을 공부할 사람에게는 필수적인 책입니다.

Wolf, William(ed.), *The Spirit Of Anglicanism.* CT: Morehouse, 1994. 이 책은 역사

속의 성공회 신학자인 리차드 후커, 후레드릭 모리스, 윌리암 템플에 관한 신학적 논문과 편저자의 성공회 신학과 영성에 관한 논문 모음집입니다. 편저자는 성서를 강조하는 복음주의, 전통을 강조하는 성공회 가톨릭주의, 이성을 강조하는 자유주의 그리고 이 모두를 포용하고자 하는 광교회주의의 영성을 역사적으로 살피면서 성공회의 신앙의 권위와 포용성의 영성을 기술하고 있습니다.

Zahl, Paul F. *The Protestant Face Of Anglicanism.* Grand Rapids: Wm. B. Edermans Publishing Co., 1998. 이 책은 성공회 신앙의 복음적 측면, 성공회 역사와 신앙 안에 있는 종교개혁적인 신앙의 요소를 살펴보고 있습니다.

다음의 책들은 성공회의 신앙을 보편적인 그리스도교 신앙의 관점에서 기술한 책들입니다:

Edwards, David L., *What Anglicans Believe.* Cincinnati: Forward Movement Publications, 1975. 이 책은 일반 독자를 위하여 쉽게 성공회의 신앙을 기술한 책입니다. 이 책은 성공회 신학연구소에서 『기독교의 즐거움』이란 제목으로 편역되었습니다.

Gumbel, Nicky. *Questions Of life.* CO, Colorado Springs: CO Cook Communications Ministries, 1996. 이 책은 전 세계적으로 유명한 알파코스의 교재입니다. 니키 검블은 영국성공회 성삼위일체교회의 신부로서 일반적인 그리스도교 신앙을 기술하고 있습니다.

Pike, James A. and Pittenger, W. Norman, *The Faith Of The Church.* CT: The Seabury Press, 1956. 이 책은 미국성공회 교회교육총서 첫 번째 시리즈 중의 한 권으로 사도신경을 중심으로 성공회의 신앙을 설명한 책입니다. 이 책은 대한성공회에서 『성교회의 신앙』이란 제목으로 1967년에 출판되었습니다.

Stott, John. *Christian Basics.* MI: Grand Rapids, Baker Book House, 2003. 이 책은 영국성공회가 견진성사를 준비하는 사람들을 위한 교육교재(원제는 *Your Confirmation*)로 쓴 것을 제목을 바꾸어서 출판한 책입니다. 그리스도교 신앙의 기본적인 내용을 기술한 책으로 니키 검블의 책과 더불어 성공회 신앙의 보편성을 볼 수 있는 책입니다.

Stott, John. *Understanding the Bible.* London: Scripture Union, 1972. 이 책은 성공회 복음주의자인 존 스토트가 성공회의 신앙의 관점에서 성서를 어떻게 이해할 것인가를 기술하였습니다.

터커, B. D. 『그리스도교 신앙입문』, 차경혜 역, 서울: 대한성공회출판부, 1984 이 책은 교회일치의 관점에서 보편적인 성공회의 신앙을 기술하여 세례, 견진을 준비하는 사람들을 위한 참고서로 기록한 책입니다. 본인의 관점에서는 대한성공회에서 현재까지 출판한 교리문답교재로 가장 훌륭한 교재로 추천합니다.

이외에 신앙과 신학에 관하여 다음의 책을 참고하였습니다.

J. L. Neve, *A History Of Christian Thought.* 기독교 교리사. 서남동 역, 서울: 대한기독교서회, 1965.

Williams, G. I. *The Shorter Catechism.* 소요리문답강해. 최덕성 역, 서울: 성광문화사, 1978.

김광식, 『신앙에의 초대』, 서울: 대한기독교출판사, 1984.

김균진, 『기독교조직신학 I』. 서울: 연세대학교출판부, 1984.

서강대학교 신학연구소 외, 『하나인 믿음』. 경북, 왜관: 분도출판사, 1979.

유봉준, 『예비자 교리서 가톨릭 입문』. 서울: 가톨릭출판사, 1986.

정철범 편저, 『성공회 신학과 사상 I』. 서울: 대한성공회 선교교육원, 2002.

4. 성공회 예배와 성사 Anglican Liturgy and Sacraments

본인이 성공회 예배에 관하여 주로 참고한 것은 미국성공회 교육총서 첫 번째 시리즈와 두 번째 시리즈 중 예배에 관한 책들입니다.

Shepherd Jr, Massey H., *The Worship Of The Church.* Connecticut: Greenwich, The Seabury Press, 1955. 이 책은 첫번째 시리즈입니다. 이 책은 정철범 역, 『예전학입문』. 서울: 대한기독교출판사, 1991. 번역 출판되었습니다.

Price, Charles P. and Weil, Louis. *Liturgy For Living.* San Francisco: Harper & Row, Publishing, 1979. 이 책은 미국성공회 교육총서 두번째 시리즈입니다.

Weil, Louis. *A Theology Of Worship.* MA: Coweley Publications,2002.

이 책은 미국성공회 교육총서 세번째 중 예배에 관한 책입니다. 이 책은 대한성공회 선교교육원에서 『전례신학』이란 이름으로 2006년도에 번역 출판되었습니다.

Westerhoff III, John. and Willimon, William. *Liturgy And Learning Through The*

Life Cycle. MN: Minneapolis, The Seabury Press, 1980. 이 책은 개인, 가정, 교회공동체 속에서의 교회의 예배와 성사 그리고 사목적 예식이 갖는 의미를 밝혀 주면서 그 실천을 제시하고 있는 예배와 기독교 교육에 관한 훌륭한 책입니다.

그 외 본인이 참고한 전례학 서적은 다음과 같습니다:

Abba, Raymond. *Principles Of Christian Worship.* New York: Oxford University Press, 1957.

Allmen, J-J von. *Worship, Its Theology And Practice.* New York: Oxford University Press, 1965. 이 책은 정용섭 외 역, 『예배학원론』. 서울: 대한기독교출판사, 1979. 번역 출판되었습니다.

Baycroft, John. *The Eucharistic Way.* Toronto: Anglican Book Centre, 1981.

Dunn, Greig S. *Servers And Services.* Toronto: Anglican Book Center. 1986.

Gall, Dom R.L. , *Symbolism Of Catholicism.* NY: Assouline, 2000.

Shepherd Jr, Massey H. *The Oxford American Prayer Book Commentary.* New York: Oxford University Press, 1959.

Webber, Christopher L. *Welcome To Sunday.* PA: Morehouse Publishing, 2003.

주인돈, 『한 빵, 한 포도주, 나누는 은총』. 뉴욕: 미국성공회 아시안선교부, 2002.

주인돈, 『함께 주를 향하여: 성공회 공도문 안내』. 시카고: 성공회 한마음교회, 2001.

최윤환, 『주일과 주일미사』. 왜관: 분도출판사, 1978.

5. 성공회 공도문 The Book of Common Prayers

공도문에 관하여 일반적으로 기술한 책은 다음의 책들을 참고하였습니다.

Booty, John. *The Book Of Common Prayer In The Life Of The Episcopal Church.* Ohio: Forward Movement Publications, 1990.

Lee, Jeffrey. *Opening The Prayer Book.* MA: Coweley Publications, 1999. 이 책은 미국성공회 교육총서 세번째 시리즈 중에 공도문에 관한 입문서적입니다.

Vicki Black, *Welcome To The Book Of Common Prayer.* PA: Morehouse, 2005. 이 책은 공도문에 관하여 쉽게 설명한 책입니다.

Maude, J. H. *The History Of The Book Of Common Prayer*. London: Livingstone, 1899. 이 책은 성공회 공도문의 역사를 중심으로 기술하였습니다.

Price, Charles. *The Prayer Book In The Church*. Ohio: Forward Movement Publications, 1997.

위의 두 책은 소책자로서 본인이 편저한 『함께 주를 향하여』-공동기도서 안내, 시카고: 성공회 한마음교회, 2002. 대본입니다.

주인돈, 『함께 주를 향하여-공동기도서 안내』, 시카고: 성공회 한마음교회, 2002.

주인돈, 「영국교회의 예전개혁연구」. 서울: 성공회신학교 사목신학연구원 졸업논문. 1989.(미간행) 이 논문은 성공회의 처음 세 공도문(1549, 1552, 1559)의 개혁의 배경과 원리 그리고 변화들을 논술하였습니다.

장창경, "한국공도문의 약사" in 「전례와 사목」. ed. 정철범 주교 회갑기념논문집 출판위원회. 서울: 대한성공회 출판부, 2000.

다음은 본인이 집필에 참고한 세계성공회 공도문의 목록입니다.

대한성공회 공도문:

대한성공회, 『공도문 성시』(1966). 서울: 대한성공회 출판부, 1966.

대한성공회, 『성공회 기도서』(2004). 서울: 대한성공회 출판부, 2004.

영국성공회 공도문:

Rhys, Ernest (ed.). *First And Second Prayer Books of Edward VI*. London: J.M.Dent and Sons, 1910.

The Central Board of Finance of the Church of England, *The Alternative Service Book 1980*. Clowes: Cambridge University Press, 1980.

미국성공회 공도문:

The Church Hymnal Corporation, *The Book Of Common Prayer*. New York: The Church Hymnal Corporation, 1979.

The Church Pension Fund, *The Book Of Common Prayer*(1945). New York: The Church Pension Fund, 1945.

Church Pension Fund, *Lesser Feasts And Fasts*. 2003, New York: Church Publishing Incorporated, 2003.

Episcopal Asiamerica Ministry, *The Book Of Common Prayer 1979*. New York: The Episcopal Church, 1986.

캐나다성공회 공도문:

The General Synod of the Anglican Church of Canada. *The Book Of Alternative Services Of The Anglican Church Of Canada*. Toronto: Anglican Book Centre, 1985.

The General Synod of the Anglican Church of Canada, *The Book Of Common Prayer 1963*. Toronto: Anglican Book Centre, 1963.

호주성공회 공도문:

The Standing Committee of The General Synod of the Church of England in Australia. *An Australian Prayer Book*. Sydney: The Church of England in Australia Trust Corporation, 1978

뉴질랜드성공회 공도문:

The Anglican Church in Aotearoa, New Zealand and Polynesia, *A New Zealand Prayer Book*. HarperCollins Publishers,inc, 1989. p.894.

6) 기타 도서 Other books

Kretzmer, Harbert. *Les Misrables*. Milwaukee: Hal Leonard Publishing Corporation, 1991.

Wall, John. *A New Dictionary For Episcopalians*. San Francisco: Harper & Row Publishers, 1985.

논문Articles

Anglican Communion, 'Instrument of Unity'
http://www.anglicancommunion.org/unity.html
   'About the Revised Common Lectionary' in
www.commontexts.org/rd/usage.html.
   http://www.episcopalchurch.org/53785_9883_ENG_HTM.htm
   Hatchett, Marion. 'The Bible In Worship' in *Anglicanism And The Bible*. CT, Wilton: Morehouse Barlow, 1984.
   Charles W. Smith, Discovering The Episcopal Church. (revised) Cincinnati: Forward Movement Publications,1989.
   Tkacik, Arnold J. 'The Place Of Apocrypha' in *The New English Bible with the Apocrypha. (Oxford Study Edition)*. New York: Oxford University Press, INC. 1976.
   Wolf, William J., 'Anglicanism And Its Spirit' in *The Spirit Of Anglicanism*. PA: Morehouse Publishing, 1979.
   김균진, '그리스도 몸으로서의 교회' in *신학논총 제 2집*(강희천 편), 서울: 연세대학교 신과대학 한국기독교문화연구소.
   김준배, '헨리 8세와 영국교회' in *전례와 사목*, 정철범 주교 회갑기념논문집 출판위원회(편), 서울: 대한성공회 출판부, 2000.
   오토 하이크 '영국성공회의 신학사상' in *성공회 신학과 사상 I*. 정철범 편저, 서울: 대한성공회 선교교육원, 2002.
   Urban T. Holmes, '예배와 영성' in *성공회 신학과 사상 I*. 정철범 편저, 서울: 대한성공회 선교교육원, 2002.
   이경호, '세계교회일치를 위한 성공회의 공헌연구'. 서울: 한신대학교 신학대학원 1989년 석사학위논문.